I0423472

MEXICO 2018: EL FRACASO DEL PROCESO ELECTORAL

Emeterio Guevara Ramos

Copyright © 2018 por Emeterio Guevara Ramos

ISBN-13: 978-1515389644

ISBN-10: 1515389642

This book has been assigned a CreateSpace ISBN.

Todos los derechos reservados. Ninguna parte de este libro puede ser reproducida o trasmitida de cualquier forma o por cualquier medio, electrónico o mecánica, incluyendo fotocopia, grabación, o por cualquier sistema de almacenamiento y recuperación, sin permiso por escrito del propietario del copyright.

Las opiniones expresadas en este trabajo son exclusivas del autor y no reflejan necesariamente las opiniones del editor. La editorial se exime de cualquier responsabilidad derivada de las mismas.

Este libro fue impreso en los Estados Unidos de América

Para pedidos adicionales del libro, por favor contacte con:

Amazon, Barnes and Noble y CreateSpace. Gandhi y El Sótano para e-book

DEDICATORIA

A todos los jóvenes que votaran el primero de julio por primera vez. Ellos
son parte de la sociedad que busca construir
un mejor futuro para México.

CONTENTS

ACKNOWLEDGMENTS

To my fellows from SOMEE from who I learned how to try
to be neutral in political affairs.

1 PREFACIO

Uno de los objetivos de este libro es analizar la última reforma político electoral inscrita dentro de la inacabada democracia de México con sus múltiples propuestas de cambio de instituciones, reglas para partidos políticos, Organismos Políticos Locales, esfera pública, medios de comunicación, topes de gastos de campaña y participación ciudadana, reelección de legisladores y presidentes municipales. Las propuestas de cambio y reforma política fueron motivo de negociaciones y transacciones entre los actores políticos (partidos políticos y actores institucionales), y tuvieron enmiendas, cortes y supresiones en las cámaras legislativas, que al final fueron insatisfactorias y de corto alcance en el incremento de derechos y libertades políticas.

Otro de los objetivos es realizar un viaje histórico para analizar las características e instituciones de la democracia mexicana, las primeras reformas políticas que permitieron la primera alternancia, el papel de los partidos políticos en la conformación de la democracia, los procesos electorales de 2015 y las estrategias de comunicación de los partidos en las elecciones presidenciales del 2018 que produjeron la segunda alternancia, en un entorno de transición democrática.

Adicionalmente analizamos las características del entorno político y sus instituciones para determinar el papel de los medios de comunicación masiva y la responsabilidad de los partidos políticos en un proceso donde la descalificación de los competidores es una de las constantes y las propuestas sólidas están ausentes, lo cual, en mayor medida, es responsabilidad de los partidos políticos.

Desarrollaremos también la vinculación entre los partidos políticos, el Estado, los medios de comunicación y la sociedad civil en la sustentabilidad democrática.

El libro que presentamos es producto de la reflexión de varios proyectos académicos y políticos realizados al amparo de la Universidad de Guanajuato y de las reuniones de la Sociedad Mexicana de Estudios Electorales (SOMEE), en la cual tuve la fortuna y el privilegio de participar en su nacimiento; de investigaciones y de ponencias en distintos foros y de otros tantos anhelos y utopías personales. Refleja una discusión necesaria, iniciada en los eventos SOMEE y en algunos círculos intelectuales, académicos y políticos del país. Los ejes que dan unidad a la obra que presentamos son la pluralidad de pensamiento, el análisis crítico y el rigor en su elaboración. El autor comparte también la necesidad de reflexionar, criticar propositivamente, antes que celebrar, los resultados de nuestro avance democrático. Analizamos también el proceso de cambio global, ese cambio que se produjo con una velocidad sorprendente que nos rebasaba y, como consecuencia, México se rezagaba con respecto a otros países del mundo.

Los éxitos económicos de Brasil, Perú, Venezuela y Colombia, mudos testigos de los avances en América Latina parecían no tener eco en nuestro país, pues durante los dos sexenios panistas poco se logró en transformaciones estructurales. En el periodo 2000-2012 la tasa de crecimiento económico fue de 1.7 por ciento anual. Si se descuenta el crecimiento de la población, que ronda 1.5 por ciento, puede concluirse que el PIB per cápita creció casi nada (INEGI). Los mismos porcentajes los encontramos durante los años 2012 a 2018 llevando a que dos de cada tres mexicanos en edad productiva están sumidos en la informalidad: salarios demasiado bajos, sin seguridad social, entre otras cosas. Lo anterior se relaciona con los altos niveles de pobreza y desigualdad que el país no puede superar.

En ese entorno, la frustración de los jóvenes es justificable pues culpan de su situación de marginación a un sistema político que no produce cambios rápidos ni produce desarrollo económico y tampoco genera los empleos requeridos y los sueldos deseados. Y ellos tienen prisa.

Por ello, pensar en el futuro del sistema político y la democracia en México y realizar un análisis de las Reformas Políticas y electorales de 2014 debe hacerse a la luz de las grandes reformas electorales y políticas y de otros aspectos (educativa, hacendaria, de comunicaciones, de competencia y la energética) pero también de las reformas que deberán hacerse en el futuro, lo que implica la elaboración de un riguroso análisis crítico retrospectivo.

Lo anterior debe permitir hacer un balance de lo logrado en estos años, de los rezagos pendientes a solucionar y de las estrategias y programas para enfrentar los nuevos desafíos. Por ello, explicar el presente de la democracia en México, del sistema político y de los procesos electorales recientes requiere de aprehender y proyectar los hechos del pasado como nuevas utopías, como aquellos sueños que se plantearon los mexicanos y las fuerzas sociales y políticas durante la transición democrática y la alternancia política.

Para entender el rechazo del sistema por parte de los jóvenes, habría que subrayar, además, que, si bien las administraciones panistas no se distinguieron por el fomento al desarrollo, este problema se encontraba también en los últimos sexenios del priismo. Entre 1980 y 2000, el crecimiento económico promedio fue de 2.24 por ciento, en tanto que el incremento demográfico fue de 2.06. Por tanto, el PIB por habitante tampoco creció mucho (INEGI). Con base en estas cifras, México tiene 30 años de escasos logros económicos y sociales. El desempeño de dos administraciones panistas y dos priístas durante las tres últimas décadas, arrojan casi el mismo resultado.

Para construir las utopías debemos dejar atrás las presiones sociales y políticas contra el régimen del ex presidente Calderón, para algunos un presidente ilegitimo: violencia, inseguridad, más de ochenta mil muertos, pobreza y desempleo son factores que empujaron a la sociedad para votar por la salida del panismo con la esperanza de un México diferente.

El regreso del PRI al poder no era posible pensarlo en el México eufórico del año 2000, el año de la derrota del PRI, tampoco en el 2006 cuando apenas se reconfiguraba como partido unido. Ciertamente, hoy vivimos en un nuevo México.

Por lo anterior, una meta impostergable es encontrar una alternativa diferente a la que siguieron los presidentes Calderón y Peña Nieto en su combate a la delincuencia organizada. Puede afirmarse que -el primero- tomaron la decisión de sacar a las fuerzas armadas a las calles sin tomar en consideración qué tan preparadas estaban para asumir una función que, estricta y legalmente hablando, no les corresponde – y el segundo la continuó.

A principios del sexenio de Calderón, su nivel de legitimidad era escaso. Había que encontrar una fórmula para aumentar ese nivel. La encontró, pese a que no conocía la clase de enemigo que iba a encontrarse: bien organizado y extraordinariamente pertrechado.

Ese enemigo tenía (y tiene) armas, recursos y había infiltrado muchas estructuras gubernamentales relacionadas con la seguridad nacional. La generación de empleos suficientes y la seguridad fueron los retos principales de la administración de Peña Nieto que no pudo superar.

Durante el periodo de las campañas electorales del 2012 y 2015 -16 los candidatos a las elecciones presidenciales, los candidatos a gobernador y a diputaciones federales, la filosofía política y la ideología de sus respectivos partidos fue sustituida por un peligroso pragmatismo para ganar a toda costa y por cualquier medio y a cualquier precio.

Aunque ello no garantiza ni coherencia ni una orientación valorativa en sus programas. Adicionalmente, no existió claramente diferenciada, ni en los planteamientos ni en la estrategia, una ideología programática partidaria que respaldara los programas y las acciones que se derivarán de las plataformas de los partidos, por lo cual sus ofertas coincidieron una amplia variedad de temas.

Es común que se afirme que, por casi siete décadas, México fue el reino inverosímil de la Presidencia Imperial. Sin usar sino por excepción la coerción física o ideológica, comprando obediencia o buena voluntad con puestos y dineros públicos, el "sistema" (como también se le conocía) dio al país cierta estabilidad, orden y crecimiento a costa de su madurez política. México era un país tutelado por el PRI, que funcionaba como una bien aceitada maquinaria de movilidad social y control electoral.

Las esperanzas de que México avanzara hacia una democracia "sin adjetivos" poco a poco fueron perdiéndose ante el discurso oficial que pregonaba que primero era necesario consolidar la apertura económica para dar paso, después, a los anhelos democráticos. Cuando en 1995 el presidente Ernesto Zedillo se decidió a abrir el sistema político, la democracia entró por la puerta grande. Y entró para quedarse, aunque con muchas limitaciones.

Durante el gobierno de Vicente Fox, el avance democrático fue lento. Con el presidente Calderón la acumulación de presiones sociales y políticas contra un régimen legal, se acumularon día a día, violencia, inseguridad, pobreza y desempleo empujaron a la sociedad para votar por la salida del partido del presidente panista.

En el gobierno de Peña Nieto no existió claramente diferenciada, ni en los planteamientos ni en la estrategia, una ideología programática partidaria que respaldara los programas y las acciones que se derivarán de la plataforma del partido pues ha sido sustituida por un pragmatismo que originó una amplia gama de reformas en los ámbitos más importantes para el país. Lo que gobierna al país no es el PRI, es el equipo de Peña Nieto acompañado del PRI.

Existen varias implicaciones del regreso del PRI, primero, se dio por descontado que con Enrique Peña Nieto se constituyera una restauración autoritaria, nacionalista y desacreditada, el falso argumento que utilizaron el PAN y el PRD en su ataque a los resultados electorales que no les favorecieron; segundo, la arquitectura constitucional de hoy es muy diferente a la que existía cuando el PRI gobernó durante el siglo pasado, y tercera, Enrique Peña Nieto ha probó que es un político eficaz, pragmático y con una nueva visión de lo que debe ser el PRI en un entorno democrático. Resumiendo, la restauración autoritaria fue imposible porque el entorno político, el entramado institucional y las características sociales no lo permitirían, amén de que el presidente ha dejado ver en los hechos su firme convicción democrática.

El cambio ha sido tan profundo, que la vuelta al poder del PRI —con todos sus riesgos e inconvenientes— no pone en peligro la estabilidad de México.

Pero el edificio de la modernidad democrática y del progreso material es una obra en construcción, una apuesta al futuro, y la pregunta clave es si el nuevo gobierno encabezado por Enrique Peña Nieto podrá avanzar en los últimos tres años de su gobierno en las reformas pendientes de Estado.

El regreso del PRI a Los Pinos equivale al funcionamiento normal de la alternancia en la democracia, aun con una democracia imperfecta, incipiente y precaria, como la mexicana.

En otra vertiente, la legitimidad de Peña Nieto se sustenta en varias razones: para iniciar, es el primer priista que verdaderamente ganó por el sufragio universal en la contienda más vigilada y confiable de la historia y segundo, obtuvo el triunfo siendo su partido oposición, esto hay que resaltarlo, su triunfo se dio frente al partido en el poder a quien siempre se ha acusado de favorecer a su candidato en turno, y eso lo marcará moral, política y personalmente, tercero, la diferencia en el número de votos le otorga una legitimidad superior a la de Fox o Calderón; cuarto, además enfrentará los mismos contrapesos que Fox y Calderón, carece de mayoría legislativa en el senado, convivirá con un muy poderoso gobierno de izquierda en la capital y con entes realmente autónomos (Suprema Corte de Justicia, INE, IFAI, INEGI, Banco de México), será acotado por los medios de comunicación y una sociedad civil "más organizada y vigorosa que en cualquier momento de nuestra historia"; y estará limitado por una maraña de acuerdos y compromisos internacionales, que van de lo comercial a los derechos humanos.

Debemos preguntarnos si el pragmatismo es una debilidad de Peña Nieto cuando un rasgo distintivo de la nueva filosofía política es su apuesta decidida contra toda forma de individualismo metodológico, en beneficio de procedimientos constructivo - dialógicos o deliberativos, especialmente en Rawls y Habermas, cuyo cognitivismo consensual tiene un corte rousseauniano, que a veces choca con la sensibilidad y los modos postmodernos. Y es que, para la oposición, el triunfo del PRI en las pasadas elecciones provocó escasas certezas y, en cambio, no pocas incertidumbres. No obstante que éste era el resultado esperado –dada la coincidencia sostenida en las predicciones de las encuestas de opinión–, no dejó de ser inquietante para el país encontrarse con la decisión electoral que optó por el retorno del PRI al poder, al elegir a Enrique Peña Nieto como Presidente.

Para contrastar la teoría política con lo sucedido en los resultados electorales de 2012 y 2015, intentaremos mostrar las características de aquella. Los teóricos de la política han adoptado como propia la búsqueda básica de conocimiento sistemático que lleva a cabo el filósofo. El analista político no se ocupa de fabricar imágenes sin ninguna base en la realidad. Tampoco los fenómenos designados como políticos son en un sentido literal "creados" por el teórico.

Una mención recurrente que incrementa la tensión y polariza a los mexicanos es hablar de la imposición de Peña Nieto, que los medios de comunicación lo encumbraron y que las encuestas estaban manipuladas. Por ello produjo desconcierto entre ciudadanos y analistas la recuperación de un partido dominante, hegemónico en este caso, inusitada en las transiciones sin antecedente similar.

Desconcertante también fue que, sin evidencias siquiera mínimas de renovación interna, depuración o cambio para procesar una transformación decorosa, ganara la elección. En tales circunstancias, el triunfo del PRI, en un primer acercamiento, sólo se entiende en razón de condiciones propicias, gestadas en procesos ajenos a su mala imagen como partido que no se despoja de los viejos fardos. Sobresalen tres componentes del entorno político que favorecieron al tricolor: uno, a su candidato, Enrique Peña Nieto, se le percibió promovido más por una coalición ubicua de intereses y fuerzas, que por el partido, al que no se le dejó más papel que el de plataforma electoral y los candidatos a gobernador surgieron de procesos de consulta y negociación; dos, el pésimo desempeño en la alternancia del panismo y, sobre todo, del gobierno de Felipe Calderón, quien además propició el debilitamiento del PAN, a lo que se sumó la muy insuficiente candidata Josefina Vázquez y en el 2015 candidatos muy débiles a excepción del candidato de Querétaro que venció con amplio margen; y, tres, las inconsistencias internas del PRD (de cohesión e institucionalización), sus abrumadores negativos y la insistencia en la candidatura de Andrés Manuel López Obrador, que sólo pudo despuntar gracias a factores coyunturales, como el clima anti-PRI que generó el PAN.

En el 2015 el PRD llegó dividido y con una carga de negativos muy significativa. Sin embargo, el PAN en Sonora y Colima y el PORD en Guerrero clamaron "fraude electoral". El ex consejero presidente del IFE, José Woldenberg concluye que "pueden producirse irregularidades en una casilla o en un conjunto de casillas. Pero un fraude maquinado centralmente es imposible".

En el mundo real del ciudadano común coexisten dos enfoques de la política: el analítico funcional (para el cual el fraude es imposible) y el ideológico – radical (para quienes el fraude se maquinó desde que Enrique Peña Nieto era Gobernador en el estado de México), el primero nace de la ciencia política y el último del fanatismo partidario. La ciencia política se ocupa de las explicaciones de cómo funcionan los gobiernos, y constituye el pensamiento sistemático acerca de los propósitos del gobierno; es decir "es una forma de la filosofía práctica" y su necesidad en la actualidad es tan grande como siempre, en realidad mucho mayor, ya que se cumple con menor facilidad. En el momento de votar debimos hacerlo dejando de lado esas descalificaciones que adjetivan al populista, a la continuista y al "restaurador". La sociedad decidió libremente y ahí están los resultados.

Por otra parte se asegura que el PRI triunfó gracias al milagro de la oportunidad y a su asociación con el PVEM y, sin ninguna duda, a su eficaz maquinaria electoral, reforzada y actualizada.

Quizás, un factor más le favoreció: el PRI conserva una cultura de disciplina interna y la brújula orientadora esencial que es la búsqueda del poder. Los escollos que debieron superar no fueron pocos y algunos fueron realmente escabrosos, como la lamentable presidencia de Humberto Moreira, y, en general, los abundantes negativos del priísmo. A pesar de todo, mantuvieron la unidad, disciplina y consistencia necesarias para triunfar en 2012 y 2015.

Las interrogantes que trajo consigo el triunfo priísta son, al menos, de dos niveles: del primero son las que tienen que ver con la participación electoral, la condición desnuda de partido competitivo supuestamente anacrónico en todos los sentidos, así como con los factores sociales y de poder factico que sustentaron a sus candidatos.

Este conjunto de interrogantes podría resumirse en una cuestión principal, aunque no exhaustiva, que de manera muy sencilla podría ponerse en estos términos: ¿Ganó el PRI o ganaron sus candidatos, utilizando la maquinaria electoral del tricolor?

Del segundo nivel son las interrogantes que remiten a preocupaciones de mayor fondo, y son también las que generan las más recias incertidumbres. ¿Podrá el PRI gobernar bajo las nuevas condiciones de convivencia más plural y democrática de los doce últimos años? ¿Le impedirá su estructura de intereses y de organización generar gobernabilidad democrática?

¿Conseguirá Enrique Peña Nieto en la presidencia la suficiente libertad de operación para establecer alianzas y mantener al PRI sujeto a los términos compartidos con otros partidos, con los que deberá establecer acuerdos en el Congreso? Estas preguntas pueden también resumirse en una principal, en suma: ¿asumirá el PRI la pérdida definitiva de la condición hegemónica o, por el contrario, pondrá todo su esfuerzo en recuperarla para garantizar otra vez decenios de dominio? Por supuesto no es tan fácil responder a estas preguntas,

Además, después de la guerra sucia de las últimas campañas presidenciales, de la de gobernadores y de diputados federales, el desencanto de los votantes y la rebelión de los jóvenes (que explican casos como el del "Bronco" Rodríguez, Manuel Clouthier y demás independientes), nos llevan a un nuevo paradigma democrático que puede describirse como una serie de supuestos interdependientes acerca de la construcción de la realidad política, construcción no destrucción, cooperación no aniquilamiento, lenguaje político no de patanes, participación no autoritarismo, aceptación de la crítica y no la descalificación fácil y sin bases, todos ellos que juntos forman una forma coherente de pensar acerca de los problemas de nuestra sociedad.

Mi primera conclusión es que la ciudadanía castigó con dureza inusitada al Partido Acción Nacional. Castigó al partido del Ex -presidente Calderón a lo largo y ancho del territorio nacional. Perdieron las gubernaturas de Jalisco, Sonora y Morelos, donde gobernaban hace más de un sexenio. En el Distrito Federal perdieron las delegaciones Miguel Hidalgo y Benito Juárez, bastiones del panismo capitalino. Los resultados hablan por sí solos, el Partido Acción Nacional fue relegado hasta la tercera posición como fuerza partidista en la Cámara de Diputados. Muchos tienen la tentación de culpar al expresidente Calderón y a Madero, y solo a ellos, de la debacle. Hacen un mal diagnóstico.

Por supuesto que hubo mucha responsabilidad: la economía estaba atorada, había, según el INEGI, más pobreza patrimonial, empleos peor pagados. La violencia había inundado zonas enormes del país. Y puede que haya explicaciones para todo eso, pero según los votos, no fueron suficientes, todos los males se le adjudicaron al partido en el poder. Pero difícilmente eso explica tal catástrofe: los terceros lugares en Jalisco, Morelos, Chiapas, Distrito Federal en el 2012 son una debacle mayúscula. En el 2015 en algunos estados los mandaron a la cuarta posición. El error fue el no ser capaces de formar cuadros de políticos jóvenes y visionarios. Doce años de presupuesto, poder, dominancia en legislativos y ejecutivos y nunca fueron capaces de hacer crecer una nueva generación con la visión y los valores fundacionales del partido que pudiera renovar a Acción Nacional. No hubo nuevos cuadros ni nuevas ideas. Al contrario, empezaron las historias de corrupción, en los estados los gobernadores se volvieron caciques al más viejo estilo del PRI.

Antes, sin embargo, será necesario precisar un componente del contexto de más amplio plazo, el relativo a las características de la democratización en México. Es decir, que la alternancia no alteró en lo esencial al régimen y el panismo gobernó bajo las condiciones sólo menguadas del presidencialismo priísta, para mencionar sólo lo más atrofiante. Hasta ahora este proceso se ha entendido a partir de una serie de verdades establecidas, las que, por eso mismo, han distorsionado considerablemente la comprensión de lo sucedido no sólo en esta segunda alternancia, sino en los doce años de la primera alternancia.

De todo lo anterior surgen varias preguntas ¿podrá el PRI y sus aliados con mayoría en las cámaras consensar las reformas estructurales pendientes? En caso de lograrlo ¿seguirá empujando el consenso con las fuerzas políticas para la toma de decisiones? ¿veremos el rostro autoritario que a oposición pregona? ¿habrán más cambios históricos en la arquitectura institucional del país? ¿Avanzará México en la consolidación democrática?

Con las elecciones en el 2018, y una oposición descompuesta pero dispuesta a hacer alianzas para derrotar al PRI, de una cosa estoy seguro, en el 2018 ¡tendremos un país mucho muy diferente al de 2012!

2 LA SUSTENTABILIDAD DEMOCRATICA EN MÉXICO

> A fin de que se exprese la voluntad general, es importante...
> que cada ciudadano sólo dé su propia opinión...Estas
> precauciones son los únicos medios válidos para asegurar
> que la voluntad general siempre sea ilustrada y que no se
> engañe a la gente.
>
> ROSSEAU
> El Contrato Social.

1. INTRODUCCIÓN

La opinión pública latinoamericana no ve con buenos ojos a quienes
reniegan de la democracia desde un punto de vista radical, reaccionario o
elitista, pero entiende sus argumentaciones. Alguien que niega la capacidad
de los hombres y mujeres comunes de organizarse por su cuenta,
lógicamente se opondrá a la democracia. Pero alguien que cree firmemente
en esta capacidad y, sin embargo, considera que la democracia es incapaz de
servir para la emancipación humana, es condenado a los vertederos de la
teoría. En el mejor de los casos se le mira como a un idiota que cae en
graves contradicciones y en el peor, adquiere la reputación de mente
superficial destinada a acabar acompañada por los archienemigos de la
democracia: los fascistas.

Sin embargo, la idea de democracia y de gobiernos democráticos son
relativamente elementos nuevos en América Latina y se profundiza a partir
de los años ochenta.

En los sesenta, Brasil, Bolivia, Argentina y más tarde Uruguay y Chile,
cayeron en dictaduras militares. Paraguay en ese entonces tenía treinta años
con el gobierno del General Stroessner y, de 1968 a 1970, Perú también

había conocido un régimen militar. México estaba dominado por un partido de Estado y Cuba por un partido único. Pero, poco a poco, los regímenes autoritarios o totalitarios se van derrumbando de manera casi inevitable ante la ola de ideas de apertura, y van siendo sustituidos por regímenes más democráticos. En forma evidente y casi natural para 1987 sólo Paraguay y Chile estaban dominados todavía por regímenes dictatoriales. Años más tarde estos Estados también se enfilaban hacia el camino de la democracia y hoy, toda América Latina la disfruta, a excepción de Cuba y Venezuela....y ¿Bolivia? La vuelta a la democracia aparece en la mayoría de los países, como la condición previa a la solución de los problemas derivados de la crisis económica.

La idea de democracia es nueva por otra razón: a mediados del siglo pasado la palabra olía a rancio conservadurismo, a mecanismos de defensa de una clase media limitada o incluso de una oligarquía. Para muchos la democracia parecía siempre como restringida, mientras que la palabra revolución apelaba al país real, a las fuerzas sociales que estaban marginadas del sistema político. Revolución significaba casi todo lo que se quisiera significar, en todos los países latinoamericanos se hablaba de revolución.

En los ochentas la palabra democracia surge en oposición tanto al poder de las dictaduras como a las esperanzas puestas en la revolución. La democracia se encuentra entre dos caminos: poner fin a los regímenes antipopulares y ampliar la capacidad de respuesta de los sistemas políticos a las demandas sociales. Además, debería cumplir estas dos tareas en una coyuntura económica dramáticamente desfavorable, por la deuda externa, por la pobreza extrema, por la descomposición de los sistemas productivos y por la corrupción que asolaba a casi todos los países latinoamericanos.

El desafío era extraordinario. El continente de los golpes de Estado, de la pobreza, de la corrupción y de la inestabilidad política quería ir hacia la democracia. Claro que existía mucha ceguera en la forma en que se establecían los adjetivos para América Latina. Pero también había mucho de verdad.

La acumulación de presiones sociales y políticas contra un régimen autoritario ha producido a menudo una revolución, pero en América Latina, el proceso de salida de las dictaduras populistas y antipopulistas no ha sido, -con excepción de Nicaragua-, no es, revolucionaria. Son mecanismos internos, más que presiones externas los que explican la caída de las dictaduras. Esos mecanismos son políticos y económicos.

Por su parte, en los últimos veinte años, México dio importantes pasos hacia la celebración de elecciones libres, afianzó las libertades civiles y políticas, e inició un proceso de reforma del Estado que incluye la modernización de sus instituciones y leyes. En contrapartida, persisten la desconfianza ciudadana en los procesos electorales y en las instituciones gubernamentales, la baja participación política, la extremada desigualdad

11

económica, social y regional, la corrupción, y un clima de inseguridad que constituyen obstáculos formidables para la plena vigencia de la democracia en el país. En estas circunstancias, vale preguntarse: ¿En qué medida México es democrático hoy día? ¿En qué áreas se ha avanzado más, y cuáles otras presentan rezagos a superar? ¿Cómo iniciar entonces la reflexión sobre la naturaleza de la democracia? ¿Cómo evitar todo debate y dejar en la oscuridad o la confusión el tipo de régimen político sobre cuyas posibilidades nos cuestionamos?

Si la democracia no es definida más que por el triunfo de los intereses de las mayorías o del pueblo, todos los excesos de lenguaje y de pensamiento están permitidos. Porque ¿cómo definir los intereses del pueblo y cómo determinarlos: a través de unas elecciones libres o gracias a indicadores socioeconómicos?

Hay que salir de la confusión: la democracia no es un tipo de sociedad; es sólo un régimen político. Es la elección libre por los gobernados de unos gobernantes que los primeros reconocen como sus representantes legítimos. La democracia alega ser el objetivo más difícil de conseguir además del más vital, el ideal al que aspiran todos los seres humanos: la teoría y la práctica de la libertad colectiva. Se iguala la idea de la democracia a la organización de la vida mediante decisiones comunes que tienen en cuenta en la medida de lo posible las necesidades y deseos de todo el mundo.

Pero este ideal también reivindica ser algo más que tan sólo un ideal; este proceso de toma de decisiones en común debería ocurrir en condiciones de igualdad entre todos. La mera igualdad política provee a cada ciudadano de derechos pero no de poderes efectivos: la democracia real implica igualdad socio-económica, sin pobres y ricos, ni amos y siervos, ni jefes y empleados. De este modo, una reorganización y un reparto total de las riquezas nos proveerán a cada uno de una parte justa en la toma de decisiones, tanto en los grandes asuntos como en los menores. Tendremos así una democracia que no es tan sólo formal, sino real. Es aquí donde nos encontramos con un error lógico.

El hecho de compartir es algo necesario y elemental para el ser humano, pero nadie espera seriamente que resuelva la cuestión social. Como mucho, puede aliviarla. Nunca un moralista, ni un profeta, han convencido a los ricos y poderosos para que repartan su riqueza y poder de manera justa con el resto de los humanos. Podemos preguntarnos de dónde va a venir esta "justicia" social (y no sólo política). La democracia no puede lograrla por su cuenta, y la autodenominada democracia "auténtica" o "radical" carece de realismo.

Semejante definición permite luchar contra la oposición arbitraria de una democracia formal y de una democracia real o popular, pero también contra las limitaciones excesivas de una definición puramente institucional de la democracia.

Claude Lefort afirma que la democracia no es el poder del pueblo, la transferencia de la soberanía al pueblo, lo cual no sería más que un cambio de príncipe, sino la destrucción de todo príncipe, de todo principio de unidad que defiende, por tanto, es una visión pragmática del poder político como sistema de negociaciones y de equilibrios parciales e inestables entre intereses diferentes y opuestos. Esta concepción de la democracia la sitúa en su propio terreno, pero la limita. La noción misma de la mayoría impone la existencia de un vínculo entre democracia política y democracia social: las instituciones democráticas no tienen la fuerza movilizadora y no son percibidas como legitimas salvo en el caso en que las fuerzas políticas aparezcan como representativas.

Estas reflexiones indican la presencia de cuatro condiciones al menos para que exista la democracia:

• La existencia de un espacio político especifico. No hay democracia sin el reconocimiento de la existencia de un sistema político y de ciudadanos, si éstos no son considerados más que como formas particulares de las relaciones y de los actores sociales.

• La separación de la sociedad política, espacio de pluralismo y de diversidad de intereses y del Estado que, por definición, es uno.

• La presencia consciente de un principio de igualdad entre los individuos que permite conceder a todos los mismos derechos, a pesar de las diferencias existentes y evidentes de capacidades y de recursos que separan a unos individuos de otros.

• La existencia de grupos de intereses reconocidos y organizados de manera autónoma, es decir, al margen de la intervención de los partidos políticos, de manera que las instituciones representativas correspondan a unos intereses representables. La democracia es lo contrario de una sociedad de masas.

Sería más fácil definir las condiciones de una política democrática si los cuatro elementos constitutivos de la democracia que se analizaron actuaran en forma paralela e independiente. La realidad es muy distinta: la construcción de un espacio político entra en conflicto con la separación de la sociedad civil y del Estado. De igual manera, la subordinación de las fuerzas políticas a unos actores sociales se opone a la autonomía de las instituciones políticas e igualmente a la integración política. Lo cual demuestra los límites de una definición puramente interna de la democracia. En realidad, la fuerza de un régimen democrático consiste en combinar la pluralidad y la especificidad de los intereses sociales con la unidad de integración del Estado. Un país dominado por la multiplicidad de grupos de intereses no puede funcionar democráticamente, salvo en la situación extrema de que todos los intereses se definan por conflictos negociables, cosa que no ocurre siquiera en los países más avanzados.

En América Latina y en México en particular, la institucionalización de los conflictos es estrechos: la clase dominante se interesa tanto en la reproducción de sus privilegios como en su papel de empresario y los movimientos populares son en gran parte defensivos, de suerte que un enfrentamiento directo entre estos dos grupos sociales conduciría a la ruptura del sistema democrático. También a veces el Estado se ha vuelto contra la democracia cuando le parecía indispensable defender la seguridad nacional o rechazar las presiones populares.

Por lo anterior, es necesario tomar en cuenta el contexto político y cultural de los países de América Latina al comparar sus incipientes democracias con democracias maduras.

México no es la excepción, durante 71 años el PRI (Partido Revolucionario Institucional) gobernó en un entorno y por un camino que difícilmente se pueden comparar con las dictaduras sangrientas de todos los demás países de América Latina.

Por ello no debemos realizar afirmaciones a la ligera. México, al igual que otros países del área, ha transitado por un arduo y difícil camino.

A partir de la derrota del PRI en el año 2000, se asumió que el país entraba de lleno a la construcción del régimen democrático pleno, pues se cumplía un prerrequisito de valor absoluto, precisamente, la derrota del PRI. Una vez dejado de lado este remanente, la vía real al nuevo orden quedaba despejada. Aparejado a esto corría el supuesto de que el régimen priísta correspondía al orden político de las dictaduras, apenas en grados menos rígida; un autoritarismo menos opresor, pero siempre en la familia de lo dictatorial. Se asumió, igualmente, que la sociedad civil había jugado un papel descollante, tal como correspondía al derrumbe de las dictaduras socialistas, como en el caso de Polonia o Alemania del Este. ¿Es verdad que todo fue así y ésta es la imagen incuestionable de lo ocurrido? Todo indica que las cosas ocurrieron de otra manera muy diferente, la que, si bien puede inscribirse en la imagen generalizada de las transiciones, en realidad resultó de un conjunto de peculiaridades que conviene por lo menos registrar con precisión. Diversos autores, por ello, han propuesto que este proceso de cambio corresponde más precisamente al de la liberalización.

Carlos Elizondo y Benito Nacif (2002), en su texto La lógica del cambio político en México, una de las discusiones mejor informadas y sistemáticas, así lo proponen y los trabajos de diversos autores que ellos reunieron sustentan una concepción en este sentido, bastante más propicia para descifrar los términos de la alternancia. El proceso de modernización económico-social de México, caracterizado por la urbanización, el aumento de los niveles educativos y un mayor acceso a fuentes de información diversas, causó una diversificación de las condiciones de vida que se tradujo en un pluralismo político, erosionando así la votación por el PRI.

Tal erosión, combinada con reglas e instituciones electorales progresivamente imparciales que garantizaron elecciones más libres, más competidas y con votos mejor contados, desembocaría finalmente en las derrotas del PRI en las elecciones legislativas de 1997.

En las presidenciales de 2000, adicionalmente afectó el hecho de llevar un candidato muy poco competitivo frente a la popularidad de Fox. Lo que aquí se plantea es que el régimen priísta fue perdiendo, en efecto, dominio absoluto –hegemonía–, en un extendido proceso de realineamientos electorales Iniciados tempranamente con la reforma de 1979, pero abiertamente detonados con gran energía en la elección de 1988.

Resumiendo, tres fenómenos contribuyeron a este proceso:

1. El cambio socioeconómico en México y el peso abrumador de la urbanización que produjo un nuevo perfil de agrupaciones empresariales y conglomerados de clase media; como contrapartida, un considerable adelgazamiento de los grupos incorporados al PRI en sus tres zonas corporativas, tradicionales bolsas de votos, muy disminuidas ya en los años ochenta del siglo xx.

2. Un cambio global que planteó presiones de todo orden a México, un país hasta entonces cerrado, muy armónicamente acoplado a las tendencias de la Guerra Fría, resumibles en un Estado fuerte y protector, una economía muy necesitada de éste, una vasta capa de población enmarcada en los términos de una política social hasta entonces eficiente y amplia, y un orden político de competitividad controlada, que permitía el cambio cíclico, sexenal, de la élite gobernante.

3. Una recomposición de las estructuras nacionales de poder, liberando las de carácter regional, sometidas hasta entonces al centralismo del modelo presidencialista, que, gracias al cambio socioeconómico, la apertura internacional y el impacto de políticas públicas del gobierno federal, ganaron autonomía de organización y de acción. Baste pensar que Carlos Salinas de Gortari tuvo que reconfigurar el modelo de designación de candidatos a los gobiernos de los estados; en vez de la decisión centralista dura y pura, tuvo que sembrar a sus hombres con anticipación, por ejemplo, como delegados de oficinas federales, para que fueran insertándose en el medio, armando alianzas y ganando la legitimidad territorial y local necesaria.

Éstas y otras muchas tendencias se desplegaron; aunque no necesariamente con la misma intensidad ni en absoluta simultaneidad, fueron dando el impulso que propició una redistribución de fuerzas electorales. Hay que señalar que no hay duda de que expresan lo fundamental de los determinantes del cambio, si no de régimen –que a la fecha no acaba de ocurrir–, sí del sistema de partidos y de los términos de formación de gobierno.

Desde el punto de vista electoral, lo que aquí importa subrayar es que estas tendencias resultaron muy propicias a muchas fuerzas sociales, especialmente locales y de condición privilegiada en los estados de la República, más radicalmente en los del centro y del Norte.

El PAN fue el usufructuario directo de los impactos del cambio socioeconómico, como era natural, por su antigua trayectoria de partido opositor, núcleo de las clases privilegiadas, apegado a la legalidad y la lucha electoral, así como por su extensión, si no nacional, sí en amplias zonas de la República, no sólo como opción ideológica-programática, sino también como maquinaria electoral.

No había, para cuando tomó celeridad el proceso a mediados de los años ochenta, un equivalente al PAN en el lado izquierdo del espectro. Sin embargo, es claro que el impulso al cambio fue tan vigoroso que rápidamente generó incentivos a la consolidación de una izquierda beneficiada, además, por la fractura en el PRI. La elección de 1988 probó la solidez de los cambios, de la nueva carga social de los opositores al PRI y la intensidad de los reclamos sociales que se reflejaron en la muy rápida y consistente consolidación de la coalición de izquierdas cuyo resultado electoral fue memorable. ¿Cómo afectaron electoralmente estos cambios al PRI? ¿Cómo impactaron al régimen político? Estas cuestiones no han sido desentrañadas con la necesaria claridad y de ello depende explicar en su complejidad la recuperación del tricolor. Cabe advertir que su pleno esclarecimiento también contribuirá a descifrar hasta dónde todavía el PRI tendría la opción del retorno a la condición hegemónica o si ésta ya fue anulada por las transformaciones en el país.

1.   CONSULTA POPULAR Y DEMOCRACIA DIRECTA

La historia de la democracia se ha planteado el problema de la conciliación entre participación de los ciudadanos y capacidad de gobierno. Ya en el siglo XVIII, el filósofo francés Jean-Jacques Rousseau afirmaba que la noción de representación política iba en contra de la esencia misma del concepto de soberanía popular.

Los defensores de la democracia directa han abogado a favor de la instauración de mecanismos que resuelvan los problemas de la intervención directa de la ciudadanía en la toma de las decisiones públicas. Esos mecanismos son el plebiscito, el referéndum, la iniciativa popular y la revocación de mandato. Son conocidos comúnmente como instrumentos de la democracia directa, aunque, como bien lo argumenta Maurice Duverger, son más bien instrumentos de la democracia semidirecta, dado que operan dentro de sistemas predominantemente representativos.

Ya entre los primeros teóricos modernos de la democracia se podía distinguir a los que abogaban en favor de la eliminación de estructuras de intermediación entre pueblo y responsables políticos, de los que defendían los méritos de la delegación de poder a las autoridades competentes. Todavía subsiste una división en la teoría política contemporánea donde, en un extremo, encontraríamos a los defensores de la democracia radical y, en el otro, a los abogados de la poliarquía.

La democracia directa se refiere a una forma de gobierno en la cual "...el pueblo participa de manera continua en el ejercicio directo del poder". Se trata de una democracia autogobernante. Esto significa que el pueblo, reunido en asamblea, delibera y decide en torno a los asuntos públicos. Ya se ha mencionado que el experimento histórico más acabado de democracia directa es el de la ateniense. En nuestros días ésta se sigue practicando en pequeñas comunidades, como en los cantones de Glaris, Appenzell y Unterwald en Suiza.

Este ejercicio de la democracia directa supone la existencia de una comunidad en la cual las relaciones entre los integrantes se dan "cara a cara", donde predomina una cultura oral de deliberación, el nivel de burocratización es bajo y el sentido del deber cívico es muy alto.
En otras palabras, la "comunidad" y no la "sociedad" —en el sentido de oposición que confiere la sociología clásica a dichos vocablos— es la entidad política que más conviene al modelo de democracia directa.

Aparte de los problemas técnicos, asociados al tamaño y a la complejidad de las sociedades, la democracia directa presenta otras deficiencias. Entre ellas, destaca la posibilidad de manipulación, que en la democracia de asambleas se expresa mediante el recurso a la demagogia y siempre existe el peligro de que las decisiones respondan a las pasiones y al espontaneísmo de los asambleístas, no existen límites al poder de la mayoría.

En nuestros días, los argumentos que más se utilizan en defensa de la democracia representativa destacan que, en ella, la toma de decisiones cuenta con suficiente información en la medida en que se desarrolla a través de diversas etapas y de una serie de filtros. Así, las limitaciones a la participación, asociadas al tamaño y a la complejidad de las sociedades, pueden ser superadas. A diferencia de la democracia directa, la representación permite una política positiva que evita la polarización en la sociedad. Así, las minorías tienen voz y sus derechos están mejor protegidos.

Farley distingue entre el referéndum, en el cual los ciudadanos son convocados para aceptar o rechazar una propuesta del gobierno; el plebiscito, que sirve para que los ciudadanos decidan entre aceptar o rechazar una propuesta que concierne a la soberanía, y la iniciativa popular, procedimiento mediante el cual los ciudadanos aceptan o rechazan una propuesta emanada del mismo pueblo.

El referéndum somete una ley propuesta o existente a la aprobación o al rechazo de los ciudadanos; en algunos casos el veredicto popular conlleva una noción de obligatoriedad y en otros tiene fines consultivos. El referéndum popular o de petición es aquél en el cual hay que someter una nueva ley o enmienda constitucional al electorado, como parte del mecanismo de ratificación.

Finalmente, la revocación de mandato permite a los votantes separar a un representante de su cargo público mediante una petición que debe satisfacer ciertos requisitos; se distingue del proceso de impeachment, en que se trata únicamente de un juicio político sin implicaciones legales.

El debate permanece abierto. Entre los argumentos a favor figuran los siguientes:

a) La democracia tiene que ser dinámica en sus formas y procedimientos.

b) La noción de autogobierno debe incluir la participación directa de los ciudadanos.

c) La consulta directa favorece la responsabilidad ciudadana.

d) El electorado debe tener una voz más directa en la elaboración de las leyes.

e) Los mecanismos de la democracia directa alientan a los ciudadanos a tener más interés en los asuntos públicos, fomentan la educación política y estimulan la participación electoral.

f) Son un arma eficaz para reducir la influencia de los grupos de presión sobre el Congreso.

g) Aumentan la responsabilidad política de la clase política y de los medios de comunicación de masas.

h) Conducen a la rápida toma de decisiones sobre temas controvertidos.

i) Propician la creación de foros públicos para debatir temas nacionales críticos y permiten a los líderes nacionales conocer el punto de vista de la ciudadanía.

j) Su buen funcionamiento en varios estados, durante más de tres generaciones, y su aplicación en varias otras naciones, abogan en favor de que se utilice a nivel nacional en el país.

Los detractores de los mecanismos de la democracia directa argumentan que:

a) La participación directa del electorado en los procesos legislativos debilita las bases fundamentales del gobierno representativo. Desaparecen las nociones de debate, deliberación y compromiso. Se desvanece la responsabilidad legislativa.

b) Presentar opciones excluyentes alimenta la división y la polarización de la nación.

c) Gran parte de la ciudadanía no está preparada para intervenir en los procesos legislativos.

d) Los derechos y las libertades de las minorías son amenazados por el uso de estos procedimientos.

e) Los grupos de interés, bien organizados y financiados, terminan dominando esos procesos y los emplean para rodear de obstáculos a los procesos legislativos tradicionales.

f) La fragmentación étnica, geográfica, profesional, etcétera, se fomenta cuando las decisiones se plantean a partir de una sola alternativa: no hay lugar para el compromiso.

g) Los temas que pertenecen a la agenda federal son mucho más complejos que los que son sometidos a la aprobación pública a nivel estatal y local.

Entre las ventajas del gobierno representativo cabe destacar:

a) La protección otorgada a las minorías.

b) La limitación a la demagogia y a los abusos del poder político.

c) La estabilidad en las decisiones públicas.

d) El cambio ordenado en las políticas y en el funcionariado político.

e) El equilibrio entre la participación y la gobernabilidad.

Las ventajas de la democracia directa serían:

a) Expresar de manera pura los intereses individuales.

b) Permitir la manifestación directa de la opinión pública en los procesos legislativos.

c) Incrementar la sensibilidad de los legisladores a los movimientos de opinión.

d) Reducir los efectos de distorsión creados por los partidos políticos y las asociaciones intermedias.

e) Incrementar la participación ciudadana.

2. ANÁLISIS DEL SISTEMA POLÍTICO ECONOMICO.

Frente al tipo de argumentos sugeridos anteriormente, quienes se han identificado con el también llamado gobierno popular admiten que a todas luces la democracia no es la mejor forma de gobierno cuando los propósitos que se persiguen son la eficiencia y el orden. Cuando se plantea el problema político bajo el dilema anarquía-unidad y se desea un Estado disciplinado y eficiente, lo más adecuado es la monarquía. Pero cuando se presenta el problema político bajo el binomio opresión-libertad y se pide un Estado más libre y participativo, lo conducente sí es la democracia.

A los liberales siempre les preocupó el poder inmoderado (ilimitado), o sea, la democracia, en la que los representantes quedan a expensas del electorado, el Legislativo toma la supremacía sobre el Ejecutivo y el Judicial, y las instancias que median entre el individuo y el Estado, como los partidos y las asociaciones, desaparecen. Para evitar esos males propusieron la independencia de los representantes frente a los electores (prohibición del mandato imperativo), el equilibrio entre los poderes, y el reforzamiento de los llamados corps intermédiaires, que son las organizaciones intermedias entre el individuo y el Estado. Es así como se puede garantizar de mejor manera la democracia moderada. Otra forma de modular la democracia consistió en fijar límites al poder de la mayoría a través del reconocimiento de los derechos de las minorías y el otorgamiento del derecho al voto a capas cada vez más amplias de la población, aunque paulatinamente, conforme se fuera avanzando en la educación cívica y política.

En esto último se observa un beneficio mutuo, porque esa educación eleva el nivel de participación política, pero a su vez el voto es un instrumento que anima a los hombres a ver más allá de su entorno inmediato y los pone en contacto con los problemas generales de la nación.

En los tiempos en los que se dio el acoplamiento entre la democracia y el liberalismo surgieron propuestas que hoy parecerían fuera de lugar pero que en su momento fueron vistas con interés (aunque luego, por fortuna, no prosperaran). Es el caso del llamado "voto plural" o "voto ponderado", según el cual no todos los sufragios deben contar igual. Esto era con el fin de reducir el peso de la mayoría, que siempre son los pobres e ignorantes.

En tal virtud se le quiso otorgar más peso al voto de los ricos e instruidos, que por lo general son una minoría. El abandono de este primer proyecto por estratificar el voto, y la adopción de la igualdad de los sufragios, según el famoso dicho "a una cabeza un voto", es uno de los avances más relevantes de la democracia.

En nuestro entorno, desde la aparición de la obra de Pablo González Casanova (1965) ha habido una gran preocupación por evaluar de manera comprehensiva la situación de la democracia en México. Para esa época, México se había distinguido por la realización periódica de elecciones, la renovación constitucional de los poderes públicos, y un grado relativamente aceptable de libertades ciudadanas; pero también por el predominio de un solo partido en los ámbitos electoral y de ejercicio del poder, por el clientelismo, y en ocasiones por la represión hacia los opositores. Así, las cuestiones que a mediados de los sesenta formulaba González Casanova adquirirían particular relevancia: ¿es México un país democrático? ¿en qué medida lo es? ¿en qué ámbitos es más democrático, y en cuáles lo es menos? La conclusión que se desprende de su obra es que México parecía ser una democracia en aspectos formales, pero no lo era en lo sustantivo.

El profundo arraigo de prácticas muy elaboradas de manipulación del voto generaba un marcado escepticismo sobre la posibilidad de modificar ese sistema que llegó a ser calificado como "la dictadura perfecta", apenas disimulada por las formalidades de un régimen democrático. Posteriormente, una prolongada serie de reformas electorales y de cambios sociopolíticos estructurales fue transformando gradualmente la naturaleza del régimen. Décadas después, la literatura sobre la transición de México a la democracia volvió a abordar el tema (para una revisión: Gimate-Welsh, 2006; Labastida Martín del Campo, 2004), señalando diversos factores que impulsaron el avance de México hacia la democracia.

En la década de los ochentas, se plantea en el mundo en vías de desarrollo que el liberalismo económico es la forma adecuada para reactivar la economía e impulsar la democracia. Lo anterior coincide con el agotamiento del ciclo social-democrático y con la detención del crecimiento económico de la llamada década perdida.

La democracia es una contradicción: aparenta dar y garantizar algo esencial que inevitablemente evade; la libertad.

Además, mientras la mayor parte de la gente habla de los problemas de la democracia, muy pocos están dispuestos a discutir su naturaleza, porque se presenta como el mejor marco para la emancipación humana, y el único medio para lograrla. Cualquier resistencia a la explotación, y cualquier intento de crear un mundo sin explotación, se enfrentan a la dura realidad del control de los explotadores sobre los explotados. La lucha sin fin contra el despotismo de la fábrica, contra el poder del jefe en el tajo y fuera de la fábrica, así como la lucha por el control de base en una huelga, van más allá del mero rechazo a depender de un jefe, un político local o incluso de un líder sindical o político. Esta negación tiene una dimensión positiva.

Es el primer paso para las relaciones directas, no competitivas, solidarias, que dan lugar a nuevas formas de encontrarse, discutir y tomar decisiones. Ningún movimiento social, grande o pequeño, puede evitar la pregunta "¿Quién manda?". De lo contrario, sin procedimientos ni estructuras distintas de las piramidales, las "clases bajas" serán tratadas como inferiores eternamente. Sea una comuna, comité, colectivo, consejo o una simple asamblea general, cada participante en estos cuerpos realiza su libertad individual, así como su existencia colectiva. Libertad y fraternidad son vividas mediante actos.

Ahora bien, ¿estas formas crean el movimiento o tan sólo lo expresan y estructuran?

Es inútil renunciar a nuestra pregunta basándose en que tienen ambas funciones......porque la democracia, por su naturaleza, trata el espacio-tiempo del debate y la decisión no como lo que es –un componente de la vida social (y por lo tanto de todo cambio positivo)–, sino como la principal condición de la vida social. Es esto lo que vamos a discutir.

En el camino tendremos que mostrar cómo esta luz cegadora es incluso más engañosa dado que la palabra "democracia" es en sí misma confusa.

Parece que se dejaba atrás la polémica, áspera y superficial y el potencial belicoso e ideológico y que se habían transformado en principios transformadores e inspiradores de movimientos que se adaptaban a la lógica vencedora de la democracia, pero no, tan sólo entraron en un corto letargo.

Sin embargo, existe un aspecto paradójico, la teoría moderna de la democracia está construida desde un punto de vista filodemocrático y ahí es donde se dificulta la ilustración de los males de la democracia. Ahí también surge la contradicción entre democracia ideal y democracia real. La paradoja es que las patologías de la democracia y su inevitabilidad crecen junto al consenso en favor de la democracia.

En este caso, Robert Dahl y Norberto Bobbio proponen un conjunto de criterios para medir la distancia insuperable entre la democracia real y la ideal y los dilemas vinculados al pluralismo. Las promesas incumplidas de la democracia ofrecen un compendio incisivo de las desilusiones de la democracia consideradas casi como inevitables.

El liberalismo se mueve en dos planos el político y el económico. Si nos atenemos al plano político, los principios del liberalismo son:
• La limitación del poder estatal como garantía de la libertad del individuo.
• La sujeción de gobernantes y gobernados a la ley.
• La democracia representativa que garantiza la participación de los individuos en los asuntos públicos
• La división de poderes.
• La rotación o la no reelección del gobierno o la alternancia o sucesión regulada en el poder.

En el plano económico, el principio básico del liberalismo es el de la libertad de empresa, de comercio de adquisición de propiedad. Como resultado de lo anterior lo que se garantiza o se trata de garantizar es el mercado generalizado y la limitación de la intervención o regularización de la economía de libre mercado por el Estado o por cualquier instancia pública.

Los principios del liberalismo considerados en sus dos planos implican la subordinación de la igualdad y justicia social a la libertad.

Aunque no se niegan la desigualdad y la injusticia, así como la pobreza material vinculadas a ella, se aceptan como un hecho natural del sistema o como un hecho privado que no es de la competencia del Estado. La primera es la tesis clásica de Smith y la última es la afirmación de Hayek. Por conclusión llegaríamos a decir que la libertad es incompatible con la igualdad y la justicia social.

Nuestros países latinoamericanos persiguen afanosamente el ideal de la industrialización --idea martillada por las recomendaciones del Banco Mundial y del Fondo Monetario Internacional y remachadas como condición previa a toda ayuda económica-- y en ese afán no sólo no han podido trascender sus límites, sino que incluso, abandonan sus principios y valores.

Al aplicarse un liberalismo sin valores, la masificación, la manipulación de las conciencias, la ideologización convierte la libertad del individuo en un discurso cada vez más alejado de la realidad, las libertades empiezan a desaparecer en rendición de pleitesía y culto hacia el libre mercado.

El liberalismo tira al suelo las migajas de la justicia social para limpiar la mesa liberal. La libertad y justicia social debe subordinarse a los intereses del liberalismo. La democracia entonces se aleja más y más de sus ideales y la igualdad pregonada: liberalismo igual a democracia, empieza a ser cuestionado y se debilita ante los excesos del liberalismo.

Los temas de neoliberalismo, la presión externa, la pobreza y otros estuvieron en los debates de los distintos candidatos, obviamente con diferentes posiciones y perspectivas.

Debemos recordar que en los cincuenta Peter Laslett, I. Berlin, Runciman, Plamenatz y otros estudiosos de la filosofía política trataron de revitalizarla, porque en ese entonces se declaraba que la filosofía política estaba muerta, sin embargo, fue hasta fines de los setenta cuando esta orientación recobra toda su plenitud y vigor de su perennidad indestructible.

La obra de Rawls "Una teoría de la justicia" es considera como el catalizador de un renacimiento pluralista de la filosofía política, papel que no se lo discuten ni sus críticos más radicales.

Las aportaciones de Rawls a la filosofía política se consideran los más importantes desde J.S. Mill. Aún si se considera falsa o verdadera la posición de Rawls es de una importancia manifiesta. El enorme acierto de Rawls radicaría en haber sabido combinar y unificar en una compleja y completa teoría sustantiva y normativa algunas de las principales cuestiones que, desde siempre han formado parte de la filosofía política, y en especial su reconciliación, casi sin fisura, de los problemas de la libertad y la igualdad.

Como lo estableció Cicerón cuando denominó al cuerpo político como res publica, una cosa pública o la propiedad del pueblo.

De todas las instituciones que ejercen su autoridad en la sociedad, se ha singularizado el ordenamiento político como referido exclusivamente a lo que es común a toda la comunidad. Ciertas funciones - como la defensa nacional, la seguridad interna, la administración de la justicia y la regulación económica - fueron declaradas responsabilidad primordial de las instituciones políticas, basándose fundamentalmente en que los intereses y fines servidos por estas funciones beneficiaban a todos los integrantes de la comunidad. La íntima conexión existente entre instituciones políticas e intereses públicos ha sido incorporada a la práctica de los filósofos.

El objeto de la filosofía política entre otros son la relación de poder entre los gobernante y gobernados, la índole de la autoridad, los problemas planteados por el conflicto social, la jerarquía de ciertos fines y propósitos como objetivos de la acción política, y el carácter del conocimiento político. Es en estos últimos donde descansa su fortaleza más cuando estamos llegando a una fase donde para algunos políticos la obtención del poder justifica todos los medios.

En esa búsqueda de poder, a partir de 2000, se generalizó la noción de que México era ya un país democrático, por lo menos en las arenas electorales y de las libertades públicas. Con la realización de elecciones competitivas y la alternancia en el gobierno federal, hubo una tendencia a aceptar como un hecho consumado que México ya había transitado a una democracia electoral.

Esta noción fue ampliamente divulgada por el gobierno del presidente Vicente Fox (2000-2006), e incluso antes el presidente Ernesto Zedillo (1994-2000) había saludado las elecciones legislativas de 1997 como un ejemplo de "normalidad democrática".

Lamentablemente, los conflictos que se presentaron alrededor de los comicios presidenciales de 2006 pusieron en tela de juicio la idea de que México es ya un país democrático en lo electoral y lo político.

Las denuncias de fraude electoral esgrimidas por uno de los candidatos presidenciales y su autoproclamación como "presidente legítimo", la creencia de alrededor de un tercio del electorado –revelada por encuestas de opinión pública- de que dichas elecciones estuvieron viciadas por irregularidades, y la eclosión en ese año de varios conflictos sociales violentos con saldo de sangre (en Lázaro Cárdenas, Gro., Atenco, EdoMex., y Oaxaca, Oax.), llevaron a muchos a preguntarse, como lo había hecho González Casanova cuatro décadas atrás: ¿es México un país democrático, y en qué medida lo es? ¿en qué ámbitos es más democrático, y en cuáles lo es menos? Estas preguntas antiguas pero renovadas, adquieren particular interés para México si se toma en cuenta la democratización en la escena mundial.

En 2000, por primera vez en la historia humana, hubo en el mundo más países democráticos que no-democráticos (Freedom House, 2001). Esta inédita realidad es resultado de la llamada "tercera ola" de democratización, que llevó a democratizarse a las naciones de Europa Meridional y Oriental, a varias de la ex-Unión Soviética y de África y Asia, y a virtualmente todas las de América Latina (Huntington, 1994). Por lo general, las mediciones de la democracia a nivel global se basan en unos pocos indicadores compilados en una sede central que cataloga a los países por su nivel o grado de democracia o libertad, sin atender mayormente a las peculiaridades de cada uno de ellos.

Por ello, el analista político debe tener claro qué es democracia política y qué no lo es.

Existen problemas cuando se intenta circunscribir un objeto de estudio que, en realidad, no puede ser circunscrito. Primero, porque una institución política se halla expuesta a influencias de tipo no político, de manera que explicar dónde empieza lo político y donde termina lo no político se convierte en un problema desconcertante. En segundo lugar, existe una difundida tendencia a utilizar las mismas palabras y conceptos para hablar de asuntos políticos y de los no políticos.

Lo anterior plantea uno del problema a los que se enfrenta el analista político cuando intenta establecer la especialidad de su estudio: ¿qué es político? ¿Que distingue la autoridad política de otras formas de autoridad, por ejemplo?

Por lo anterior, conceptos como poder, autoridad, consenso, ascendencia e influencia y demás están destinados a señalar algún aspecto importante relativo a los hechos políticos. Tienen como función volver significativos los hechos políticos, ya sea con fines de análisis o como una combinación de estos fines.

Cuando los conceptos políticos se exponen en un enunciado como el siguiente: "No son los derechos y privilegios de que goza un hombre los que hacen de él un ciudadano, sino la mutua obligación entre gobernante y gobernados", la validez de dicho enunciado no puede establecerse remitiéndonos los datos de la vida política. Este sería un procedimiento circular, ya que la forma de enunciado determinaría inevitablemente la interpretación de los hechos.

En otras palabras, la teoría política no se interesa tanto en las prácticas políticas como en sus significados. Los conceptos y categorías que constituyen la comprensión de la política nos ayudan a deducir conexiones entre fenómenos políticos; introducen algún orden dentro del caos irremediable de actividades; median entre nosotros y el mundo político que procuramos hace inteligible; crean una zona de conocimientos determinados y con ellos nos ayudan a separar los fenómenos pertinentes de los que no lo son.

El análisis político, pese a sus errores y abusos, en cuanto a reflexión normativa sobre la práctica política sigue siendo más necesario que nunca para proveer de un sistema coherente de principios y establecer lo que es necesario para que los hombres puedan vivir en paz y armonía entre sí. Y es que revitalizar el análisis político lleva a discernir por separado entre sus tres componentes: filosófico, sociológico e ideológico. El componente ideológico lo proporciona la reflexión moral y su concepción de una vida moralmente buena.

El debilitamiento de los componentes filosóficos e ideológicos ha facilitado el ascenso de la ciencia política hasta hacerse hegemónica, pero el análisis político sigue cumpliendo una función informativa importante.

Esta perdurará siempre que no exista la aceptación total de un solo fin y quede vacío de sentido el examen crítico de los presupuestos y supuestos y la discusión sobre las prioridades incondicionadas al abordar las cuestiones políticas en el plano de la validez normativa, mientras que la ciencia política lo hace en el plano de la validez fáctica, de la eficacia, de las situaciones históricas y sociales concretas.

Concluyendo, el conflicto de intereses y la necesaria mediación entre ellos han hecho que se piense, no sin cierta desviación, que el cometido fundamental de la democracia sea primordialmente resolver las disputas entre los más variados intereses económicos y sociales. Para este fin se pone un mayor cuidado en las formas de representación que hemos llamado funcionales, según la rama de la actividad a la que se pertenece.

En otros ambientes, este conflicto y la forma en que se presenta y resuelve se llama "neocorporativismo", debido a que son las organizaciones empresariales, obreras, campesinas, y muchas otras que representan a los diferentes oficios y profesiones que desempeñan un papel protagónico en el conflicto social. En estas circunstancias, la forma típica de arreglo es el acuerdo particular, en el que el gobierno funge como mediador.

Es evidente que la democracia tiene que atender estos conflictos, pero también que no se puede quedar allí. En otras palabras: dada la importancia de estos problemas sectoriales llamémoslos así, en los que van de por medio demandas del más diverso tipo (empresariales, laborales, urbanas, campesinas, indígenas, regionales, etc.), no debe ocultarse un factor de la mayor trascendencia, que es el de su índole política, y que tiene que ver con el esquema organizativo que favorezca la participación en el poder de los ciudadanos.

Esta es otra manera de recordar la distinción entre los asuntos económico-sociales y las cuestiones políticas, y de reforzar la idea de que la democracia no se agota con la atención a los primeros, sino que tiene su punto más elevado en las segundas. En materia de representación también es primordial mantener la distinción, aunque en la práctica exista la comunicación y la influencia permanentes- entre la representación de los intereses sectoriales y la política. Es más, la competencia entre los partidos se entabla alrededor de sus diferentes propuestas para solucionar los problemas surgidos en el seno de las sociedades plurales. Esa competencia por el poder, que tiene que ver con la lucha por la representación de los ciudadanos, es la clave para enfrentar los retos sociales y económicos desde el puesto de mando de la política.

No me parece que esté por demás insistir en lo anterior, porque algunos regímenes no democráticos, como los inspirados en el nazismo y en el fascismo, lo primero que hicieron al llegar al poder fue disolver la representación política y dejar únicamente la representación corporativa, es decir, la que tiene que ver con los intereses sectoriales. Esos sistemas cancelaron los derechos ciudadanos y mantuvieron el trato con la sociedad exclusivamente a través del canal de las representaciones por ramas de actividad. No fueron pluralistas ni en sentido político, pues liquidaron el sistema de partidos, ni en sentido social, pues obligaron a las organizaciones a agruparse en centrales dependientes del Estado. Por otro lado, y a pesar de su oposición a esos sistemas de corte fascista y nazi, el comunismo soviético procedió de manera semejante, al invalidar la representación política por considerarla como un "formalismo burgués", y vincular a las organizaciones sociales con una sola agrupación: el Partido Comunista. Allí tampoco tuvo cabida la democracia pluralista.

3. ¿MANIPULACIÓN DE LA DEMOCRACIA?

En contraste con lo que sé piensa hoy en el sentido de que la democracia y el liberalismo desde que se encontraron establecieron un vínculo afable hasta llegar a conformar la democracia liberal, lo cierto es que ese vínculo ha sido extremadamente problemático. La dificultad deriva de la visión diferente que tienen sobre el poder. El liberalismo es la teoría y la práctica de los límites del poder, mientras que la democracia es la teoría y la práctica de la distribución del poder. Limitar y distribuir el poder son dos cosas que pueden oponerse o complementarse. Algunos hacen más énfasis en la oposición entre ellos; otros ponen más cuidado en la complementación.

Los liberales puros no quieren verse inmiscuidos en la igualdad y en la participación política. Para ellos lo importante es salvaguardar las libertades individuales fuera del poder que garantizan las leyes, para así manifestar las propias opiniones, escoger un oficio y ejercerlo, tener propiedades, transitar sin restricciones, reunirse con otros, practicar la religión que se desee y disponer de uno mismo sin obstáculos (lo que hoy llamaríamos privacía).

Los demócratas puros no se interesan tanto por estos asuntos como por los relativos a las cuestiones colectivas, como defender la soberanía, aprobar leyes, discutir sobre la conformación del gasto público, controlar a los funcionarios, y definir y observar la forma en que se llevan a cabo las elecciones. Los liberales quieren la seguridad de sus bienes y asuntos privados; los demócratas desean compartir el poder social con sus conciudadanos.

Uno de los puntos de mayor controversia entre unos y otros ha consistido en el derecho al voto.

O mejor dicho, en determinar a quién se debía otorgar ese derecho. Podemos decir, en términos generales, que alrededor de ese dilema se delinearon las posiciones de los liberales, que comúnmente adjudicaron esa prerrogativa a un núcleo cerrado: los propietarios; y de los demócratas, que normalmente sugirieron la ampliación de esos derechos al mayor número posible de personas.

Como es de suponer, en el debate surgieron las discusiones más encontradas; entre ellas apareció una primera forma de democracia liberal que comenzó excluyendo a los pobres, los analfabetas, las personas dependientes y las mujeres, para luego terminar aceptando el otorgamiento de derechos a los varones y posteriormente incluso mirar sin desdén al propio sufragio universal.

El acercamiento entre liberales y demócratas tuvo que ver con la revolución europea de 1848, cuando se convino que las libertades civiles y los derechos políticos no estaban reñidos y podían ser complementarios. El acercamiento también se debió a que apareció un enemigo común para los liberales y los demócratas: los socialistas.

Derivado de los apartados anteriores debemos responder puntualmente a la pregunta ¿Por qué México en pleno liberalismo económico se encaminó finalmente hacia la democracia? Existen explicaciones alternativas. Algunas destacan factores jurídicos, electorales y partidistas, como:

■ las sucesivas reformas a la legislación y las instituciones (1978), sea promovidas desde el gobierno o exigidas por la oposición, que dieron lugar a un sistema electoral abierto a nuevos partidos y más equitativo y competitivo;

■ las fracturas en el Partido Revolucionario Institucional (PRI), y en particular la escisión de la Corriente Democrática en 1987;

■ la aparición de nuevos partidos políticos, como el Partido de la Revolución Democrática (PRD) en 1989; y en general el incremento tendencial y sostenido de la votación por partidos de oposición al PRI, entre los cuales el Partido Acción Nacional (PAN).

Otras ponen el acento en factores contextuales (económicos, sociales, culturales e incluso internacionales) que tuvieron un impacto sobre el comportamiento electoral de los mexicanos, como:

■ los efectos deslegitimantes de crisis económicas recurrentes (1976, 1982, 1987 y 1994/95) que deterioraron el nivel de vida de importantes capas de la población, y por tanto indujeron desconfianza en el PRI y ascenso de la votación por partidos alternativos;

■ fenómenos de movilización social, como los movimientos estudiantiles de 1968 y 1971, la reacción popular solidaria ante los sismos de 1985, y el impacto del levantamiento del Ejército Zapatista de Liberación Nacional en 1994, que activaron una conciencia crítica en la sociedad mexicana;

■ la apertura informativa de los medios masivos de comunicación, que a partir de 1994 comenzaron a otorgar cobertura más equilibrada a las distintas fuerzas políticas, a diferencia de décadas anteriores en que éstos - salvo algunos de cortas circulación y/o audiencia- cubrían casi exclusivamente al PRI;

■ presiones y condicionantes externos en pro de la democracia, en particular luego de que México ingresó a la Organización de Cooperación para el Desarrollo Económico (OCDE, en 1994) y signó tratados de libre comercio con Estados Unidos, Canadá, la Unión Europea, Japón y muchos otros países.

Los ciudadanos empezaron gobernarse a sí mismos se dice.

"Democracia" es el nombre de esta forma de gobierno, pero el término no alude a nada que parezca a un sistema simple, y tampoco se identifica con la igualdad simple. El hecho de gobernar, por cierto, nunca puede ser absolutamente igualitario, pues en cualquier momento dado alguien o algún grupo tiene que decidir esta o aquella cuestión, y luego hacer cumplir la decisión. La democracia es una manera de asignar el poder y legitimar su uso- o mejor dicho, es la manera política de asignar el poder.

El Estado, como forma y como poder, impone un orden; este orden constituye el marco obligatorio en cuyo interior, en el seno de cada nación y a escala de relaciones entre nacionales, se enfrentan fuerzas económicas, las fuerzas sociales, las fuerzas militares, en conflictos abiertos o latentes; ese orden define los principios que regulan la existencia social; el beneficio, la competencia, el crecimiento indefinido, la acumulación, el derroche, el reino de la cantidad, la huida hacia delante. En ese sentido la mayoría de los factores que iniciaron el deterioro de la calidad de vida de los mexicanos provino de choques externos (1975, 1981, 1984, 1986, 1994).

Los principios del liberalismo considerados en sus dos planos el económico y el político implican la subordinación de la igualdad y justicia social a la libertad. Aunque no se niegan la desigualdad y la injusticia, así como la pobreza material vinculadas a ella, se aceptan como un hecho natural del sistema o como un hecho privado que no es de la competencia del Estado. La primera es la tesis clásica de Smith y la última es la afirmación de Hayek. Por conclusión llegaríamos a decir que la libertad es incompatible con la igualdad y la justicia social.

Al aplicarse un liberalismo sin valores, la masificación, la manipulación de las conciencias, la ideologización convierte la libertad del individuo en un discurso cada vez más alejado de la realidad, las libertades empiezan a desaparecer en rendición de pleitesía y culto hacia el libre mercado. La democracia entonces se aleja más y más de sus ideales y de la igualdad pregonada. Liberalismo igual a democracia empieza a ser cuestionada y se debilita ante los excesos del liberalismo.

Si los gobiernos no tienen capacidad para solucionar los graves problemas, si existen unos riesgos nuevos que afectan a una gran población y que crean situaciones sociales de incertidumbre, y si la participación en la vida política nacional parece que no tiene ni significado ni efectos prácticos, es bastante inevitable que las instituciones democráticas del Estado pierdan tanto atractivo como credibilidad.

Y en ese contexto es muy probable que los ciudadanos se vuelvan particularmente críticos hacia los defectos de funcionamiento de estas instituciones y de las personas que ejercen el poder desde estas instituciones.

Por lo anterior, se adopte una u otra o todas las explicaciones anteriores, lo cierto es que la elección presidencial de 1988 produjo una conmoción que terminaría echando por tierra el sistema de partido hegemónico. En ese año, el PRI, acostumbrado a alcanzar votaciones superiores al 70% de los sufragios, obtuvo apenas algo más del 50% de ellos.

Por añadidura, los comicios de ese año fueron sospechados de fraudulentos debido a una inoportuna "caída del sistema" de cómputo de votos y al rechazo de los candidatos opositores a reconocer el triunfo del PRI.

A partir de entonces, el régimen priísta comenzó a debilitarse. Se abrió un periodo signado por triunfos de partidos alternativos en elecciones estatales y municipales, por la apertura de los medios de comunicación a nuevas voces, y por profundas y sucesivas reformas de la legislación electoral que desembocaron finalmente en la de 1996, que dio plena autonomía respecto del gobierno a los organismos electorales e introdujo condiciones de competitividad y equidad electorales nunca vistas en el país.

Fue así como en 1997 se realizaron elecciones de diputados y senadores que dieron el triunfo a partidos alternativos; el PRI perdió el control de la Cámara de Diputados, y en el Senado quedó por debajo de la mayoría de dos tercios requerida para reformar la constitución y para designar muchos altos cargos públicos.

Tres años más tarde, en 2000, se dio la única elección presidencial que hasta ahora ha producido un cambio pacífico del partido o grupo en el gobierno en la entera historia de México. Esos firmes avances hacia la democracia electoral se vieron ensombrecidos tras la elección presidencial de 2006, cuando uno de los candidatos derrotados y los tres partidos que lo postularon denunciaron como fraudulento y amañado el proceso electoral de ese año.

Analizar el papel que juegan en la sociedad y la crisis de representatividad por la que atraviesan los partidos políticos es un asunto difícil ya que implica demasiadas aristas, entre ellas, la participación en los procesos electorales y las aportaciones en la configuración y evolución de la transición democrática.

Realizar una aproximación al concepto de democracia y el debate sobre la reforma de Estado, en los momentos en que nuestro país se inserta en un proceso globalizador, como proceso clave que cambia el rostro político de la nación dificulta aún más el análisis.

Por ello, no deseamos recorrer el camino de un estudio sociológico político de los avatares electorales de la segunda alternancia, ni menos todavía realizar una predicción del rumbo que seguirá el país después del primer domingo de junio del 2015. Lo que si pretendemos es abordar el costado ideológico político en el núcleo del marco valorativo, en eso que enfáticamente se denomina "construcción de la democracia".

4.   LA PARTICIPACIÓN CIUDADANA EN LA DEMOCRACIA

De ahí que el término participación esté inevitablemente ligado a una circunstancia específica y a un conjunto de voluntades humanas: los dos ingredientes indispensables para que esa palabra adquiera un sentido concreto, más allá de los valores subjetivos que suelen acompañarla. El medio político, social y económico, en efecto, y los rasgos singulares de los seres humanos que deciden formar parte de una organización, constituyen los motores de la participación: el ambiente y el individuo, que forman los anclajes de la vida social. De ahí la enorme complejidad de ese término, que atraviesa tanto por los innumerables motivos que pueden estimular o inhibir la participación ciudadana en circunstancias distintas, como por las razones estrictamente personales - psicológicas o físicas - que empujan a un individuo a la decisión de participar. ¿Cuántas combinaciones se pueden hacer entre esos dos ingredientes? Es imposible saberlo, pues ni siquiera conocemos con precisión en dónde está la frontera entre los estímulos sociales y las razones estrictamente genéticas que determinan la verdadera conducta humana.

No obstante, la participación es siempre, a un tiempo, un acto social, colectivo, y el producto de una decisión personal. Y no podría entenderse, en consecuencia, sin tomar en cuenta esos dos elementos complementarios: la influencia de la sociedad sobre el individuo, pero sobre todo la voluntad personal de influir en la sociedad.

A pesar de todo, la idea de la participación suele gozar de mejor fama que la otra palabra que sirve para explicar el funcionamiento de la democracia contemporánea: la representación. De hecho, el auge que han cobrado muchos de los mecanismos participativos en nuestros días no se entendería cabalmente sin asumir la crítica paralela que se ha formulado a ese otro concepto.

Según esa crítica, participamos porque nuestros representantes formales no siempre cumplen su papel de enlace entre el gobierno y los problemas puntuales de una porción de la sociedad; participamos - dice esa crítica - para cuidar los intereses y los derechos particulares de grupos y de personas que se diluyen en el conjunto mucho más amplio de las naciones; participamos, en una palabra, para corregir los defectos de la representación política que supone la democracia, pero también para influir en las decisiones de quienes nos representan y para asegurar que esas decisiones realmente obedezcan a las demandas, las carencias y las expectativas de los distintos grupos que integran una nación. La representación es un término insuficiente para darle vida a la democracia. Sin embargo, representación y participación forman un matrimonio indisoluble en el hogar de la democracia. Ambos términos se requieren inexorablemente. Cuando aquella crítica a las formas tradicionales de representación democrática llegó al extremo de reclamar una democracia participativa capaz de sustituirla, olvidó por lo menos dos cosas: una, que la participación no existe de manera perfecta, para todos los individuos y para todos los casos posibles; olvidó los dilemas básicos que ya comentamos.

Pero olvidó también otra cosa: que la verdadera representación no puede existir, en la democracia, sin el auxilio de la forma más elemental de la participación ciudadana: los votos del pueblo. Ninguna representación democrática puede darse sin la participación de los electores, del mismo modo en que no existe forma alguna de participación colectiva en que no haya - al menos de manera embrionaria - un cierto criterio representativo. En el hogar democrático, ambas formas se entrelazan de manera constante, y en primer lugar, a través de los votos: la forma más simple e insustituible, a la vez, de participar en la selección de los representantes políticos.

La crítica más importante que se ha formulado a los partidos políticos es su tendencia a la exclusión: los partidos políticos, se dice, son finalmente organizaciones diseñadas con el propósito explícito de obtener el poder. Y para cumplir ese propósito, en consecuencia, esas organizaciones están dispuestas a sacrificar los ideales más caros de la participación democrática. La importancia que los partidos le otorgan a sus propios intereses, a su propio deseo de conservar el mando político por encima de los intereses más amplios de los ciudadanos constituye, de hecho, el argumento más fuerte que se ha empleado por los críticos del llamado régimen de partidos. De él se desprenden otros: la supremacía de los líderes partidistas sobre la organización misma que representan; la consolidación "institucional" de ciertas prácticas y decisiones excluyentes sobre la voluntad soberana, mucho más abstracta, de la nación; los privilegios que los miembros de los partidos se conceden a sí mismos, y que le conceden también a ciertos grupos aliados a ellos.

Ya desde principios de los años setenta, Robert Dahl había sugerido un pequeño listado para constatar que las democracias modernas son mucho más que una contienda entre partidos políticos en la búsqueda del voto. Entre ocho puntos distintos, sólo dos de ellos aludían a esa condición necesaria, pero insuficiente. Los otros seis se referían a la libertad de asociación de los ciudadanos para participar en los asuntos que fueran de su interés; a la más plena libertad de expresión; a la selección de los servidores públicos, con criterios de responsabilidad de sus actos ante la sociedad; a la diversidad de fuentes públicas de información; y a las garantías institucionales para asegurar que las políticas del gobierno dependan de los votos y de las demás formas ciudadanas de expresar las preferencias.

Para Dahl, como para muchos otros, en efecto la representación inicial ha de convertirse después en una gran variedad de formas de participación, tanto como la participación electoral ha de llevar a la representación ciudadana en los órganos de gobierno. Dos términos que en las democracias modernas han dejado de significar lo mismo, pero que se necesitan recíprocamente: participación que se vuelve representación gracias al voto, y representación que se sujeta a la voluntad popular gracias a la participación cotidiana de los ciudadanos.

Pero ya hemos dicho que las elecciones no agotan la participación ciudadana. En los regímenes de mayor estabilidad democrática no sólo hay cauces continuos que aseguran al menos la opinión de los ciudadanos sobre las decisiones tomadas por el gobierno, sino múltiples mecanismos institucionales para evitar que los representantes electos caigan en la tentación de obedecer exclusivamente los mandatos imperativos de sus partidos.

Son modalidades de participación directa en la toma de decisiones políticas que hacen posible una suerte de consulta constante a la población, más allá de los procesos electorales. Los mecanismos más conocidos son el referéndum, cuando se trata de preguntar sobre ciertas decisiones que podrían modificar la dinámica del gobierno, o las relaciones del régimen con la sociedad; y el plebiscito, que propone a la sociedad la elección entre dos posibles alternativas. Ninguno de esos instrumentos supone una elección de representantes, sino de decisiones. Pero ambos funcionan con la misma amplitud que los procesos electorales, en tanto que pretenden abarcar a todas las personas que se verán afectadas por la alternativa en cuestión.

La iniciativa popular y el derecho de petición, por su parte, abren la posibilidad de que los ciudadanos organizados participen directamente en el proceso legislativo y en la forma de actuación de los poderes ejecutivos. Ambas formas constituyen, también, una especie de seguro en contra de la tendencia a la exclusión partidista y parten, en consecuencia, de un supuesto básico: si los representantes políticos no desempeñan su labor con suficiente amplitud, los ciudadanos pueden participar en las tareas legislativas de manera directa.

Conservar un cierto equilibrio entre la participación de los ciudadanos y la capacidad de decisión del gobierno es, quizás, el dilema más importante para la consolidación de la democracia. De ese equilibrio depende la llamada gobernabilidad de un sistema político. Término difícil y polémico, que varios autores interpretan como una trampa para eximir a los gobiernos de las responsabilidades que supone su calidad representativa, pero que de cualquier modo reproduce bien las dificultades cotidianas que encara cualquier administración pública.

Los recursos públicos, en efecto, siempre son escasos para resolver las demandas sociales, aun entre las sociedades de mejor desarrollo y mayores ingresos. Y uno de los desafíos de mayor envergadura para cualquier gobierno consiste, en consecuencia, en la asignación atinada de esos recursos escasos en función de ciertas prioridades sociales, económicas y políticas. ¿Pero cómo se establecen esas prioridades y cuáles son sus límites efectivos?

Resulta casi tautológico - una explicación que se explica a sí misma - decir que el núcleo de la participación ciudadana reside en la actitud de los individuos frente al poder. Ya en otra parte habíamos distinguido esa forma de acercarse a los problemas públicos, de tomar parte en ellos, de cualquier otra forma de acción colectiva. Pero todavía no hemos aclarado el último punto: que no todas las formas de participación conducen a la civilidad ni a la democracia, ni tampoco que el hecho de participar en actividades públicas debe conllevar una cierta ética: una carga de valores que no sólo deben ser exigidos de los gobiernos, sino de todos y cada uno de los ciudadanos que dicen participar en favor de la democracia.

En otras palabras: que no es suficiente participar sin más en cualquier cosa y de cualquier modo para decir que se trabaja en favor de la sociedad. Con más frecuencia de la que quisiéramos, por el contrario, nos encontramos con formas de participación que tienden más a destruir que a construir nuevos espacios para el despliegue de las libertades humanas o para el encuentro de la igualdad. Aprovechando el título del afamado escritor Alain Minc (1995), La Borrachera Democrática, trataré de concentrarme en lo que está pasando en México en ese tema y las acciones de los partidos políticos, ya que pareciera que estamos nuevamente en esa borrachera democrática por la que ya pasaron diferentes países en la época de cambios determinada por que Huntington describe como "La tercera ola".

Para llegar al día siguiente y darnos cuenta que todo el fervor y los halagos a la democracia -derivados del proceso electoral del año 2000 y la regresión democrática de las elecciones del 2006, la vuelta del PRI en 2012 -eran debido solo eso, efectos de la "borrachera democrática" y la esperanza de alcanzar la anhelada democracia. Minc previene al decir que "antes que triunfe la borrachera democrática es preciso buscar una solución urgente: repensar la democracia y construirla por encima de la opinión pública, su más inmediata amenaza". Esa opinión pública que hoy sataniza el proceso electoral que vamos a vivir el próximo año.

En esas circunstancias, el sistema político mexicano se encuentra hoy – al igual que cada seis años desde 1988 – en un proceso de sacudimiento por convulsiones y pasiones políticas extremas donde las campañas se distinguirán por su virulencia y el odio hacia el contrincante. Lo anterior ya tiene nombre, la llaman la "República del odio". Aunque hoy las razones sean diferentes a las del 2000 (hay que sacar al PRI de los Pinos a patadas); del 2006 (López Obrador es un peligro para México); la sensación de desencanto, frustración, resentimiento y coraje derivado de la ineficiencia y el incremento desmedido de la corrupción durante dos sexenios que la sociedad esperaba que fueran diferentes a los de sus antecesores del PRI

(2012), no solo por la expectativa del cambio, sino porque el PAN se presentaba a sí mismo como el crisol de la democracia, la honradez y la eficiencia, cuando medido por los bolsillos de las mayorías poco se ha logrado con la alternancia en el poder. Habría que preguntarse por qué ese atributo clandestino al espíritu jacobino de una historia donde la voluntad individual de un grupo de intelectuales "reformadores", de líderes de movimientos sociales y empresariales y la arenga inflamatoria del Partido Acción Nacional y del Candidato del PRD para votar en contra del PRI y de su candidato Enrique Peña Nieto en el 2012 no pudo encontrar la respuesta buscada de manera unívoca en la voluntad general.

¿No se entiende todavía que las mayorías si quieren el cambio, quizá sea el que representa el PRI? ¿No es suficiente el mensaje enviado en tres elecciones presidenciales de que primero se requiere mostrar el camino hacia donde se quiere ir y que tan sólido es el camino para suscitar la respuesta anhelada? ¿Dónde está la fuerza de los partidos "democráticos"?

La experiencia de la elección federal del 2006 y la del 2012, pareciera mostrar que la mayor parte de la sociedad y de los movimientos civiles espera que aquellos que se auto designan líderes del cambio primero deben mostrar la humildad y la sencillez y no dejar que sean la desnudez de su alma y las pasiones falsamente democráticas que adoptan y las máscaras y los falsos ropajes de un individualismo radical para impulsar la posibilidad del cambio. Tampoco tendrá impacto en la sociedad el quererla seducir por las virtudes "misionales" individualistas, de sentirse los llamados y los "iluminados" destinados a salvar al país de las garras del populismo, la restauración y el "autoritarismo mesiánico" o del "retroceso autoritario". Eso dio frutos en el 2006, ya no dará resultado en el 2015 porque la sociedad empieza a madurar políticamente y está harta de mensajes que sólo dividen a México y fomentan el odio y la violencia. Desde el punto de vista de la democracia, nada la afecta tanto como esas posturas antidemocráticas per se, pero además que provocan una mayor división en una sociedad de por sí ya dividida.

Es por eso que ni todas las mitologías contemporáneas esgrimidas por los partidos políticos y sus candidatos – (el "ahora o nunca", el choque de trenes pregonado en 1994; en el año 2000 las tepocatas, víboras pintas, alicantes y otras alimañas, o "el peligro para México" en 2006 o la restauración autoritaria de 2012, fueron capaces de penetrar en los oscuros pasillos del mundo subterráneo de lo que realmente mueve a la sociedad a votar por determinada propuesta política. La decisión final, en la mayoría de la sociedad, lo queramos o no, está determinada por otras pasiones pero no necesariamente por la pasión democrática.

En nuestra concepción individual es la inmersión de la sociedad en una cultura no totalmente democrática la que facilita la manipulación y la "compra" de conciencias. Además, para los que conocemos el juego del poder, nos queda más claro todavía que el cúmulo de intereses detrás de cada partido político es tan fuerte e irrenunciable que adoptar posturas democráticas para beneficio de la sociedad, es casi imposible.

Entonces, ¿Cómo sustraerse hoy de los procesos políticos que presentan fragmentos autoritarios de un México que es mucho más que la suma de esos fragmentos, de una visón parcial de una sociedad desintegrada y caótica que es mucho más que esa visión, de unos jóvenes con necesidades sociales insatisfechas que seguirán siéndolo porque no es posible satisfacerlas, de un desencanto de millones de mexicanos de los resultados económicos que calan en los bolsillos vacíos de promesas y de dinero, del duelo de las familias de 80 mil muertos durante el sexenio pasado, de los 10 millones de pobres que se sumaron a las estadísticas o de los nueve millones de jóvenes que ni estudian ni trabajan (los llamados ninis); pero que aun así no pierden la esperanza de que su voto (por cualquier opción política de su preferencia) les depare un futuro mejor? ¿Cómo creer en partidos políticos que prometen la democracia cuando en su interior y en los procesos para elegir a quienes aspiran a un cargo de elección popular utilizan métodos antidemocráticos? ¿No será que esperamos demasiado de eso que llamamos democracia? ¿Cómo volver a creer después de años de promesas incumplidas, de ver que los gobiernos de diferente signo político caen en los mismos errores y son impulsados por las mismas pasiones autoritarias y antidemocráticas? ¿Cómo introducirse a una nueva realidad que se configura con elementos democráticos en ese entorno adverso?

Para avanzar en el perfeccionamiento de la democracia se requieren partidos de oposición fuertes. No debe negarse la aportación del PAN en ese proceso.

Sin embargo, ahora los ha llevado a situaciones extremas en la opinión pública y en las expectativas de los votantes. Los debates y confrontaciones internas entre individuos y grupos de ese partido hoy son más graves que aquella discusión sobre la pertenencia o no en la democracia cristiana a principios de los años sesenta o sobre la solidaridad (la corriente de Efraín González Morfín), en los setentas.

Los panistas de entonces presumían sus debates ideológicos internos y las discusiones sobre sus candidaturas como una muestra de sus prácticas democráticas y los contraponían al dedazo presidencial y a la "disciplina" (sumisión) partidista del PRI. Eran prendas que los vestían democráticamente frente a los electores. Su lucha contra la corrupción imperante era una de sus banderas más apreciadas, respetadas y cuidadas; era "el partido de los honestos".

A veces, los conflictos fueron lo suficiente graves, el de 1976 por ejemplo cuando se enfrentaron dos facciones sobre la presunta participación partidista a trasmano de los empresarios del Grupo

Monterrey, como para que el PAN se quedara sin candidato a la Presidencia de la República, situación que provocó la ley vigente que castiga con la pérdida del registro oficial al partido que no postule aspirante en las elecciones presidenciales.

En los años ochenta, el PAN comenzó a obtener una mayor fuerza política-electoral. Los gobiernos de Luis Echeverría y de José López Portillo provocaron la desesperanza de muchos mexicanos en su país y en su sistema de gobierno. Y el PAN fue el partido que comenzó a recibir nuevos militantes. "Los bárbaros del norte", les llamó burlonamente Fidel Velázquez, aquel casi eterno líder obrero de la CTM y, luego al interior de su propio partido, fueron denominados "neopanistas". Esa avalancha de militantes y la nueva legislación electoral que consagró el financiamiento público de los partidos políticos provocó otro debate y conflicto interno e, inclusive, un desprendimiento de militantes que se sintieron perdedores.

Entonces, se hablaba todavía de los principios de doctrina panista, del ideario de Manuel Gómez Morín, de la actualización que de él había hecho Adolfo Christlieb Ibarrola; se citaba a los González Luna y González Morfín, al todavía muy joven Carlos Castillo Peraza… nombres y apellidos ilustres en el panismo que ya comenzaban a significar poco para muchos de los que llegaban atraídos por la probabilidad del poder y, sobre todo, del dinero que este produce.

En 1996, en la contienda por la dirigencia nacional se enfrentaron Felipe Calderón Hinojosa y Ernesto Ruffo, el primer mexicano al que apenas hace 25 años se le reconoció el triunfo en una gubernatura, y entonces ya no se veía tan lejana la probabilidad de llegar a la Presidencia de la República. Era tal, que Calderón basó su campaña interna en la frase aquella de: "Ganar el gobierno sin perder el partido".

¿En qué se ha convertido el PAN? Es un mal necesario para todos, incluyendo para los panistas. Es una caricatura de lo que fue en sus buenos tiempos; combatió el poder hasta que lo alcanzó y se mimetizó con eso que tanto criticaban. Hoy, es un partido que a sus 75 años ha perdido rumbo, se ve extraviado, presenta todos los achaques propios de una institución que no ha sabido cuidarse ni reinventarse. En unas palabras el PAN está en declive máximo.

Representa a uno de los tres partidos más importantes del país, pero se comporta como si fuera un chiquipartido, sin responsabilidad, control ni autocrítica, condición necesaria para primero, reconocer que están en un socavón de credibilidad y luego para intentar salir de él sin hundirse más. En este 2018, el PAN está dividido, hoy sí de verdad dividido. No por un debate interno o discusión ideológica alguna; hoy existe una lucha descarnada por el poder, por los cargos públicos y partidistas. Hoy, por lo menos públicamente, en el conflicto interno del PAN nadie cita a Gómez Morín, González Luna, Christlieb Ibarrola, González Morfín, Castillo

Peraza, entre otros.

Hoy los dirigentes, coordinadores parlamentarios, diputados, senadores y militantes panistas hablan públicamente de moches, sensuales bailarinas, sobornos de medio millón de pesos, invitaciones con prostitutas, pagos de vacaciones, etc.

Es como si todos los males posibles en un partido lo fueran viviendo en el pan, semana con semana, mes por mes. Con el PRD perdido en sus luchas intestinas, donde las tribus se disputan el poder palmo a palmo, golpe a golpe, chanchullo a chanchullo, con el PAN con el "alma quebrada" (Bravo mena dixit), no hay contrapesos a un PRI que repunta en las encuestas.

El desdibujo de la oposición responde a sus conflictos internos y no asumir prácticas distintas al PRI, lo que limita la posibilidad de articular un discurso diferenciado y creíble. El PAN ha tenido que reconocer la corrupción en sus filas por los escándalos de acusaciones de moches y sobornos de su anterior coordinador en la Cámara de Diputados y ahora de su líder en el Senado. Mientras que el PRD afrontó una dura prueba de elección interna obligado a que el proceso y el resultado no lo divida y descalifique aún más, pero que sobre todo mantendrá el sistema de cuotas entre sus tribus para la elección del consejo nacional y de su presidente.

Ojalá pudieran estas consideraciones servir como soportes para contestar algunas preguntas como las siguientes: ¿Estamos en una democracia o estamos en una transición a la democracia? ¿Qué valoración hay que hacer a la transición? ¿Queda algo por hacer para terminar con el autoritarismo del pasado? ¿Cómo plantear la relación entre los partidos políticos y los nuevos movimientos sociales? ¿Cómo se manifiesta la crisis en los partidos? ¿Cuál es el futuro de los partidos políticos? ¿Cómo valorar los cambios en la geografía política y en la orientación de los partidos mexicanos? ¿Nuestros procesos electorales son totalmente democráticos? ¿Cuáles cambios requieren hacer los partidos para responder a un electorado cada día más enterado y exigente? Obviamente, no podré dar respuesta a todas estas inquietudes, ni es la intención del libro, pero debemos meditarlas.

El prisma por el que vemos el tema es híbrido. Por un lado, no pretendemos ocultar la sintonía, la complicidad y la observación comprometida con el avance democrático. Esa vinculación militante va unida al trabajo político que realizamos desde hace más de veinte años. Eso marca la doble influencia reflexiva, teórica y práctica. Por lo anterior, en este recorrido existirá un continuo ir de lo abstracto a lo concreto y de lo concreto a lo abstracto, ello debido a que llevamos dentro tanto al político que tiene que proponer como al teórico que sólo quiere analizar e interpretar.

Para terminar, afirmamos que existen tres grandes pilares de la democracia, el político, el económico y el social. Brevemente nos referiremos ahora a este último.

La carta magna mexicana de 1917 fue pionera en reconocer derechos económicos y sociales; por ello, es considerada la primer "constitución social del mundo". México también fue uno de los primeros países en tener un código laboral favorable a los trabajadores (la Ley Federal del Trabajo, LFT de 1931) y en crear instituciones avanzadas de seguridad social (como el Instituto Mexicano del Seguro Social, IMSS, en 1943). Durante décadas, la puesta en práctica de tales derechos y la actuación de las instituciones destinadas a resguardarlos quedó por debajo de las expectativas, debido en parte a la poca representatividad de las organizaciones de los trabajadores y en parte al desinterés de las élites gobernantes. Un ejemplo típico de la distancia entre lo establecido y la práctica son los salarios mínimos.

Según el art. 123 constitucional, "los salarios mínimos generales deberán ser suficientes para satisfacer las necesidades normales de un jefe de familia, en el orden material, social y cultural, y para proveer a la educación obligatoria de los hijos". En 2014, los salarios mínimos generales fluctúan, según la zona del país, para estar cerca de unos 5 dólares por día, cantidad que ante el nivel de precios prevaleciente hace irrisorio el dictum constitucional.

Los derechos económicos y sociales son mucho más accesibles para quienes laboran en el sector formal de la economía (principalmente administración pública y empresas privadas grandes) y sus familias. Éstos disfrutan de cierta seguridad en el empleo, suelen estar afiliados a sindicatos, y son derechohabientes de instituciones de seguridad social que les proveen seguro médico, sistemas de pensiones, y acceso a créditos para vivienda. En cambio, aquéllos que trabajan en la agricultura y en el sector informal de la economía por lo general no cuentan con tales beneficios, aunque últimamente han tenido la oportunidad de afiliarse con una cuota módica al llamado Seguro Popular.

Los pobladores de áreas rurales y urbanas empobrecidas, los indígenas y los migrantes internos tienen escaso acceso al ejercicio de derechos económicos y sociales. Puede estimarse que estos suman unos 30 millones de mexicanos, que carecen totalmente de estabilidad laboral y de seguridad social, de ingreso bajo y sin capacidad económica para afiliarse al Seguro Popular o para acceder a una vivienda digna, tienen además dificultades para satisfacer sus necesidades básicas de alimentación, vestido y recreación. Para su subsistencia, muchos de ellos dependen en buena medida de los subsidios y apoyos que otorgan los programas gubernamentales de combate a la pobreza.

La democracia electoral está consolidándose, las otras dos son áreas pendientes que van a pesar en las elecciones de 2018.

5. LA SUSTENTABILIDAD DEMOCRÁTICA

Hoy uno de los criterios para calibrar a la democracia es la visibilidad del poder. En efecto, la democracia es el gobierno que se presenta ante los ojos de todos.

Se ha dicho que la democracia es "el gobierno del poder público en público", donde se entiende por poder público lo opuesto a poder privado, en tanto que por la segunda acepción lo contrario a lo oculto. En otras palabras: la democracia se opone al ejercicio oculto del poder político. En las asambleas democráticas, como se dieron en la antigua Grecia, todos los participantes se veían a plena luz del sol y cotidianamente. Nada permanecía en la oscuridad. Desde que apareció la democracia, una de sus reglas básicas es la publicidad, mientras que el secreto es la excepción.

En el tema de la visibilidad del poder se inscribe, desde luego, el de la opinión pública. La función de la opinión pública es observar el proceder de los gobernantes para interpretar y orientar sus actos. Una opinión pública informada, atenta y propositiva siempre es un factor relevante del gobierno democrático. La tarea de la democracia es iluminar los espacios de la vida pública que permanecían en la oscuridad.

Existen otras visiones críticas de lo que es la democracia: Una democracia perfecta es la cosa más vergonzante en el mundo. Edmund Burke.

La voluntad general siempre está equivocada. Equivocada en la medida en que realmente contraataca las transformaciones de una mejor vida en la sociedad. En la dinámica del capitalismo corporativo, la lucha por la democracia entonces tiende a asumir formas antidemocráticas. Herbert Marcuse.

Bajo la democracia dos partidos políticos utilizan todas sus energías a tratar de demostrar que el otro partido es incapaz de gobernar, y ambos comúnmente son exitosos, y están en lo correcto. H. L. Mencken. Una diferencia fundamental entre la autocracia y la democracia es que tienen concepciones totalmente diferentes del hombre y de la función que, como regímenes, están llamadas a cumplir.

Por lo general, las autocracias tienen una idea negativa del ser humano, en tanto que el pensamiento democrático tiene una visión positiva. En el primer caso, frente a seres dominados por las pasiones y dispuestos a la agresión, se justifica un régimen autoritario que imponga el orden a cualquier precio, pero frente a personas que saben conducirse pacíficamente y tienen la capacidad de autogobernarse se fundamenta una constitución que permita la realización de la libertad.

A diferencia de las autocracias, donde el Estado está diseñado para mantener a raya a los individuos, las democracias conciben que la tarea del Estado es la de mejorar a la persona.

Para abundar sobre el tema recordemos que en la tradición del pensamiento político encontramos con regularidad la idea de que, al lado del poder político, existen otras formas de poder, como el paternalista y el despótico. Esta distinción tiene su fuente en la diferencia entre tres tipos de poder, con base en la esfera en la que se ejercen: en el ámbito familiar del padre sobre los hijos, en el marco despótico del amo sobre los esclavos y en la esfera política del gobernante sobre los gobernados.

Esta tipología ha tenido relevancia política porque ha servido para poner dos esquemas de referencia para definir las formas corruptas de gobierno: el gobierno paternalista o patriarcal en el que el soberano se comporta con los súbditos como un padre, donde los súbditos son tratados eternamente como menores de edad, y el gobierno despótico, en el que el soberano trata a los súbditos como esclavos y a los que no se les reconocen derechos de ninguna especie.

Aunque el poder político y los poderes patriarcal y despótico son diferentes, hay quienes los han confundido, casi siempre para apoyar al poder autocrático.

Observadores y analistas siempre han señalado que las instituciones construidas a lo largo de los últimos veinte años han disminuido el autoritarismo y hacen casi imposible dar marcha atrás a los avances para consolidar la democracia en México. En gran medida esto es verdad, sin embargo esto refleja el estado mental que de ninguna manera es peculiar a los hombres de negocios, a los jóvenes y, por supuesto, a los militantes de otros partidos diferentes al PRI, pero caracteriza a los ciudadanos de las democracias.

Es cierto que existe una deuda difícil de saldar. En México, el Estado de Derecho es débil, el respeto a la ley dudoso, y el acceso a la justicia, desigual. Aunque teóricamente tanto Estado como sociedad están sujetos a la ley, en la práctica existen recursos que permiten evadirla. Muchos ciudadanos tienen la percepción de que una ley que consideren injusta puede ser legítimamente desobedecida, siempre que sea posible eludir una sanción.

La estructura constitucional y legal exige que tanto el Estado como la sociedad estén consistentemente sujetos el imperio de la ley. La justicia debe ser pronta, completa, imparcial y gratuita para todas las personas (art. 17 constitucional). El poder judicial, tanto federal como de los estados y del Distrito Federal, es independiente de los otros dos poderes.

El ministerio público y las policías (art. 21 constitucional), que tienen la facultad de investigar y perseguir los delitos, dependen del respectivo poder ejecutivo, sea federal (art. 102A constitucional), estatal o del Distrito Federal.

Los órganos del poder público deben regirse según el principio de facultades expresas, es decir, sólo pueden hacer aquello que la ley les atribuye. En cambio, los ciudadanos pueden hacer todo aquello que la ley no les prohíbe.

Sin embargo, tanto el acceso a la justicia como el respeto a la ley presentan deficiencias debido a razones económicas, culturales, procesales y organizativas. Con alguna frecuencia se advierte que la disponibilidad de recursos económicos y de relaciones sociales permite a las personas acaudaladas y con poder escapar del alcance de la ley.

En materia de estado de Derecho existen probablemente pocos mexicanos que no hayan nutrido sus corazones por el pensamiento blasfemo que la vida sería mucho más fácil si la democracia pudiera ser relegada a una clase de devoción de los sábados por la mañana, y una dosis de autoritarismo hiciera mover al país, tal como lo muestran las encuestas sobre el tema.

Para muchos, la democracia, es bonita pero ineficiente y se convierte en una máscara estereotipada de un idealismo escondido. La democracia ha sido tan ampliamente incorporada, no por su vaga aportación de derechos humanos, sino porque bajo ciertas condiciones es la mejor y más eficiente forma de organización social (nuestro concepto de eficiencia incluye la habilidad de sobrevivir y prosperar) no consideramos accidental que aquellas naciones del mundo que han prosperado largamente bajo condiciones de relativa riqueza y estabilidad son democráticas, mientras los regímenes autocráticos tienen con pocas excepciones en una precaria y retardada existencia.

La esencia de la democracia es la idea de que el esfuerzo de los ciudadanos para afirmar su propia esencia y para remover todas las barreras que impidan esa acción.

Es difícil separar para algunos, democracia como forma de gobierno de la democracia como forma de vida pues no se define la democracia en el espíritu, porque se ha luchado por llegar a la democracia no como una forma específica de gobierno sino por la forma de vida que sustenta.

Por supuesto, antes de discutir acerca de la democracia, ésta debe definirse. Para nuestro propósito, en una primera aproximación, la democracia en una sociedad compleja se define como un sistema político que aporta oportunidades constitucionales para el cambio de gobierno. Este es un mecanismo social para la solución del problema de toma de decisiones entre grupos con intereses en conflicto que permite que la mayoría de la población influencie estas decisiones a través de la habilidad de elegir entre los contendientes a un puesto determinado. El desarrollo de las formas de gobierno representativos y su evolución y consolidación de las democracias han contribuido y está relacionado con el surgimiento de partidos políticos y la instrumentación por su parte de medidas institucionales electorales.

Si bien los partidos políticos fueron sus impulsores, hoy ubicar las funciones y tendencias de los partidos políticos en la actual encrucijada democrática de México, y hacerlo de una forma seria, requiere analizar de manera crítica los marcos teóricos existentes sobre el papel de los partidos políticos para asomarnos con ellos de respaldo en lo que ocurre en el país en esta materia, así como el avance alcanzado en la reforma de Estado, principalmente en aspectos de reforma política.

Lo anterior es necesario porque el panorama político, económico y social del México actual difiere radicalmente del que presentaba diez años atrás.

En el ámbito político, por una parte, la izquierda precariamente aglutinada con todas sus contradicciones internas y, por otra, una amplia gama de organizaciones civiles y movimientos sociales portadores de valores nacionalistas y comunitaristas, pueden llevarse el crédito de haber sido los impulsoras más directos de algunos de los cambios resultantes del enfrentamiento con el establishment después de las elecciones federales de 1988.

Además, el sistema político mexicano es peculiar entre las naciones en desarrollo, y su peculiaridad impide cualquier categorización fácil. Los análisis recientes ya no lo evalúan como sistema unipartidista modificado, semidemocrático, autoritario, sino como un régimen en transición. La dificultad para evaluarlo puede derivarse de que el Estado mexicano es "flexible" lo que vuelve difícil su categorización. Los líderes y dirigentes políticos de México "están comprometidos con una filosofía pragmática, más bien que con una ideología o con normas legales rígidas, y es este pragmatismo lo que determina el comportamiento flexible del Estado" (Camp; 1995:26)

Las transiciones de lo que Huntington ha llamado de la tercera ola fueron procesos políticos complejos que involucraron a una variedad de grupos en la lucha por el poder por y en contra de la democracia y otros fines. En términos de sus actitudes hacia la democratización, los participantes cruciales en el proceso fueron reformistas liberales y reformistas democráticos en coalición con el gobierno, o demócratas moderados y extremistas revolucionarios de oposición. En sistemas autoritarios, aquellos que el gobierno percibía como extremistas de derecha, fascistas y nacionalistas. Los oponentes a la democratización en la oposición fueron normalmente izquierdistas revolucionarios. Los que apoyan la democracia tanto en el gobierno como en la oposición pueden percibirse como aquellos que ocupan posiciones medias en el continuo de izquierda – derecha. (Huntington; 1991:121).

Este no es precisamente el caso de México donde una adecuada valoración de los rasgos que diferencian el actual re-encuentro con la reforma de Estado con las realizadas previamente (1977, 1985, 1989) nos proporciona un marco de referencia para identificar claramente a los actores del cambio democrático y a sus opositores.

La transición de regímenes totalitarios y autoritarios ha tomado tiempos diferentes. A Polonia le llevó diez años la transición, a Hungría tan sólo diez meses, a Alemania Oriental diez semanas, la rapidez de las transiciones se incrementó y a la ex Checoslovaquia le tomó diez días la transición, para llegar finalmente a Rumania que en diez horas logró la tan ansiada transición. Como ya lo había previsto Huntington, las tres interacciones cruciales para el proceso de democratización fueron aquellos entre el gobierno y la oposición, entre reformadores y opositores en el gobierno y extremistas moderados en la oposición. En todas las transiciones los tres tipos de interacciones jugaron algún papel (1991:124).

La transición en México ha tomado más tiempo – asumiendo que todavía existe esta. Los intentos actuales para concluir la Reforma de Estado, iniciada en 1989 en su fase intensiva y continuada en el sexenio del presidente Ernesto Zedillo, se inserta dentro de una orientación, de una visión de Estado Democrático al que aspiramos como sociedad. Se puede decir que esta idea de democracia es una idea relativamente "nueva" en México, surge de la oposición tanto al poder autoritario de la presidencia de la República, la existencia de un partido – gobierno, el voto corporativo y los fraudes electorales, con la esperanza puesta en la transición pacífica conducida de manera conjunta por partidos, gobierno y sociedad. La orientación democrática persigue poner fin a un régimen autoritario para incrementar la participación de la sociedad en las decisiones políticas y ampliar la capacidad de respuesta del sistema político a las demandas sociales.

Entiéndase bien, la alternancia no desmanteló la arquitectura institucional ni reformó los procesos de toma de decisiones, permanecen igual que hace 15 años, el actual régimen autoritario sólo cambio de cara. Estas dos tareas se deben cumplir y realizar en una coyuntura económica y social dramáticamente desfavorable, por la crisis de 1994 y la del 2009 que aún nos afecta, por el entorno mundial de una economía globalizada en recesión que nada bueno augura para el próximo año de 2013, por la pobreza extrema que se incrementa año con año y afecta ya a 54 millones de mexicanos, por la descomposición de los sistemas productivos y por la corrupción que impacta y deteriora los sistemas políticos, gubernamental, legal y social.

El desafió es extraordinario. El país del autoritarismo, de la pobreza, de la corrupción, los fraudes electorales, del maridaje PRI – gobierno o el del PAN- empresariado, de la monarquía sexenal y de "la dictadura perfecta" aspira a transitar y consolidar la democracia. Claro que existe ceguera en la forma en que se asignan estos adjetivos al país. Pero también hay mucho de verdad. La estabilidad económica y política que existió en el país durante más de sesenta años en parte se debe ese sistema, sin embargo, en la década de los noventa y principios de la pasada, la acumulación de presiones sociales y políticas contra un régimen autoritario ha llevado a que sean los mecanismos internos, más que las presiones externas las que nos explique el avance democrático. Esos mecanismos tienen elementos económicos y políticos.

En el camino hacia el cambio, los procesos electorales de 1988 rompieron con la función del Estado de reclutamiento de élites y de la transmisión de su voluntad a través del partido oficial y de éste a las instituciones públicas, iniciando la debacle del sistema autoritario.

Antes de esa fecha, la ideología del partido definía el propósito e identidad del Estado, la oposición al partido era considerada una traición a la patria.

Sería hasta 1994 cuando el gobierno intenta deslindarse radicalmente de los partidos, principalmente de los de la oposición, que antes había utilizado para lograr sus fines en materia económica. Esto puede en el futuro – si se consolida – incrementar la efectividad política a través de una relación conservadora con los partidos por parte del Estado. Aunque ya estamos vimos serios retrocesos en la llamada "sana distancia" entre el Presidente de la República y el PAN durante el sexenio de Vicente Fox, por lo que Felipe Calderón retoma con mano firme el control del partido.

De acuerdo con la doctrina política pueden identificarse claramente tres fases de un proceso de transición democrática: la liberalización, la democratización y la consolidación.

La liberalización implica apertura económica y política, la desregulación en todas las áreas importantes de la economía, el fin de los monopolios tanto de Estado como privados (económicos, educativos, electorales, políticos, etc.), la pluralidad en aspectos políticos e ideológicos, y, como consecuencia, la incertidumbre en los resultados electorales. La democratización requiere de nuevos actores políticos y económicos, nuevas secuencias en el orden social, la fijación de nuevas reglas en lo político, lo económico y lo social que son aceptadas y acatadas por todos los actores involucrados, la adecuación de las leyes a los cambios realizados o por realizar, el pluripartidismo con calidad de opciones dentro de la geometría política, condiciones que permitan la alternancia política, y las bases para que exista atomicidad de asociaciones civiles.

La consolidación es la parte del proceso más complicada. En esta se redefine o rediseña el nuevo sistema de instituciones de acuerdo a una nueva realidad. Se logran reglas "definitivas" para la convivencia política, social y económica. Es la parte final del camino donde termina la provisionalidad y la incertidumbre sobre el rumbo del país y los actores se convencen que el único camino para acceder al poder es la alternativa democrática.

Si revisamos definiciones y conceptos, México está ahora en esta última etapa. Lo que hace a una democracia sustentable es que las instituciones políticas y económica, jurídicas, educativas, etc. funcionen y perduren en el tiempo. El funcionamiento se refiere a que se generen efectos deseables desde el punto de vista normativo y deseados desde el punto de vista político, como la elevación del nivel del bienestar, la seguridad jurídica, la libertad y otras condiciones que propician el desarrollo de la sociedad.

La persistencia en el tiempo hace referencia a que absorban y regulen en forma efectiva todos los conflictos importantes, que las reglas se transformen de conformidad con las normas.

El funcionamiento eficiente y la durabilidad de las instituciones están relacionados con la fortaleza y el papel del Estado. Sin un Estado efectivo no puede existir la democracia. A su vez como O´Donnell lo demostró (1992), y sigue vigente, el efecto de la democratización sobre las condiciones económicas y políticas depende de la viabilidad de y la efectividad de las instituciones del Estado. Por ello es necesario, para lograr la sustentabilidad democrática, que el Estado garantice la integridad territorial y la seguridad física, mantenga las condiciones necesarias para el ejercicio efectivo de la ciudadanía, además, debe coordinar la asignación eficiente de recursos y corregir la distribución de ingresos. Sin embargo, es claro que la viabilidad y los efectos de las instituciones dependen de las condiciones políticas y culturales bajo las cuales nacen y funcionan.

Nada daña más a la democracia que el divorcio entre la democracia y la ciudadanía efectiva derivada de la invasión del Estado por intereses especiales ajenos al bienestar social y la perdida de la capacidad de tomar medidas para toda la sociedad.

Al mismo tiempo se aleja la posibilidad del Estado de organizarse coherentemente.

Además, el énfasis en la difusión democrática requiere una definición descriptiva e históricamente delimitada. El objetivo de difusión e instrumentación no es una entidad analíticamente normativa – un constructo abstracto armado de un conjunto de estándares axiomáticos acerca de la democracia. Es en su lugar un hecho concreto, respaldado por la historia y la geografía. Es un conjunto de prácticas, instituciones políticas, reglas y procedimientos probados tomados prestados de los países con democracias más consolidadas con el fin de gobernarse a sí mismos.

La complejidad de la democracia

El dilema que enfrentamos es eludir la ingobernabilidad y al mismo tiempo insertarnos en un mundo que lo único que muestra "...es la dureza, la globalidad, la coherencia de un modelo que sólo encuentra a su paso restos fragmentarios del antiguo pacto social. El estallido de los fragmentos ha sustituido la posibilidad de vertebrar un modelo político alternativo; en la tensa calma, sólo aparecen las explosiones incontroladas de la violencia" (García; 1993:203).

Para sus críticos, el Estado moderno parece más como un Estado artificial, una ingeniería constitucional compleja en vez de un Estado que se ha desarrollado espontáneamente por una serie de acciones de partidos y sociedad. Este ha erigido deliberadamente su marco de referencia. El modelo que será puesto en cuestión, el que será tachado de ideológico, es este neoliberalismo que ahora a nadie compromete.

Porque una vez "hecho" el Estado "constantemente opera con referencia a algunas ideas de un fin o función para la cual él es instrumental. No es una constricción el sentido de que la acción descansa detrás de éste, en el proceso de su surgimiento, adelante de él también, sino que descansa en una tarea compleja y distintiva que constituye la justificación de su existencia y la razón de su operación. Por eso se argumenta que el *telos* del Estado es interno al Estado mismo, y consiste única y exclusivamente en la expansión continua de su propio poder" (Poggi; 1998:96-98).

Resulta casi tautológico - una explicación que se explica a sí misma - decir que el núcleo de la participación ciudadana reside en la actitud de los individuos frente al poder. Ya en otra parte habíamos distinguido esa forma de acercarse a los problemas públicos, de tomar parte en ellos, de cualquier otra forma de acción colectiva. Pero todavía no hemos aclarado el último punto: que no todas las formas de participación conducen a la civilidad ni a la democracia, ni tampoco que el hecho de participar en actividades públicas debe conllevar una cierta ética: una carga de valores que no sólo deben ser exigidos de los gobiernos, sino de todos y cada uno de los ciudadanos que dicen participar en favor de la democracia. En otras palabras: que no es suficiente participar sin más en cualquier cosa y de cualquier modo para decir que se trabaja en favor de la sociedad. Con más frecuencia de la que quisiéramos, por el contrario, nos encontramos con formas de participación que tienden más a destruir que a construir nuevos espacios para el despliegue de las libertades humanas o para el encuentro de la igualdad. De modo que es preciso subrayar que la participación ciudadana apenas podría imaginarse sin una cuota, aunque sea mínima, de eso que llamamos conciencia social. Me refiero a los vínculos que unen la voluntad individual de tomar parte en una tarea colectiva con el entorno en el que se vive. Abundan los ejemplos de las empresas comunes que olvidan abiertamente los efectos postreros de la acción inmediata.

El mundo no padecería conflictos sociales ni sufriría la depredación creciente de sus exiguos recursos, si todos los seres humanos actuáramos sobre la base de lo que Max Weber llamó una ética de la responsabilidad (ética que, por cierto, le asignó especialmente a los políticos profesionales).

Pero ocurre que la mayor parte de las personas suele luchar por satisfacer sus intereses y sus necesidades individuales antes que permitirse el sacrificio por los demás. Y en la mayor parte de los casos, son esas necesidades e intereses privados los que mueven a los seres humanos a emprender actividades conjuntas con otros: los que empujan a la participación ciudadana.

No obstante, el tema que nos ocupa se encuentra a medio camino entre las razones de cada individuo y la vida política: entre los deseos personales y las restricciones y los estímulos que ofrece la sociedad. Pero además lo hemos abordado desde una perspectiva democrática, lo que supone que la soberanía entregada a los pueblos les impone también ciertas obligaciones. Aquella idea de la responsabilidad que atañe a los gobiernos de los regímenes democráticos atraviesa también, inexorablemente, por el comportamiento de los ciudadanos.

No todo depende de las élites. Si bien son éstas las que han de asumir mayores compromisos con el mantenimiento y el respeto a las reglas del juego que hacen posible la democracia, lo cierto es que esa forma de gobierno sería imposible sin un conjunto mínimo de valores éticos compartido por la mayoría de la sociedad.

Aunque la gente no participe siempre y en todas partes -ya vimos que eso es sencillamente imposible-, la consolidación de la democracia requiere mantener abiertos los canales de la participación y despiertos los valores que le dan estabilidad a ese régimen.

Entre la actitud ética y la actitud política hay ciertamente diferencias notables: "la ética es ante todo una perspectiva personal (mientras que) la actitud política busca otro tipo de acuerdo, el acuerdo con los demás, la coordinación, la organización entre muchos de lo que afecta a muchos.

Cuando pienso moralmente no tengo que convencerme más que a mí; en política es imprescindible que convenza o me deje convencer por otros." Pero la participación política, la participación ciudadana, supone ambos procesos simultáneamente: el convencimiento propio acerca de las razones que me llevan a participar, y el acuerdo con los demás para iniciar una empresa común. De modo que en ella se reúnen los valores individuales que hacen plausible la iniciativa personal de participar, y los valores colectivos que hacen posible, además, la vida civilizada. En buena medida, la democracia es una forma de emancipación de las sociedades. Sociedades maduras que han abandonado la protección más o menos cuidadosa, o más o menos autoritaria, de alguien que vigila la convivencia a nombre de todos.

En la democracia ya no hay a quien culpar de las desgracias sociales, ni tampoco ante quien reclamar sin más el reparto gracioso de beneficios. Con la democracia los pueblos se quedan solos ante sí mismos: ya no hay reyes, ni dictadores, ni partidos totalitarios, ni ideologías cerradas que ayuden a resolver las demandas o a responder las preguntas que nos hacemos. Hay leyes, instituciones y procedimientos que regulan la convivencia, pero que a fin de cuentas llevan a cada individuo a hacerse responsable de sí mismo y de los demás. Tarea difícil y novedosa, cuando la mayor parte de la historia del mundo se ha construido a través de los grandes líderes, de los dirigentes que lo decidían todo y por todos.

Por eso la responsabilidad es la primera de las virtudes públicas que vale la pena considerar. Si antes dijimos que los monarcas absolutos eran responsables únicamente ante Dios, ahora hay que agregar que la responsabilidad de sus súbditos no era como la que han conocido las democracias modernas, porque ellos no participaban en la confección de las leyes que los regían.

No habían conquistado las libertades que nos parecen tan naturales: los derechos intrínsecos a la vida del ser humano. Ser libre, en cambio, es ser responsable.

¿Ante quién? Ante los individuos con quienes se comparte la libertad. Y en ese sentido, la participación ciudadana en la democracia es también una forma de influir y de dejarse influir por quienes comparten la misma libertad de participar. Responsables ante nosotros y ante los demás, pues el propio régimen de libertades que hace posible la participación es, al mismo tiempo, su primera frontera. En otras palabras: sería absurdo que la participación llevara hasta el extremo de destruir la posibilidad misma de participar. Ese era el riesgo que temían los griegos, y es el mismo que obliga a tener presente la responsabilidad de los ciudadanos frente a la construcción y la consolidación de la democracia.

El segundo valor que conviene recordar es la tolerancia: "el reconocimiento de las diferencias, de la diversidad de costumbres y formas de vida".

Tolerar no significa aceptar siempre lo que otros opinen o hagan, sino reconocer que nadie tiene el monopolio de la verdad y aprender a respetar los puntos de vista ajenos. ¿Por qué se relaciona esto con la participación ciudadana? Porque si la representación política se integra a través de los votos, y éstos suponen una primera forma de aceptar y de respetar las posiciones de los demás, la participación se construye necesariamente a través del diálogo: de la confrontación de opiniones entre varios individuos independientes, que han decidido ofrecer una parte de sus recursos y de su tiempo en busca de objetivos comunes, pero que también han decidido renunciar a una porción de sus aspiraciones originales para cuajar una acción colectiva. Sin tolerancia, la participación ciudadana sería una práctica inútil: no llevaría al diálogo y a la reproducción de la democracia, sino a la confrontación y la guerra.

Por último, la solidaridad: ese término difícil y controvertido que, sin embargo, nació desde los primeros momentos de la Revolución francesa, esa revolución de occidente en busca de libertad, igualdad y fraternidad: la libertad puede existir sin igualdad - escribió Octavio Paz - y la igualdad sin libertad.

La primera, aislada, ahonda las desigualdades y provoca las tiranías; la segunda oprime a la libertad y termina por aniquilarla. La fraternidad es el nexo que las comunica, la virtud que las humaniza y las armoniza. Su otro nombre es solidaridad, herencia viva del cristianismo, versión moderna de la antigua caridad. Una virtud que no conocieron ni los griegos ni los romanos, enamorados de la libertad pero ignorantes de la verdadera compasión. Dadas las diferencias naturales entre los hombres, la igualdad es una aspiración ética que no puede realizarse sin recurrir al despotismo o a la acción de la fraternidad. Asimismo, mi libertad se enfrenta fatalmente a la libertad del otro y procura anularla. El único puente que puede reconciliar a estas dos hermanas enemigas - un puente hecho de brazos entrelazados - es la fraternidad. Sobre esta humilde y simple evidencia podría fundarse, en los días que vienen, una nueva filosofía política.

En efecto, la idea de la solidaridad, siendo tan antigua, tiene que recrearse en el futuro. Pero el matiz con la idea fraterna es pertinente: si ésta se encuentra ligada a la caridad como un acto simultáneo de generosidad y de salvación individual, la solidaridad tiene que ver con la sobrevivencia de todos. La fraternidad se establece entre individuos: es una relación entre personas, por si mismas. La solidaridad, en cambio, quiere abarcar a la sociedad, pero sobre todo pretende surgir de ella. Ningún gobierno puede dar solidaridad como tampoco puede dar democracia, porque ambas se desprenden de la convivencia entre ciudadanos. De modo que la solidaridad es algo más que un acto caritativo: es un esfuerzo de cooperación social y una iniciativa surgida de la participación ciudadana para vivir mejor.

Responsabilidad, tolerancia y solidaridad son valores públicos que se entrelazan, por último, con uno más amplio que los abarca: la justicia. Pero de la justicia "sólo conocemos leves y esporádicos destellos.

No sabemos cómo es la sociedad justa, porque queremos que la nuestra lo sea. Este querer implica una predisposición que puede y debe concretarse en una serie de disposiciones. De ellas, tal vez entendamos mejor su significado negativo, lo que no es, pero esa es ya una vía para conocerlas. Digámoslo ya de una vez: los miembros de una sociedad que busca y pretende la justicia deben ser solidarios, responsables y tolerantes. Son éstas las virtudes indisociables de la democracia." ¿Puede estimularías la participación ciudadana? Sin duda, pues no hay otro camino que reconozca, al mismo tiempo, la civilidad y la soberanía de los pueblos.

6. CRITICAS A LA DEMOCRACIA

La crítica de Nietzsche

A los ojos de Nietzsche, una sociedad de amos y esclavos ha sido superada por la sociedad del hombre medio, el hombre de la masa, en la cual tan sólo hay esclavos. El autor de Así habló Zaratustra veía pues una nueva aristocracia, ya nunca más basada en el nacimiento, ni en el dinero, ni en el poder, y menos aún en la raza, sino en el espíritu o mente libre que no teme a la soledad. Es debido a que le habría gustado vernos a cada uno de nosotros ascender y resaltar por encima del "rebaño" que Nietzsche es hostil al socialismo (ve cualquier colectivismo como otro tipo de gregarismo) y al anarquismo (un "rebaño autónomo", como lo llama en Más Allá del Bien y del Mal).

Para lo que aquí nos concierne, el error en la visión de Nietzsche no recae en su elitismo, que es innegable. Más básicamente, una solución que no es ni histórica ni política, sino mítica y poética, tan sólo puede tener significado y valor como una moral artística. Las ideas políticas de Nietzsche no pueden recuperarse porque no existen. No trataba la cuestión social. Su ética tan sólo sirve para ser vivida por el individuo, a riesgo de perder la cabeza, tal y como le ocurrió al propio filósofo.

La crítica individualista

Al sistema democrático se le acusa a menudo de aplastar al individuo bajo el colectivo. El poeta Charles Baudelaire (1821-67) escribió: "Nada hay más ridículo que buscar la verdad en los números (...) la urna electoral no es más que la forma de crear una fuerza policial." Y en el siglo XX, Karl Kraus dijo: "La democracia es el derecho de todos a ser esclavizados por todos".

Para cada elemento de verdad que contenga este punto de vista, los partisanos de la democracia tienen preparada su respuesta. No niegan la presión de la democracia sobre el individuo. Dicen que el sistema democrático proporciona a cada uno un mayor campo de libertad que lo que el individuo lograría si se cerrase sobre sí mismo, o si tuviera que unirse a una impredecible congregación de átomos individuales. Algunos individualistas son más sociales que otros. Proponen una asociación libre de individuos en común acuerdo. Esta es precisamente una de las variantes del contrato democrático, quizás una de las más progresistas.

Antes de 1848, a pesar de sus discrepancias, estas escuelas de pensamiento estaban de acuerdo en la generalización de asociaciones, como remedio a la "disociación" (P. Leroux) que había traído consigo el triunfo de la industria y el dinero. Lo único que se necesitaba era combinar las pasiones (Fourier), las mentes creativas y las habilidades productivas (Saint-Simon) o los vínculos mutuos (Proudhon). Al contrario que los neo-babeuvistas, que heredaron la experiencia de Babeuf y abogaban por el ataque al poder político mediante la violencia organizada de las masas, los pensadores antes mencionados creían en la supremacía de los valores morales: un nuevo mundo nacería menos por necesidad que por ímpetu ético. Algunos incluso esperaban que el asociacionismo pudiera ser fundado (financiado, de hecho) por generosos burgueses ilustrados, en un comienzo a pequeña escala para que luego se desarrollase a medida que el grueso de la sociedad siguiera su ejemplo. De este modo el poder político tenía poco o nada que hacer: así pues, no era necesaria una revolución.

La perspectiva comunista, en cambio, no es apolítica, sino anti política. Aunque puede parecer no tener nada más que un interés histórico, esta crítica aún está activa, aunque no como en 1910, por supuesto. La idea de absorber la política en la economía, por ejemplo, instaurando una democracia directamente social, aparece de nuevo como la idea utópica corriente de una toma del poder local tan generalizada que eliminaría el fundamento del poder político central (el Estado) y por lo tanto nos liberaría de la necesidad de destruir el Estado.

En Cambiar el mundo sin tomar el poder John Holloway expone que la transformación radical se encuentra tan incrustada en nuestra vida cotidiana que estamos transformando gradualmente la fábrica de la sociedad, sin necesidad de una ruptura potencialmente dictatorial. Evolución en vez de revolución, ¿qué más? La idea de la "revolución lenta", recientemente teorizada por A. Bartra, y parcialmente inspirada por la situación en México y adoptada por algunos radicales, equivale a la inexistencia de la revolución.

A mediados del siglo XIX, además, en vez de tratar la democracia, algunos esperaban darle un rodeo. Proudhon creía que el trabajo daba a las masas obreras una capacidad política: encontremos una nueva forma de producir bienes, hagamos que la burguesía sea innecesaria, y el resto vendrá solo, el taller reemplazará al gobierno. La democracia ni se aceptaba ni se combatía, sino que se realizaba directamente por el trabajo, sin mediación alguna.

Unos cincuenta años más tarde, el sindicalismo revolucionario adquirió aversión a la democracia parlamentaria. El vehículo del cambio sería el trabajo organizado en sindicatos industriales (en oposición a los gremios), que unirían a toda la clase, trabajadores cualificados y sin cualificar. Proudhon había sido el ideólogo de los artesanos y la pequeña industria.

El anarcosindicalismo estaba adaptado a la época de los trusts y las grandes fábricas, pero el principio era similar: una fusión entre la industria y el gobierno. Tras actuar como un organismo igualitario para combatir a los empresarios y la policía, el sindicato se haría más tarde con el control de la economía durante y después de la revolución. Algunos sindicalistas, como De Leon en Estados Unidos, optaban por una acción política e industrial paralela, pero para ellos la política estaba fuera de y contra el parlamento.

Al sindicalismo revolucionario se le ha reprochado su elitismo. Es cierto que enfatizaba el papel de las minorías activas que empujarían / animarían a los menos avanzados hacia la acción. Pero la mayoría de los sindicalistas revolucionarios se dirigían a una élite activa con conciencia de clase, completamente distinta de lo que veían como el rebaño de los votantes socialdemócratas. George Sorel (1847- 1922) pensaba que la unión de trabajadores, al contrario que el parlamento y el partido, engendraba "una igualdad organizada justa y verdadera", ya que todos los miembros eran trabajadores asalariados solidarios unos con otros. El "nuevo principio político del proletariado" es el "gobierno por grupos vocacionales" autoorganizados en el lugar de trabajo. "Los organismos de resistencia finalmente extenderán tanto su alcance y rango que absorberán casi toda la política" en una exitosa "lucha por dejar sin vida a toda organización política burguesa".

En un momento crítico, Sorel dijo: "Marx creía que el régimen democrático tenía la ventaja de que ya que los trabajadores no tienen que luchar contra la monarquía o la aristocracia, la noción de clase se puede aprovechar más fácilmente.

La experiencia nos muestra lo contrario; la democracia es bastante eficaz a la hora de impedir el avance del socialismo, al desviar la atención de los trabajadores. Sorel, sin embargo, tan sólo se anotó un punto frente a Marx, ya que la experiencia mostraba además lo contrario de lo que él esperaba: el sindicato fracasó al igual que el partido, y la autoorganización acababa siendo succionada por la democracia burguesa.

"No se puede destruir una sociedad empleando los órganos destinados a preservarla (...) cualquier clase que quiera liberarse a sí misma debe crear su propio órgano", escribió H. Lagardelle en 1908, sin percatarse de que esta crítica podía aplicarse tanto a los sindicatos (incluyendo la supuestamente revolucionaria CGT — Confédération générale du travail, Confederación General del Trabajo— francesa en rápido proceso de burocratización y colaboración de clases) como a los partidos de la Segunda Internacional. El sindicalismo revolucionario desechaba al votante y prefería al productor: olvidaba que la sociedad burguesa crea y vive de ambos. El comunismo tendrá que ir más allá de las dos condiciones.

Antiparlamentarismo

La idea del sufragio universal como el acto por el cual los trabajadores cambian su violencia potencial por una papeleta, es parte fundamental de la crítica social. El ataque a las elecciones ha sido una constante para los anarquistas, y no era extraño entre los socialistas antes de 1914. Todas las facciones de izquierdas y los partidos de la Segunda Internacional estaban de acuerdo en que cualquier parlamento se mantiene bajo el control de la clase dominante, y en que la jornada electoral supone siempre un atraso para el radicalismo.

Después de 1917, este principio se mantuvo entre las diferentes familias comunistas. Incluso quienes abogaban por el uso táctico de las elecciones veían a los soviets, y no al parlamento, como la base política y el órgano de una futura revolución. Pero hay que dejar claro que el rechazo al parlamento no resume ni define nuestra perspectiva, no más que el desprecio a los ricos o el odio al dinero. Mussolini también quería derrocar las viejas instituciones burguesas, y lo logró, hasta cierto punto.

La crítica anarquista: dispersar el poder

Si al leninismo se le critica por perseguir la toma del poder, al anarquismo por su miedo obsesivo. Como respuesta a la autoridad y la dictadura, el anarquismo opta por lo colectivo frente al liderazgo, abajo versus arriba, horizontal versus vertical, comuna versus gobierno, descentralización versus centralización, autogestión versus dirección, comunidad local versus masa electoral: muchas democracias reales en vez de una falsa y, en última instancia, el Estado destruido por la democracia universalizada. Cientos de unidades de convivencia y producción a pequeña escala serán suficientemente dinámicas para unirse sin que ninguna de ellas pierda su autonomía.

Como las polis de la Antigüedad, la metrópoli moderna cae presa de las tendencias oligarcas: miríadas de cooperativas federadas, colectivos y distritos serán capaces de gestionarse por su cuenta y, por ende, seguirán siendo democráticas. Si el poder se reparte entre millones de elementos, pasa a ser inofensivo. No vamos a resolver el problema del poder repartiéndolo en trocitos por todas partes.

La crítica a la democracia "formal"

El análisis marxista tradicional tiene el mérito de haber hecho hincapié en que la democracia ofrece posibilidades que sólo se hacen realidad para aquellos que pueden emplearlas: en una sociedad de clases, los miembros de la clase dominante estarán siempre en una posición más ventajosa para hacerlo.

(Casi) todo el mundo es libre de publicar un periódico, pero los anuncios necesarios para financiar un diario o una revista no van a ir a la prensa anticapitalista. La papeleta electoral de Carlos Slim cuenta como un voto, tal y como la de uno de sus trabajadores, pero el señor Slim tendrá un mayor dominio sobre los asuntos públicos que cualquiera de sus obreros e, incluso, más que miles de ellos.

Como algunas de las anteriores, esta crítica se dirige hacia una característica fundamental de la democracia, pero su defecto estriba en que trata las formas democráticas como si carecieran de realidad, mientras que son reales, tienen una realidad propia. Se dice a menudo que las libertades permitidas en un régimen democrático son tan sólo cosméticas: esto es cierto, pero es tan sólo una parte de la verdad. Todo el mundo sabe que la libertad de expresión favorece al abogado de negocios más que a su criada. En una sociedad desigual el conocimiento, la cultura, la política y el acceso a la escena pública son también desiguales.

Pero, hoy como ayer, al utilizar y ampliar lo que les estaba permitido, los trabajadores, la gente común ha sido capaz de mejorar su situación y, de este modo, le han dado algún contenido a las libertades, que dejan de ser cáscaras vacías. Cierto, esta mejora ha sido causada más por medio de la acción directa, a menudo violenta, que por la democracia propiamente dicha.

No obstante, las uniones legales, los juicios, así como las autoridades locales, los diputados o incluso los gobiernos favorables a los trabajadores, han ayudado a canalizar estas demandas, moderándolas e impulsándolas al mismo tiempo. La democracia y el reformismo llevan unos 150 años de matrimonio, aunque a menudo hayan sido extraños compañeros de cama. Explicar que la papeleta de un obrero vale formalmente lo mismo que la de su jefe, tan sólo prueba que la autodenominada igualdad política no hace la igualdad social. Pero los reformistas nunca han dicho lo contrario. Ellos dicen: "Dado que la papeleta del Sr. Slim vale un millón de veces lo que la de uno de sus trabajadores, reunamos los votos de millones de trabajadores y seremos más fuertes que la familia Slim. Haremos verdadero el aparente poder que la burguesía nos ha concedido". Contra el poder del capital, el trabajo tiene la fuerza del número: hablar en público, poseer periódicos independientes de la prensa burguesa, organizarse en el lugar de trabajo, reunirse y manifestarse en la calle, son cosas que después de todo se pueden hacer más fácilmente en democracia, tal y como han experimentado los explotados y oprimidos. En general, la masa de la población tiene más medios para mejorar sus condiciones de trabajo y de vida con Adenauer que con Hitler, con De Gaulle que con Pétain, con Allende que con Pinochet, con Felipe González que con Franco, etc. Si el parlamento fuera tan sólo una farsa y la libertad de expresión no fuera más que un engaño, no habría más parlamentos, partidos ni campañas políticas, y no conseguirían votantes, ni levantarían pasiones (a menos que pensemos que esto se debe al condicionamiento astutamente impuesto por la burguesía, pero ciertamente más de un siglo de régimen democrático debe haber servido para desengañarse...)

La democracia no es un espectáculo –no es solamente un espectáculo. ¿Así que Churchill estaba en lo cierto...?

Este breve análisis parece dejarnos tan sólo una opción, resumida por

W. Churchill en la Cámara de los Comunes el 11 de noviembre de 1947: "La democracia es la peor forma de gobierno –exceptuando el resto de formas, que se han probado a lo largo del tiempo".

Es significativo que la mejor definición conocida de la democracia se base en una paradoja, incluso en un juego de palabras. De hecho, a todo el mundo le hace gracia la cita de Churchill, y sin embargo todo el mundo la acepta, con una reserva: cada uno piensa que tiene la solución para realmente sacar lo mejor de este mal menos malo. Es también significativo que el famoso hombre de estado británico añadiera cinismo al pragmatismo en otra cita: "El mejor argumento contra la democracia es una conversación de cinco minutos con el votante medio". Esta segunda frase se cita mucho menos.

La política como fundamento de la democracia

Si por política entendemos la sociedad como un todo (incluida la realidad del poder), y no sólo una suma de asuntos técnicos o locales, entonces cualquier cambio social es político, cualquier crítica social es política, y la revolución tiene que ver con la política. La política, sin embargo, es algo más que la preocupación por lo global, lo general, lo total, porque convierte esta totalidad en una nueva especialización, en una actividad desligada de los intereses sociales directos. Esa dimensión especial no puede ignorar las jerarquías y oposiciones socioeconómicas. Por el contrario, las sitúa en un nivel en el que las raíces de los conflictos nunca cambian, tan sólo sus consecuencias.

La verdadera contribución de la Antigua Grecia a la historia no fue el principio de la democracia como conjunto de normas e instituciones por las cuales los ciudadanos tomaban decisiones colectivas. La innovación fue más profunda. Inventaron los cimientos de la democracia: un espacio-tiempo especial reservado a la confrontación, separado del resto de la vida social.

En esa esfera específica, se separa al individuo de sus intereses privados, de sus diferencias de riqueza y estatus, de su superioridad o inferioridad social, y se lo sitúa en pie de igualdad con el resto de ciudadanos. Igualdad de derechos junto a desigualdad social: esa es la definición de la política. La sociedad es plenamente consciente de esta incapacidad de suprimir el antagonismo de grupo o de clase, así que traslada ese antagonismo a un nivel paralelo supuestamente neutral, donde se reconocen y suavizan los conflictos en la medida de lo posible por el interés de la continuación del sistema como un todo. Es esta separación la que trataban los escritos del joven Marx. La democracia directa u obrera mantiene la separación al mismo tiempo que afirma ir más allá al involucrar a todo el mundo en el proceso democrático, como si dotar de poder a todo el mundo pudiera solucionar el problema del poder. Desafortunadamente, meter a todo el mundo en una esfera separada no elimina la separación.

Cualquier grupo humano piensa en su situación y reacciona a ella como un todo. Pero las sociedades de clases, empleando todos los medios y a través del método de ensayo y error, han llegado a divorciar el debate, la gestión y la toma de decisiones de los demás aspectos. Lógicamente, estas sociedades consideran "natural" esta disociación, y sostienen que es no sólo universalmente deseable, sino la mejor forma posible de resolver los conflictos humanos. Las divisiones de clase, en ciertas condiciones, han creado la política: suprimir las divisiones de clase conllevará superarla.

No hay que denunciar y aplastar la democracia, sino sustituirla. Como otras críticas fundamentales, la crítica a la democracia sólo será efectiva mediante la comunicación de la sociedad.

Mientras la gente se contente con una redistribución "justa" de la riqueza, inevitablemente querrá también una redistribución "justa" del poder. Tan sólo un mundo totalmente diferente no se obsesionará más con la cuestión del poder, con tomarlo, compartirlo, o dispersarlo. Solucionaremos el problema político cuando dejemos de tratarlo como el asunto principal.

El atractivo democrático

La democracia es atractiva porque ofrece más que el derecho a seleccionar líderes ahora y entonces. Su atractivo consiste en proveer a todo el mundo de los medios para ir más allá de los restringidos círculos de la familia, el barrio y el trabajo e interrelacionarse, conocer a otras personas, no sólo a las cercanas, sino a todas las que viven en un mismo territorio, y posiblemente más allá de las fronteras también. El sueño democrático promete una universalidad potencial, la realización terráquea de una fraternidad ofrecida a su manera por la religión. Marx no fue el único en enfatizar la íntima relación entre el Cristianismo y el Estado moderno: aquél ve cada hombre como portador de un alma individual que lo hace igual al resto en espíritu (todo el mundo puede salvarse); este ve a cada hombre en igualdad política con el resto (todo ciudadano tiene derecho a votar y a ser elegido).

Para apreciar completamente el atractivo democrático, deberíamos tener en mente lo que existía anteriormente, cuando no se había oído hablar de igualdad formal (es decir, política). No sólo la élite dominante, sino muchos pensadores y artistas despreciaban abiertamente a la masa de campesinos y trabajadores, especie inferior en el imaginario social.

Los escritores franceses más famosos trataban a los luchadores de la Comuna de París como si fueran ajenos o inferiores a los estándares humanos. Hasta mediados del siglo XX, el odio hacia los trabajadores era algo extendido en las clases medias y altas, en Alemania, por ejemplo. El período 1939-45 supuso la domesticación definitiva de la muchedumbre:

con pocas excepciones, las masas trabajadoras del mundo se comportaron de modo patriótico, de manera que la burguesía dejó de temer a un populacho que parecía por fin aceptar la ley y el orden. Y ahora casi todo el mundo en una democracia occidental acepta, al menos verbalmente, la idea de que cada ser humano es igual que otro. Pero esta equivalencia se consigue al comparar objetos cuantificados. En el capitalismo democrático, cada ser humano es mi igual en tanto que su voto y el mío son añadidos y computados. La ciudadanía moderna es la forma burguesa de la libertad.

La democracia no es responsable de lo que es o de lo que podría ser teniendo en cuenta sus aspectos positivos. Una franquicia nunca se crea a sí misma. Los derechos civiles raramente son el resultado de elecciones o debates pacíficos, sino de huelgas, manifestaciones, disturbios, normalmente violentos, a menudo sangrientos. Más tarde, una vez implantada, la democracia se olvida de su origen y dice que "la fuente de poder no está en las calles"..., de donde de hecho viene.

La política dice ser la base de la vida social, pero es el resultado de causas que simplemente estructura. La llegada de la II República española en 1931 fue el resultado de décadas de conflictos, disturbios y lucha de clases que el nuevo régimen demostró ser incapaz de controlar, y fue necesaria una guerra civil y una dictadura para restaurar el orden.

Tras la muerte de Franco, el enfriamiento de los conflictos sociales hizo posible la transición a un sistema parlamentario que (no como en 1930) pudiera funcionar como pacificador y conciliador.

Los demócratas arguyen que, al contrario que la dictadura, la democracia tiene el mérito de ser capaz de autocorregirse. Esto es cierto siempre y cuando la balanza del poder no se desequilibre. Si la estructura del poder político se encuentra en peligro, se trata de un asunto completamente diferente. Como la democracia no tiene su causa en sí misma, tampoco tiene el remedio: la solución no debe venir de los procesos electorales y las instituciones parlamentarias.

Las sutilezas del negocio político de Capitol Hill fueron incapaces de resolver la crisis entre el Norte y el Sur en 1860: costó nada menos que una sangrienta guerra civil, precursora de la carnicería industrializada del siglo XX. No fueron los fórums ni las papeletas lo que derribó a Mussolini del poder en 1943, sino una sucesión de huelgas incontrolables. No fue una vuelta a la República de Weimar lo que puso fin al Nazismo, sino una guerra mundial. Tan sólo cuando el ejército francés se hizo con el poder civil en Argel de manera ilegal, en mayo de 1958, los políticos en París se vieron forzados a instituir un sistema político más estable, y comenzaron a darse cuenta de que la era colonial había terminado.

La democracia es un notable filtro de violencia. Pero debido a que es fruto de la violencia, sólo supera sus tragedias dando paso a más violencia. Los biólogos dicen que una de las definiciones de una forma de vida es su capacidad de reproducirse, organizarse y reorganizarse. ¿Cuán válido política y socialmente (e intelectualmente) es un fenómeno que es incapaz de explicarse y de curarse a sí mismo? ¿Cuán consecuente es? ¿De qué tipo de realidad hablan los partidarios de la democracia?

Hoy la Democracia es un concepto universal y abstracto. En la medida que el Capital ha penetrado en toda la sociedad la Democracia se ha universalizado. Es el referente obligado de todo ser civilizado. Ser excluido de su ámbito –como ayer de la Cristiandad– es ser excluido sencillamente del mundo real. En este sentido, la Democracia es intolerante; no puedes siquiera ponerla en entredicho sin que se te catalogue como totalitario. Para una dominación mundial de un tipo de sociedad basada en la explotación y la separación de los individuos se necesita una mentira de pretensión universal que logre una cohesión ficticia: esta es la Democracia y este su papel, que suple el que anteriormente tenía la Religión.

Al carecer hoy la Democracia de contenidos políticos reales, no siendo ya la "libertad" otra cosa que el poder adquisitivo de la máxima variedad de mercancías sea cual sea su utilidad, ni la "fraternidad" otra cosa que el sentimiento de pertenecer a la misma comunidad de productores/consumidores y de hacer la misma vida rutinaria que el vecino, y la "igualdad" simplemente el estar sometido a las mismas leyes... la

Democracia se hace abstracta.

Pero es precisamente desde esta abstracción que la Democracia continúa y refuerza su labor ideológica, manteniendo vivas las falacias que con aquellos términos introduce, para mayor bien del Capital y del Estado. La coartada argumental de que la libertad del individuo acaba cuando empieza la del otro, no intenta otra cosa que justificar el sometimiento de la mayoría por una minoría a partir de la reinterpretación de la historia que hace el Capital, denunciada hace cien años por todos los que, como Bakunin, pensaban que la libertad del otro es el requisito indispensable de la mía.

La libertad, que fue siempre la negación del poder y la ejecución del tirano, podríamos pensarla hoy como un simple "que nos dejen en paz, que no se ocupen de nosotros...", en lugar de como nos lo plantea la ideología democrática, como un bien futuro, siempre un poco más allá, por el que luchar y que el mismo Estado puede ayudarte a alcanzar.

La "igualdad" es ya una pura abstracción jurídica. Todo el principio democrático se basa en una igualdad política ficticia que se contradice con la desigualdad económica real. Las leyes, iguales para todos, están redactadas desde la desigualdad. Es desde esta desigualdad que se hace la tipificación del delito (por ejemplo es robo coger un video disco y no lo es la quiebra empresarial).

Hace también ya doscientos años que el pueblo parisino decía, con los babeuvistas, que la libertad sólo se puede dar entre iguales. El ciudadano es un ente político, un individuo abstracto y atomizado que sólo tiene derechos en la medida de la represión y de la obligación. La sociedad civil define el conjunto del sistema de necesidades y trabajos, los oprimidos no participamos en él más que porque hacemos ganar dinero a otros a los que concedemos, coaccionados y forzados, la explotación de nuestro trabajo. La verdadera necesidad que produce y reproduce el sistema social es la necesidad del dinero. Sólo los burgueses tienen una relación positiva con esta esencia de la sociedad democrática; para los oprimidos es una relación de ausencia y de necesidad. La relación de los oprimidos con el dinero es el trabajo.

"La fraternidad" reviste hoy las ideas necesarias al establecimiento de identidades con las que soldar el tejido social conveniente a la reproducción del capital. Identidades de todo tipo: región, religión, nación, equipo de fútbol, ídolos musicales, catalán, Banca Catalana... y últimamente Nuestro Planeta.

Con la democracia, y mediante la política, el Estado tiene la pretensión de enajenar a los oprimidos la posibilidad de la comunicación como actividad social de y entre los hombres. La comunicación sólo existe, y cada vez más, bajo la forma degradada y vacía de cualquier debate de interés sobre las múltiples cuestiones que a los oprimidos interesa. La futilidad más estúpida ocupa este lugar hundiendo nuestra supervivencia en el más miserable reino de la vacuidad y de la soledad. La función de esta charla que representa la política como expresión de la democracia está en que los oprimidos no lleguen a encontrar las palabras para expresar su revuelta y utilicen el lenguaje de sus amos.

La democracia se arroga el haber hecho extensible la cultura a la gente, el haberla socializado. Sin embargo la cultura se ha extendido porque se ha convertido en una mercancía más, susceptible de ser consumida por cuantos más mejor, y se da la paradoja de que si bien la cultura puede ser accesible para muchos, los que fabrican la cultura son unos pocos que se arrogan el título de intelectuales. Su papel es el de detentar la palabra en la sociedad existente, y cada vez que la toman suscitan el interés de los medios de comunicación y de los partidos políticos. Como tienen el monopolio de la contestación admitida, impiden a los oprimidos tomar la iniciativa en el pensamiento. Los intelectuales pretenden a través de su discurso dar visos de realidad al diálogo entre el Estado y la sociedad y que únicamente su voz sea la que represente el pensamiento de todo el mundo.

3 LA CONSTRUCCIÓN DE LA DEMOCRACIA: LA REFORMA DEL 2007.

1. LAS REFORMAS POLÍTICAS

México cuenta con un sistema de partidos considerado como multipartidismo moderado, es decir, existen tres partidos políticos con reales posibilidades de ejercer el poder para gobernar (PAN, PRD y PRI); entre éstos se da, regularmente, una contienda electoral muy competitiva, la cual ha arreciado desde hace poco más de una década; si dos de tres de estos partidos políticos pactan, pueden lograr que se rompa el impasse que el poder legislativo padece en ocasiones, principalmente en las decisiones más trascendentes para el país.

No contribuye al análisis político del país al señalar que en la actualidad su sistema es de régimen presidencialista moderado, la realidad es que el sistema político mexicano es peculiar entre las naciones en desarrollo, y su peculiaridad impide cualquier categorización fácil. De ello se aprovechan algunos para elaborar la crítica pueril y sin ningún argumento. Los análisis serios clásicos (Camp, Touraine, Chatelet, Friedman, Huntington, Osborne, Merquior, Lerner, Sznajder, Wolin, entre otros) ya no lo ubican como sistema unipartidista modificado, semidemocrático, o autoritario, sino como un régimen en transición y como una democracia limitada.

La dificultad para evaluarlo puede derivarse de que el Estado mexicano es flexible lo que vuelve difícil su categorización. Se dificulta más aun el análisis debido a que los líderes políticos de México están comprometidos con una filosofía pragmática más que con una ideología política, por lo que no existe una gran diferencia programática entre los tres partidos políticos principales.

También es necesario reconocer el entorno del México con un régimen autoritario de partido único en los setenta que explicaba la existencia de un marco de legitimación institucional e ideológica que lo diferenciaba tanto de los regímenes democráticos y militares, además del supuesto de permanencia que afecta a los últimos. En ese entorno, partidos y Estado enfrentaban problemas institucionales de ideología en la concepción de la transición. Lo cierto es que la historia no pasa en balde; no podemos volver a los orígenes para recuperar allá la identidad perdida, pero tampoco somos náufragos que tengamos que reinventar todos los utensilios para poder avanzar.

"La renovación de los poderes Legislativo y Ejecutivo se realizará mediante elecciones libres, auténticas y periódicas", ordena la constitución (art. 41). Aunque desde 1917 se han celebrado elecciones periódicas sin interrupción alguna, fue apenas a finales del siglo XX que las mismas se tornaron realmente libres y auténticas, al establecerse condiciones equitativas de competencia por el voto ciudadano. La transformación del sistema electoral, junto con el creciente acceso a fuentes plurales de información, otorgó a los ciudadanos la posibilidad de elegir libremente a sus autoridades ejecutivas, legisladores y ayuntamientos. Tal libertad de elegir quedó evidenciada principalmente en las elecciones presidenciales de 2000.

En esa ocasión, apenas cerrados los comicios, tanto el Consejero Presidente del Instituto Federal Electoral (IFE) como el propio presidente de la República anunciaron el triunfo del opositor Vicente Fox Quesada. Se produjo así, sin disturbios ni impugnaciones, el primer y único cambio de partido en el gobierno federal desde 1929 a esa fecha. El PAN por si solo logró la victoria y el 1 de diciembre de 2000 Ernesto Zedillo Ponce de León entregaba la banda presidencial a Vicente Fox Quesada, candidato del Partido Acción Nacional (PAN), triunfador en las elecciones del 2 de julio de ese mismo año. Se cerraba así una historia de 71 años durante los cuales los presidentes de México habían emanado siempre de un mismo partido, creado en 1929 como Partido Nacional Revolucionario por el general Plutarco Elías Calles, rebautizado en 1938 como Partido de la Revolución Mexicana, y conocido desde 1946 hasta la actualidad como Partido Revolucionario Institucional (PRI).

Con la alternancia en la presidencia culminaba lo que muchos politólogos, analistas y académicos, y casi todos los medios de comunicación, definían como la transición a la democracia en México. Sin embargo, en realidad esta alternancia, aunque sin duda conllevaba un verdadero cambio de régimen, no suponía que hasta ese momento no hubieran existido procedimientos y normas democráticas para la elección de los gobernantes, ni que la oposición no hubiera venido alcanzando triunfos electorales significativos, desde los años ochenta, en los gobiernos municipales y en los Estados.

Por el contrario, no debemos olvidar que la historia que conduce a la alternancia en la presidencia es la derivada de un largo proceso de reformas electorales y políticas que se inician como simple apertura y liberalización del régimen y se van profundizando y desarrollando mecanismos de garantía —en especial con la creación, autonomía y ciudadanización del Instituto Federal Electoral, IFE.

Todo ello para crear a partir de 1996 condiciones generales de plena competencia y fiabilidad de los resultados. Las elecciones que llevaron a Ernesto Zedillo a Los Pinos, en 1994, fueron, en sus propias palabras, legítimas aunque no fueran equitativas por la gran superioridad en medios del partido oficial, adicionalmente lo mismo se puede, con mayor razón, afirmar de la legitimidad de las elecciones de 1997, en las que el PRI perdió la mayoría en la Cámara de diputados además de pasar a manos de la oposición el gobierno del Distrito Federal, elegido por primera vez. Este es un prerrequisito que implica tener una alta competencia electoral lo cual se tiene desde 1988. En el Congreso se rompe el dominio de un solo partido con las elecciones de 1997, ningún partido por sí solo desde entonces ha contado con la mayoría absoluta, incluso, este hecho se considera como otro detonador de la alternancia del partido en el poder en el año 2000.

El sistema político mexicano ha tenido una evolución notable a partir de 1988 con procesos de cambio, que han involucrado a todos los actores relevantes y han redundado en una quiebra del sistema de partidos que rigió la mayor parte del siglo XX. Sucesivas reformas constitucionales y electorales fueron destinadas a fortalecer e institucionalizar un nuevo sistema de partidos al tiempo que otorgaban mayor transparencia al proceso electoral.

La aceleración de las reformas políticas a partir de la década del noventa ha tenido efectos drásticos y satisfactorios para la legitimidad del sistema democrático. Por una parte, se produjo la alternancia efectiva en el poder, mediante elecciones gestionadas por organismos de nueva creación como el IFE y el Tribunal Federal Electoral.

Por otra, el generoso financiamiento público de los partidos políticos ha garantizado a la oposición una posibilidad para difundir adecuadamente sus ideas y programas; o en otras palabras, para proveer de una equidad básica al sistema electoral.

Una reforma constitucional de 1996 estableció que el financiamiento público a los partidos debe ser superior a los recursos procedentes de fuentes privadas. Ciertamente, este segundo aspecto ha generado críticas respecto a los altos costos del sistema y, en buena medida, los proyectos de reforma han buscado limitar los gastos partidarios, como medio para evitar que se destinen excesivos recursos del Estado en el uso masivo de los medios de comunicación. Ambos aspectos de la reforma han derivado en un férreo mecanismo de fiscalización no exento de aristas más bien inquisitivas.

Desde una perspectiva histórica, el proceso de construcción de la democracia en México ha sido la consolidación del cambio político mediante la legislación electoral.

Sin embargo, las características de la contienda electoral del 2006 y la disputa sobre sus resultados pusieron parcialmente en crisis el sistema. Ello motivó el amplio debate que concluyó con la reforma del 2007.

Existe un consenso generalizado de que la reforma fue muy reactiva a la crisis del 2006, respondiendo a un conflicto político y en base a una negociación política. El Presidente Constitucional tomó posesión en medio de una tribuna legislativa tomada y expresiones de apoyo y rechazo exaltadas. El ambiente político polarizado exigió un trabajo de conciliación y de negociación que tuvo, como primer objetivo, una nueva reforma electoral que diera respuesta a los fenómenos que se presentaron en el proceso electoral y para los que la autoridad no contaba con instrumentos legales.

Asimismo, la reforma buscó acercar posiciones para sanar el dañado ambiente entre las fuerzas políticas y dar satisfacción a demandas nuevas y, con ello, desatorar la cargada agenda de reformas legislativas que requiere el país. Hay que recalcar que la reforma fue constitucional y legal, aprobada por unanimidad. Así pues, la reforma electoral se convirtió en el "principal instrumento para la construcción de un ambiente político viable para la convivencia plural" (Latapi, 2009). Por tanto, el debate y las medidas se centraron en las condiciones de equidad. El resultado es un enfoque regulatorio, fiscalizador y de sanciones.

Es importante destacar que la crisis política originada en las elecciones presidenciales del 2006, y que produce una división nacional de opiniones en cuanto a la eficacia y respetabilidad del IFE y la Justicia Electoral, no ha trascendido internacionalmente. De tal manera que las instituciones electorales mexicanas conservan prácticamente intacta su excelente reputación internacional. Buena prueba de ello es la frecuencia con que autoridades mexicanas participan en misiones de asistencia electoral internacional así como el gran número de delegaciones de funcionarios electorales de otros países de las más diversas regiones del mundo acuden a México para seminarios y actividades de intercambio y capacitación.

El proceso de cambio se remonta a años atrás, cuando como resultado de negociaciones entre el Partido Revolucionario Institucional (PRI) y la oposición, en 1989 fue aprobado el Código Federal de Instituciones y Procesos Electorales (COFIPE), y el año siguiente fue creado el IFE. En

1996, se otorgó al IFE plena autonomía, se concedió generoso financiamiento público a los partidos registrados, y se creó el Tribunal Electoral del Poder Judicial de la Federación (TRIFE) como órgano supremo para resolver disputas en materia electoral.

En 1988 se eligió su primera Asamblea de Representantes. En 1994 se emitió el Estatuto de Gobierno del Distrito Federal. En 1997 fue creada la Asamblea Legislativa (con mayores poderes que la anterior de Representantes); desde ese mismo 1997 los ciudadanos del Distrito Federal eligen a su Jefe de Gobierno, desde 2000 a sus "delegados".

Tales cambios, lejos de ser simplemente cosméticos, tuvieron consecuencias políticas profundas. En 1988, el PRI perdió la mayoría calificada en la Cámara de Diputados federal, necesaria para aprobar reformas constitucionales. Por otro lado, la Cámara de Senadores fue transformada con miras a favorecer su pluralidad. En 1994 aumentó a tres (eran dos anteriormente) el número de senadores por cada entidad federativa; dos para el partido ganador de la elección respectiva, y uno para el segundo partido más votado. En 1997 se adicionaron otros 32 senadores, que son elegidos por representación proporcional de entre las listas nacionales presentadas por los partidos o coaliciones.

Los estados acompañaron estos cambios con transformaciones similares en sus respectivas legislaciones e instituciones electorales, que dieron mayor credibilidad a los comicios locales, paralelamente, lo que le obligó a negociar éstas con la oposición. En 1989, por primera vez un partido de oposición, el PAN, ganó una gubernatura, la de Baja California, tendencia que continuaría en los años subsiguientes con triunfos opositores en otras gubernaturas, incluyendo la del Distrito Federal.

En 1997 el PRI perdió la mayoría absoluta en la Cámara de Diputados, y en 2000 en la Cámara de Senadores; ningún otro partido ha logrado desde entonces obtener mayoría absoluta en ninguna de ambas cámaras. Además, son numerosos los estados en que el partido del gobernador no tiene mayoría en su respectiva legislatura. En 2000 se produjo el primer cambio de partido ocurrido desde 1929 en la presidencia de la República.

Se adopte una u otra o todas las explicaciones anteriores, lo cierto es que la elección presidencial de 1988 produjo una conmoción que terminaría echando por tierra el sistema de partido hegemónico. En ese año, el PRI, acostumbrado a alcanzar votaciones superiores al 70% de los sufragios, obtuvo apenas algo más del 50% de ellos. Por añadidura, los comicios de ese año fueron sospechados de fraudulentos debido a una inoportuna "caída del sistema" de cómputo de votos y al rechazo de los candidatos opositores a reconocer el triunfo del PRI.

A partir de entonces, el régimen priísta comenzó a debilitarse. Se abrió un periodo signado por triunfos de partidos alternativos en elecciones estatales y municipales, por la apertura de los medios de comunicación a nuevas voces, y por profundas y sucesivas reformas de la legislación electoral que desembocaron finalmente en la de 1996, que dio plena autonomía respecto del gobierno a los organismos electorales e introdujo condiciones de competitividad y equidad electorales nunca antes vistas en el país. Fue así que en 1997 se realizaron elecciones de diputados y senadores que dieron el triunfo a partidos alternativos; el PRI perdió el control de la Cámara de Diputados, y en el Senado quedó por debajo de la mayoría de dos tercios requerida para reformar la constitución y para designar muchos altos cargos públicos.

Tres años más tarde, en 2000, se dio la única elección presidencial que hasta ahora ha producido un cambio pacífico del partido o grupo en el gobierno en la entera historia de México.

Esos firmes avances hacia la democracia electoral se vieron ensombrecidos tras la elección presidencial de 2006, cuando uno de los candidatos derrotados y los tres partidos que lo postularon denunciaron como fraudulento y amañado el proceso electoral de ese año.

Aunque se presentaran objeciones a ambas elecciones (1988 y 1994), si se hubiera tratado de las primeras elecciones tras un régimen militar nadie habría dudado en considerarlas como elecciones fundacionales de una nueva democracia: Pero no trajeron la alternancia, y por tanto no se las identificó con la llegada de la democracia. Sin embargo ya se había dado un paso decisivo: la actuación del IFE ofrecía las garantías necesarias para la confianza en los resultados.

Los cambios en las reglas y mecanismos electorales habían comenzado al menos desde el sexenio de José López Portillo (1976-1982), dentro de un planteamiento estratégico de don Jesús Reyes Heroles, un político e intelectual de la mejor estirpe del liberalismo mexicano, que se proponía dar solución a dos problemas. El primero era el déficit de legitimidad que había supuesto para López Portillo ser elegido como candidato único, aunque la causa principal hubiera sido la falta de acuerdo interno en el PAN —en su Convención Extraordinaria del 25 de enero— para designar a su propio candidato a las elecciones presidenciales de 1976. El segundo era el creciente recurso a la violencia entre la nueva izquierda mexicana nacida de los hechos de 1968, ante la imposibilidad de abrirse un espacio político y electoral, y en el contexto general de radicalización que caracterizó a la década de los setenta en América Latina.

Las reformas de Reyes Heroles devolvieron legitimidad a los procedimientos electorales sin hacer realmente competitivas las propias elecciones, ya que con un número adicional de escaños —asignados en proporción al voto total independientemente de los obtenidos por mayoría en los distritos— permitían asegurar el triunfo del PRI en éstos y dar presencia en la Cámara a los grupos minoritarios de izquierda y aumentar la representación del PAN. Pero tras la nacionalización de la banca al final del gobierno de López Portillo, en un inútil intento de frenar lo que sería finalmente la crisis de la deuda, los empresarios del norte del país, los más vinculados al mercado norteamericano, apostaron seriamente por la oposición política contra el intervencionismo estatal.

Así, los años ochenta serían el momento de auge de Acción Nacional, creando un problema crecientemente irresoluble en el marco de unos procesos electorales controlados por el gobierno, pues mantener la legitimidad implicaba reconocer las crecientes victorias del PAN, pero hacerlo así suponía crear conflictos al interior del PRI.

El invento del general Calles en 1929 había servido para disciplinar a las élites surgidas de la revolución dentro de unas reglas en las que la imposibilidad de reelección sólo permitía desarrollar una carrera política a los miembros disciplinados del partido, que podían contar con el apoyo de éste allí donde compitieran, aun alejados de sus bases sociales clientelares. Así, la insurrección violenta de los inconformes, que es la norma en los años veinte, se va convirtiendo en excepcional, lo que no sólo permite la normalización de la vida política, sino la construcción misma de un Estado con monopolio efectivo de la fuerza. Ahora bien, la condición para el funcionamiento eficaz de estas reglas es que el apoyo del PRI sea una garantía de victoria en la competencia electoral o que quienes pierdan en ésta puedan ser compensados con cargos no electivos.

En esa época la disyuntiva se centraba en que si las elecciones se hacían realmente competitivas, el PRI ya no podría garantizar más la victoria electoral, y al reducirse la presencia en los gobiernos locales tampoco sería capaz de proporcionar a los perdedores compensaciones suficientes en la forma de puestos de gobierno. Por tanto existe un dilema entre legitimidad ante la oposición y la opinión pública y consenso dentro del propio PRI: si se reduce el control de los procesos electorales se erosiona el consenso interno al crecer el número de perdedores o damnificados, al reducirse las recompensas a la disciplina interna.

En 1987 se le abrió un nuevo flanco a la capacidad de control del PRI. El programa de ajuste económico que venía aplicando el presidente Miguel de la Madrid, enfrentado a la crisis de la deuda de 1982, más la creciente fuerza de la oposición panista, habían dado origen a una corriente crítica en el seno del partido, en la que coincidían dos reivindicaciones de distinto carácter. De un lado, una democratización del partido, de otro una recuperación de las prioridades sociales de un partido que asumía la herencia de la revolución. Esa doble reivindicación coincidía en la demanda de que el candidato del PRI para las elecciones de 1988 fuera alguien de un perfil nacionalista y revolucionario. Alguien como Cuauhtémoc Cárdenas, el hijo y heredero en la mitología popular del general Cárdenas, quien durante su sexenio (1934-1940) había sentado las bases ideológicas y sociales del régimen con la llamada educación socialista, la reforma agraria, la inclusión del movimiento obrero y la nacionalización del petróleo en 1938.

Cuando el Presidente De la Madrid destapó como candidato a Carlos Salinas de Gortari, las críticas se convirtieron en ruptura dentro de la élite del PRI, y la Corriente Democrática de Cuauhtémoc Cárdenas, ex gobernador de Michoacán, el feudo de su padre, y Porfirio Muñoz Ledo, ex presidente del PRI y experimentado hombre del poder, presentó su propia candidatura a las elecciones de 1988 bajo el nombre de Frente Democrático Nacional.

Es bien sabido que la crisis final de un régimen autoritario comienza cuando la élite de éste se escinde, y así fue en esta ocasión: fue la competencia con el FDN lo que obligó al PRI a impulsar la nueva serie de reformas que conducirían a la alternancia en la presidencia dos sexenios después.

Las elecciones de 1988 supusieron un grave daño para la legitimidad del PRI. Se había introducido un nuevo sistema informático para lograr una más rápida comunicación de los resultados del escrutinio, y los primeros resultados, provenientes en buena lógica de las zonas urbanas y en particular del DF, dieron fuerte ventaja a Cárdenas. En vez de esperar que la tendencia se corrigiera al llegar los resultados de las zonas rurales, donde el voto para el candidato oficial estaba garantizado, o tal vez temiendo que antes se produjera un desbordamiento en la calle, alguien, probablemente el secretario de Gobernación, Manuel Bartlett, tomó la decisión de suspender la transmisión de datos. "Se cayó el sistema", se dijo, y la aséptica jerga informática tomó un significado muy distinto para los partidarios de la oposición: el anuncio oficial de la victoria de Salinas por algo más del 50 por ciento de los votos nunca sería aceptado o creído por los seguidores de Cárdenas, convencidos de que se le había arrebatado el triunfo a su candidato.

Tras fusionarse con el Partido Mexicano Socialista, heredero de la izquierda comunista y de la nueva izquierda nacida del 68, los escindidos del PRI formaron un nuevo partido, el Partido de la Revolución Democrática (PRD), y a partir de ese momento el juego político mexicano funcionó con un singular esquema tripartidista, en el que originalmente el PRI competía sobre todo con el PAN en los estados del norte y con el PRD en los del centro y el sur. En las elecciones de 1997, mientras el PRI obtuvo el 39%, el PAN alcanzó el 27 y el PRD el 26%, repartiéndose el resto partidos menores. Esto parecía implicar que sólo con un acuerdo entre PAN y PRD sería posible arrebatar la presidencia al partido oficial. Tal acuerdo, sin embargo, era extremadamente improbable por razones ideológicas. Para el PRD el PAN representaba el conservadurismo confesional del catolicismo mexicano en sus orígenes, por un lado, y por otro el neoliberalismo económico, consecuencia de la llegada al partido de los bárbaros del norte, los empresarios que entran en política a finales de los años setenta. Esa combinación sería difícilmente digerible por los dirigentes del PRD que vienen de la tradición del PMS, pero lo es más aún para los que vienen del PRI, ya que se consideran los legítimos herederos de la tradición del nacionalismo revolucionario que se supone ha traicionado el PRI, incluyendo dentro de esa tradición un laicismo beligerante y sectario.

En buena lógica, a la vista de estas divisorias ideológicas, lo que habría podido esperarse, con cierta ingenuidad, es que el PRI y el PRD hubieran estado en condiciones de superar las razones del enfrentamiento de 1987-88.

Al fin y al cabo, el PRI tiene una larga historia de cooptación y transformismo que le permite renovarse durante medio siglo, impulsando la circulación de élites que le impone el principio de no reelección. La escisión de 1987, sin embargo, no se resolvería, en buena medida por la decisión del PRD de negar legitimidad a Salinas como nuevo presidente. Éste les correspondería con una estrategia de exclusión política —"al PRD ni le veo ni le oigo"— a la que acompañaría, según las acusaciones del partido de Cárdenas, un permanente hostigamiento represivo. Pero, por si eso fuera poco, la política del sexenio 1988-1994 supuso efectivamente un corte con la tradición del régimen mexicano mucho más profundo que las tímidas reformas y el ajuste económico del sexenio de De la Madrid.

A diferencia de éste, cuyo propósito fundamental parece haber sido recuperar la estabilidad de la economía y del país, Carlos Salinas de Gortari desarrolla un ambicioso proyecto de cambios que se resume en la firma del Tratado de Libre Comercio de América del Norte con Estados Unidos y Canadá (TLCAN).

Con la entrada en vigor del TLC, el 1 de enero de 1994, no sólo se consigue acceso al mercado norteamericano, sino que México se ata a un proyecto en el que difícilmente puede haber marcha atrás hacia el aislamiento o el proteccionismo económico, y que supone una fuerte apuesta por la superación de las singularidades de la historia mexicana, incluyendo la ambivalente hostilidad de sus élites hacia Estados Unidos.

Cuando en 1995 la economía mexicana estuviera al borde de la bancarrota a causa de la catastrófica devaluación de diciembre del año anterior, la rapidez y la intensidad con la que Washington apoyó el rescate financiero ya mostró que, a diferencia del famoso dicho de Porfirio Díaz, México no tenía por qué considerar una desdicha estar tan cerca de Estados Unidos.

Pero otras anomalías también debían resolverse, como la ausencia de reconocimiento de la Iglesia católica o el mantenimiento de un proceso abierto de reforma agraria que, al hacer inciertos los derechos de propiedad, desincentivaba la inversión empresarial en el campo.

Así, las reformas de Salinas se alejan de la tradición del nacionalismo revolucionario no sólo al privatizar (desincorporar) las empresas públicas, incluyendo algunas de las hasta entonces consideradas estratégicas, como las telecomunicaciones, sino también al pretender cerrar el proceso de reforma agraria o reconocer la existencia institucional de la Iglesia. La distancia de estas actuaciones respecto a las del refundador del régimen posrevolucionario y padre del líder del PRD no podía ser mayor.

De este enfrentamiento radical no se derivó beneficio alguno para el PRD en 1994, pese a que éste fuera sin duda un annus horribilis para Salinas. La incertidumbre social creada por el alzamiento en Chiapas del Ejército Zapatista de Liberación Nacional —el mismo día 1 de enero en que entraba en vigor el TLCAN—, más el asesinato en marzo del candidato del PRI, Luis Donaldo Colosio, provocó en los electores un fuerte deseo de seguridad, y en tal sentido favoreció probablemente al partido oficial.

Pero el nuevo candidato de éste, Ernesto Zedillo, no tenía mucho que temer en ningún caso de un partido que mantenía un discurso volcado sobre el pasado, coqueteaba con los insurgentes de Chiapas y denunciaba el TLCAN como una catástrofe para México, en contra del optimismo de los sectores más dinámicos de la sociedad.

Con su apuesta por la defensa de los principios históricos de la legitimidad del régimen, el PRD se forzaba a competir con el partido oficial entre los sectores más tradicionales, en los que precisamente era mayor la capacidad de control del gobierno, y sólo podía contar de antemano con los sectores más radicalizados de la universidad, la burocracia y las clases medias. Tras la catástrofe económica de 1995 estos apoyos y el simple voto económico de protesta fueron suficientes para que Cárdenas ganara arrolladoramente en 1997 la jefatura del Gobierno del Distrito Federal, reeditando sus resultados de 1988 —entonces se le había reconocido el 48% del voto en el DF—, pero los intentos de modernizar su discurso para su tercera candidatura presidencial, en 2000, llegaron ya probablemente demasiado tarde.

Existe bastante consenso en que la presidencia de Ernesto Zedillo fue clave para que fuera posible el cambio en la presidencia en las elecciones de 2000, pero esta afirmación no tiene el mismo significado para todos los que la comparten. Existen sectores significativos dentro del PRI que entienden que el presidente Zedillo traicionó o al menos dejó a su suerte a su propio partido con tal de ganar prestigio internacional por haber dado paso a la alternancia en México. En esta acusación se suman diversos resentimientos, más o menos justificados. El primero es el mismo que provocó la escisión de 1987: la percepción de que los políticos con experiencia y carrera dentro del PRI han venido siendo desplazados por técnicos o profesionales sin experiencia política.

Este sentimiento de agravio es el que intentó capitalizar Roberto

Madrazo, ex gobernador de Tabasco, en su campaña interna para convertirse en candidato del PRI a las elecciones presidenciales, campaña en la que resultó derrotado —quizá por asimetría de recursos— por Francisco Labastida, y de nuevo, en 2002, para ganar la presidencia del PRI. Es difícil saber en qué medida este agravio era inevitable dentro de un proceso modernización del PRI y en qué medida refleja un enrocamiento de la presidencia frente al partido. Para poder contextualizarlo, en cualquier caso, conviene recordar los cambios que ya se habían puesto en marcha durante el sexenio de Carlos Salinas, y la rebelión de las bases partidarias que ya es perceptible en la XIV Asamblea (1990) y culmina en la XVI Asamblea de 1996.

Contra lo que parecieron creer en un principio sus adversarios, el talante de Carlos Salinas no era precisamente el de un tecnócrata. Restableció rápidamente el temor a la presidencia haciendo encarcelar —bajo una acusación muy discutible— a Joaquín Hernández Galicia, La Quina, dirigente del poderoso sindicato de la empresa estatal de petróleos (Pemex), que había cometido el error de apoyar y financiar la candidatura de Cuauhtémoc Cárdenas.

Reformó la política social introduciendo el Programa Nacional de Solidaridad (Pronasol), a partir de las ideas que había desarrollado en su tesis doctoral en Harvard (1978).

Salinas puso al frente del PRI a su colaborador y amigo Luis Donaldo Colosio, para que éste llevara a cabo una reforma en profundidad del partido que le permitiera competir sin trampas o privilegios en los procesos electorales.

Parte de esta reforma fue la invención de un liberalismo social, como doctrina de las reformas salinistas, que combinaría la mejor tradición del liberalismo del siglo anterior —la herencia de Juárez— con la preocupación social del régimen posrevolucionario, y que a su vez permitiría mantener la legitimidad de éste en el nuevo marco de una economía abierta y de una sociedad regida por la lógica del mercado.

Pero la clave de la reforma debía ser convertir al PRI en un partido de ciudadanos, es decir, suprimir la estructura corporativa según la cual los sectores —las organizaciones obreras y campesinas del PRI, sobre todo— actuaban como mecanismos de movilización y control de sus bases a cambio de cuotas de poder y puestos electivos o designados en el Estado y el partido. Los documentos de la XIV Asamblea del partido iban ya muy lejos en esa línea, y las bases partidarias estaban dispuestas a ir más allá, pero la otra cara de la emancipación de los sectores era la propia emancipación del partido respecto a la presidencia, un proceso cuando menos conflictivo.

Pues la capacidad de movilización y acarreo de los sectores no era una mera cuestión estatutaria, sino el resultado de redes clientelares personalizadas que podían funcionar al servicio de la oposición si sus operadores decidían cambiar de bando al sentir postergados sus intereses en el seno del PRI. (Así sucedería en el sexenio siguiente, cuando candidatos escindidos del partido oficial y apoyados por el PRD ganaron en 1998 los gobiernos de los Estados de Zacatecas, Tlaxcala y Baja California Sur, proyectando la imagen de un fuerte ascenso electoral del PRD frente al PRI.)

Después de que las elecciones de 1991 se saldaran con un balance muy favorable al partido oficial, resultó muy grande la tentación de frenar las reformas para consolidarlas, según la expresión de uno de sus máximos dirigentes.

El PRI ya estaba de nuevo en condiciones de ganar elecciones, y no tenía sentido correr riesgos yendo más allá, lo que implicaría pagar altos costos a cambio de hipotéticos beneficios futuros. Por otro lado, Salinas se mostró dispuesto a hacer concesiones a la oposición panista cuando ésta recurrió a la movilización para denunciar el resultado desfavorable de las elecciones, prefiriendo la legitimidad de la presidencia a la veracidad de los resultados: la llamada concertacesión, tal y como fue aplicada en Guanajuato en 1991. La consecuencia fue que las bases del partido se sintieron crecientemente frustradas, y en la XVI Asamblea se manifestó su resentimiento imponiendo una serie de candados (requisitos) que tendrían que cumplir los candidatos oficiales, y especialmente el candidato a la presidencia, para penalizar a quienes tuvieran puestos de gobierno sin haber pasado antes por la experiencia de una carrera política partidaria y de la competencia electoral.

Si ese resentimiento contra la presidencia venía ya de tiempos de Salinas, Zedillo se ganó dos críticas adicionales. La primera fue su drástica política de saneamiento financiero. En diciembre de 1994, al tratar de devaluar el peso, sobrevaluado por las entradas de dólares hasta un punto que su gobierno juzgó perjudicial para la competitividad de la economía, el recién instalado Presidente Zedillo se encontró con una devaluación catastrófica que arrasó durante 1995 todos los avances de años anteriores, con una caída del PIB de –6,1%.

Es probable por ello que desde ese mal comienzo hiciera cuestión de honor el dejar a su sucesor una economía que escapara de la maldición del sexenio, la crisis inaugural con la que ya se habían encontrado antes que él José López Portillo y Miguel de la Madrid.

Ciertamente lo logró: según datos de la CEPAL la economía creció un 5,5% en promedio desde 1996 y un 6,8 en 2000, y, pese a la recesión norteamericana, la caída de la economía mexicana en el año 2001 fue sólo de un –0,3%, con lo que el comienzo del mandato del Presidente Fox no se vio marcado por ningún desastre equivalente a los del pasado.

La otra cara del rigor financiero, sin embargo, fue probablemente el costo electoral de una estricta racionalización del gasto, que impidió desarrollar una política social a la altura de las necesidades del país, y que incluso suprimió o recortó algunos programas especialmente simbólicos de apoyo al consumo popular. En una situación en la que el gobierno tenía que afrontar el alto coste de la refinanciación de la banca privada tras la crisis de 1995, una cuestión muy polémica por las críticas a la opacidad y arbitrariedad con las que se habrían asumido las deudas —supuestamente para ocultar el financiamiento oculto de la campaña del PRI en 2000—, muchos dirigentes partidarios manifestaron en privado o públicamente que con su política de rigor en el gasto el gobierno de Zedillo estaba dejando al PRI a los pies de los caballos. La tercera razón de agravio de una parte del partido sería el intento de Zedillo de establecer una "sana distancia" entre la presidencia y el PRI.

Difícil de entender desde las reglas de juego de los regímenes parlamentarios, esta pretensión tiene una clara racionalidad dentro de la lógica del presidencialismo: elegido por sufragio universal con independencia de la elección de los representantes parlamentarios, el máximo mandatario no puede ser sólo el Presidente de un partido, sino que debe serlo de todos los ciudadanos. Pero además, en el caso mexicano, donde la simbiosis entre el PRI y el gobierno venía siendo vista como clave en la perpetuación del régimen de aquél, esta racionalidad venía reforzada por la voluntad de presentar a un partido autónomo respecto al poder presidencial.

Quizá por las sospechas y recelos previos, esa intención fue desde un primer momento mal interpretada como un deseo de Zedillo de separar su suerte personal de la del PRI, deseo que, de haber existido, se habría realizado plenamente.

En 2000, mientras el candidato del PRI era derrotado, la popularidad de Zedillo como Presidente saliente bordeaba el 70%, algo que, nuevamente, se alejaría mucho de lo esperable en un régimen parlamentario. No obstante, Zedillo retrocedió en varias ocasiones de su voluntad de distanciamiento, debió intervenir para arbitrar —sesgadamente, según sus críticos— en la competencia interna por la candidatura a sucederle, y manifestó públicamente su deseo de "sudar la camiseta" como miembro del PRI en la campaña electoral. Tales contradicciones, sin embargo, no hicieron desaparecer las críticas previas, limitándose a provocar otras nuevas de signo opuesto.

A la hora de hallar las razones de la derrota del PRI en 2000, es fácil pensar en dos. Ante todo la crisis de 1995, por la que los ciudadanos habrían pasado factura, y luego la crisis interna del propio PRI, que se manifiesta en la dureza de los enfrentamientos internos por la candidatura presidencial, pero también en las críticas que Zedillo recibe de personajes de relieve en el partido, o en su feroz enfrentamiento con su antecesor, Carlos

Salinas, desde la detención de su hermano Raúl y sobre la responsabilidad de la crisis de 1994-95.

Es muy probable que esos dos factores fueran suficientes en cualquier sistema bipartidista para derribar al partido del gobierno, pero en México no sólo había que contar con tres partidos, sino que no estaba decidido de antemano cuál de los dos partidos de la oposición podía llegar a ser el sucesor del PRI en Los Pinos.

LA ALTERNANCIA

En 2000, la elección de un candidato presidencial de oposición señaló que México había alcanzado la democracia electoral. La elección presidencial de ese año fue ganada con el 43% de los votos por Vicente Fox Quesada. Fox, candidato de una coalición integrada principalmente por el PAN, organización de corte demócrata-cristiano fundada en 1939, y secundariamente por el Partido Verde Ecologista de México (PEVM). En esa ocasión, el candidato presidencial del PRD recibió el 36% de los votos, y el del PRI, que con otros partidos integró la Alianza por México, finalizó en tercer lugar con 19%.

El triunfo de Fox, en este sentido, no fue sólo convencer a los ciudadanos de que era mejor votarle a él —y al PAN— que a Francisco Labastida y al PRI: en este aspecto tenía mucho logrado de antemano. Su verdadero logro fue convencer al electorado de que votándole a él era posible sacar al PRI de la presidencia, y que en cambio la candidatura de Cuauhtémoc Cárdenas no tenía ninguna posibilidad de lograr otro tanto.

Los resultados son reveladores: en la votación presidencial Fox obtuvo casi 16 millones de sufragios, mientras que en la elección de diputados la votación del PAN fue de 14.227.340. Cárdenas, en cambio, tuvo 700.000 votos menos en la elección presidencial que las listas del PRD en las legislativas.

La campaña de Fox partió de considerar que la principal cuestión en juego era la salida o no del PRI de Los Pinos, la posibilidad de la alternancia, y que existía una fuerte pulsión social dispuesta a movilizarse si un candidato aparecía como capaz de triunfar frente al PRI, si votarle parecía un voto útil. Para conseguir ese voto, incluso de electores alejados en principio de las posiciones del PAN, Fox presentó un proyecto político centrado ante todo en lograr y administrar la alternancia, repitiendo que el suyo no sería un gobierno partidista (del PAN) sino un gobierno de transición, en el que estarían presentes posiciones políticas distintas de las del PAN, e incluso —en momentos de especial entusiasmo— los sectores honrados del PRI.

De hecho, en su entorno próximo figuraban tanto personas que provenían de la izquierda, como el que sería después secretario de

Relaciones Exteriores, Jorge G. Castañeda, como del PRI: Fox aceptó por ejemplo el apoyo de un Porfirio Muñoz Ledo de nuevo converso tras haber fracasado en el intento de disputar a Cárdenas la candidatura presidencial dentro del PRD.

La propia candidatura de Fox vino impuesta desde fuera al PAN, que le designaría como candidato después de que el entonces gobernador de Guanajuato, apoyado por los llamados Amigos de Fox, llevara meses de precampaña. (Esa posición de independencia de Fox daría origen más tarde a tensiones y desencuentros entre el presidente y su partido, que a su vez suelen desencadenar declaraciones mutuas de lealtad y apoyo. El origen de la posición de Fox parecen ser las ideas del filósofo Roberto Mangabeira Unger, brasileño y profesor en Estados Unidos, animador de un foro progresista y pragmático en el que también se mueve Castañeda, con su hincapié en que para realizar reformas realmente innovadoras un presidente debe evitar la lógica de la negociación partidaria.

Este planteamiento, sumado al propio carácter del presidente, podría explicar también su renuencia al cabildeo político y por tanto sus poco felices relaciones con el Senado y la Cámara.)

Junto con la presentación como candidato para la alternancia, por encima de los partidos, Fox ofreció a Cárdenas una coalición frente al PRI. Como era previsible, el PRD respondió con la misma moneda, y ambas fuerzas se embarcaron en un laborioso debate para decidir quién debería encabezar una coalición de toda la oposición para derrotar al PRI, y, como también cabía imaginar, finalmente tanto el PAN como el PRD impulsaron coaliciones distinto signo, la Alianza por el Cambio y la Alianza por México, respectivamente.

Pero de este intercambio salió ganador Fox, entre otras razones por las contradicciones del PRD en sus argumentos para encabezar una coalición alternativa y rechazar el liderazgo común del candidato panista.

Para explicar por qué Cárdenas no podía dejar el liderazgo de la oposición a Fox cabían dos tipos de argumentos: uno, que sus respectivos programas eran incompatibles por su contenido y por representar intereses sociales distintos; dos, que la distancia ideológica era insalvable. En el primer aspecto la estrategia de Fox, presentándose como presidente para la transición, dejaba poco margen, ya que en principio le mostraba dispuesto a incorporar contenidos del programa del PRD o garantías de que no se verían perjudicados los intereses sociales que el PRD decía representar.

Por tanto al PRD sólo le cabía pasar a negociar un posible programa de transición en el que los dos partidos pudieran estar de acuerdo, y con ello entrar en la lógica de fijar un procedimiento para ver si el candidato, según tuviera más posibilidades electorales, iba a ser Cárdenas o Fox.

Fuera por una fundada sospecha de que el candidato más popular era Fox, o por convicción profunda, Cárdenas no estaba dispuesto a ir por esa vía.

El problema era poder ofrecer una explicación de ese rechazo que no dejara a Cárdenas en el deslucido papel de alguien que se opone a sumar los votos de la oposición —aun a riesgo de que el PRI se mantenga en la presidencia— por simple afán de protagonismo personal. Y esa explicación sólo se podía basar en la distancia ideológica entre el PAN y el PRD, pero en este terreno la posición del PRD y de Cárdenas era (y es) considerablemente contradictoria.

Como se mencionaba antes, el PRD se forma a partir de los escindidos del PRI en 1987 y de los sectores de la izquierda tradicional o posterior al 68 reorganizados en el PMS, que ven en Cárdenas la posibilidad de enfrentarse al PRI, y derrotarlo, desde la izquierda. Pero Cárdenas, buen heredero de la tradición del nacionalismo revolucionario, no acepta verse a sí mismo como un candidato de izquierda, ya que se concibe como legítimo heredero de la corriente central del régimen, traicionada desde el sexenio de De la Madrid y abiertamente agredida por las reformas de Salinas. Él es el verdadero heredero del sistema, de lo que el PRI representó en el pasado, no un candidato extrasistema que lo desafía desde la izquierda como sus nuevos aliados socialistas.

Esta idea se ve legitimada o al menos reforzada por cálculos electorales: la divisoria entre izquierda y derecha, en términos ideológicos, no es importante en México como factor de decisión del voto, y la mayoría de los electores a los que quiere llegar el PRD si pretende competir con el PRI pertenecen a una clase media que no se identifica con la izquierda.

Lo malo es que tampoco se identifican con la denuncia del neoliberalismo y la globalización, con los coqueteos con los zapatistas de Chiapas ni con la añoranza del modelo económico y social anterior a la crisis de la deuda. El discurso del PRD le impide ser creíble para esos electores a los que quiere llegar al descartar autodefinirse como partido de izquierda.

El resultado es que, cuando Cárdenas y el PRD intentaron argumentar que la distancia en el plano ideológico les impedía llegar a un acuerdo con Fox y el PAN, esa distancia no se podía afirmar en términos de izquierda y derecha, y si se afirmaba en los propios términos de Cárdenas —la disputa por el alma del nacionalismo revolucionario— borraba cualquier frontera significativa con el PRI, en un momento en el que los electores querían decidir entre un pasado —el nacionalismo revolucionario y el PRI— que ya se ha prolongado más de lo aceptable y un futuro que aún no se ha definido.

Al subrayar las distancias ideológicas, por tanto, Cárdenas dejaba la bandera de la alternancia en manos de Fox, que estaba dispuesto a postergar la definición del nuevo modelo de sociedad con tal de alcanzar la meta de sacar al PRI de la presidencia.

Fue así como el voto útil contra el PRI se concentró en la candidatura de Vicente Fox. Pero para que pueda existir voto útil tiene que haberse extendido el sentimiento de que el voto es efectivo, que la voluntad expresada por los electores no va ser distorsionada por el fraude o por la manipulación del escrutinio. En este terreno no se pueden regatear los méritos del presidente Zedillo, que se mostró sistemáticamente decidido a avanzar en los acuerdos con la oposición para que las reglas del procedimiento electoral fueran aceptadas por todos los actores políticos e inspiraran, por tanto plena confianza social. Desde 1996 esa confianza cristalizaría en la imagen del Instituto Federal Electoral, un organismo de imparcialidad y competencia reconocidas, por encima de las diferencias coyunturales, por los principales partidos. La inteligencia y cautela con las que su Consejero Presidente, José Woldenberg, orientó el diseño y funcionamiento del organismo, tampoco pueden ser ignoradas a la hora de explicar la calma y la unanimidad con la que se recibieron los resultados electorales de 2000 que ponían fin a 71 años del régimen del PRI.

REFORMAS ELECTORALES Y DEMOCRACIA

El cambio político en México, ha girado en torno a las continuas reformas electorales. El tema electoral, es y ha sido la clave para entender el cambio político en México. Durante los últimos años el centro del debate político se ha ocupado de este tema.

"…las reformas electorales han tenido un impacto sobre el conjunto de la vida política del país. Se podría afirmar que han servido para diseñar el rostro y los contenidos de los sistemas electoral y de partidos. Para decirlo de modo más categórico: el día de hoy no nos podríamos explicar la vida política del país sin seguir la huella de las sucesivas reformas normativas e institucionales en materia electoral (Woldenberg, José, Pedro Salazar y Ricardo Becerra, Op. Cit. p.:42)

Por supuesto que no es casual que en los últimos años el debate político se haya focalizado en la cuestión electoral, si bien en México teníamos un marco republicano-democrático a través de la constitución de 1917.

Hacían falta reglas claras para la forma en que se producían los gobiernos. La pieza faltante en México era la pieza electoral: su organización, su marco jurídico, su institución reguladora. La pieza electoral debía cumplir dos funciones: desterrar las prácticas fraudulentas que inutilizaban o distorsionaban el voto de los ciudadanos y por otro lado, permitir emerger sin cortapisas, sin restricciones artificiales, la verdadera pluralidad de la nación…

Se trataba de crear y propiciar dos realidades: primero, la consolidación y el desarrollo nacional de los partidos políticos y, segundo, la creación de unas leyes y unas instituciones reguladoras de su competencia.

Y es a finales de la década de los ochenta, cuando nuestro país comienza a vivir una realidad distinta en el escenario electoral caracterizado en general por la existencia de un sistema de partidos con nula competencia y se transita, a un escenario de partidos con mayor grado de competitividad electoral. Los nuevos tiempos electorales, a partir de ese momento, están marcados al menos por tres procesos:

a). La caída del viejo sistema de partido hegemónico, con elecciones controladas por el poder.

b). Conformación de un organismo electoral, encargado de organizar los procesos electorales y de vigilar el respeto al derecho de voto y de decisión; que sea autónomo del gobierno.

c). El incremento del nivel de competencia partidista en los procesos electorales con el correlativo avance electoral de la oposición al PRI: el PRD y el PAN.

Es a partir de 1988 que se pueden comprobar con datos empíricos variaciones en cuanto a la forma de los procesos políticos en el campo de las elecciones en México, mismas que han afectado el funcionamiento del sistema electoral mexicano y, por supuesto, la composición del sistema de partidos.

1). Cambios en la ley electoral. Hemos registrado modificaciones en la legislación electoral mexicana. Cuatro reformas en materia electoral desde 1988: 1989-1990, 1993, 1994 y la última en 1996, la cual destaca por sus importantes consecuencias en la democratización del DF. Dichos cambios se ubican a nivel del mecanismo institucional del sistema electoral mexicano, es decir, de la ley electoral como parte sustantiva del sistema.

2). Cambios en la capacidad electoral de algunos partidos políticos como el PAN ganando la presidencia y el PRD consolidando su dominio en la capital de la República, producto de una maduración en cuanto a competidores respecto del PRI.

3). Asistimos también a un fenómeno mediático, en donde los medios masivos de comunicación se han vuelto escenarios de la lucha política y en donde las campañas electorales son de gran importancia para la obtención del poder.

4). Producto quizá de lo anterior, percibimos cambios a nivel de la participación ciudadana en los aspectos electorales; existe una cierta revalorización social del voto producto, de los efectos de la crisis económica y de un anhelo democrático, entendido como un reclamo social destinado a instaurar en México un sistema realmente de democracia electoral. Estos cambios los localizamos a nivel de la sociedad y de sus grupos más activos.

Desde la LFOPPE (Ley Federal de Organizaciones Políticas y Procedimientos Electorales 1977-1978) hasta 1994, en México se ha dado lo que algunos analistas llaman el reformismo electoral mexicano. Esto es, un proceso continuo de cuatro reformas a la legislación electoral: 1989, 1993, 1994 y 1996, cuyo ritmo se aceleró como puede observarse después de las elecciones de 1988, esto se debe al hecho de ser las más cuestionadas en la historia política de México.

La otra reforma electoral sucedió en el 2007, después de las elecciones presidenciales del 2006, donde fue electo Felipe Calderón Hinojosa como Presidente de la República por el Partido Acción Nacional.

El proceso de evolución del sistema electoral mexicano ha sido lento, inicia en 1977 con la LFOPPE, la cual da entrada a la escena electoral de los partidos de izquierda y se establece dentro de la Constitución General de la Republica que los partidos políticos son entidades de interés público, lo que implicó el reconocimiento de su naturaleza como sujetos de derecho público.

"La reforma constitucional reconoció la necesidad de los partidos políticos. Al convertirse en entidades de interés público, adquirían un importante abanico de mecanismos de protección, fomento y, en adelante, una serie de derechos: acceso a los medios de comunicación, elementos para desplegar sus campañas electorales y un lugar asegurado para participar en las elecciones estatales y municipales. Al mismo tiempo, la norma los reconocía como intermediarios necesarios de la vida democrática, y los refrendaba como agentes privilegiados para competir por los puestos de elección popular" (José Woldenberg, Op cit., pp.:108-109). La reforma de 1977 llegó precedida por las elecciones de 1976 en donde el candidato del PRI José López Portillo fue el único contendiente por la presidencia del país, un solo candidato, sin adversario, ni competencia, lo cual generó una intensa pugna de diversos grupos sociales que no veían representados sus intereses en el candidato del Revolucionario Institucional.

Después de la elección intermedia de 1985, que se dio durante el sexenio de Miguel de la Madrid, y a la luz de los reiterados conflictos generados por múltiples procesos electorales a lo largo de todo el país, la revisión de las reglas electorales ocupan el primer lugar de la agenda nacional. Es bajo este contexto que surge la reforma electoral de 1986, la cual introdujo importantes modificaciones, además de que arrojó una nueva ley: el Código Federal Electoral.

Entre las modificaciones más importantes se encuentra: 1) la ampliación a 500 miembros de la Cámara de Diputados. Los 300 diputados electos por el principio de mayoría relativa se mantuvieron, pero los elegidos por la vía de representación proporcional se duplicaron, pasaron de 100 a 200; 2) antes de la reforma no se determinaba un número fijo de circunscripciones en las que se podía dividir el país (en 1979 fueron tres; en

1982, cuatro; en 1985, cinco) a partir de ese momento por mandato de ley serían cinco, con lo cual se daba mayor claridad y certeza a las fórmulas de reparto; 3) otra aportación importante fue la creación de la Asamblea de Representantes del Distrito Federal, antecedente importante del futuro político que se avecinaba en la capital de la República.

En 1989 surgió el primer gobernador electo representado por un partido de oposición en el Estado de Baja California, el sistema político fue capaz de aceptar una derrota electoral del PRI a través de Ernesto Ruffo Appel candidato del PAN.

Ese mismo año se da la reforma electoral de 1990, que tuvo importantes innovaciones en lo relativo a las instituciones encargadas de conducir el proceso electoral. "El Instituto Federal Electoral, es el más grande avance de la reforma electoral de 1989-90; fue una respuesta amplia y significativa a la preocupación de actores y observadores de la política nacional.

Desde su creación, México ha dado un salto indiscutible en materia de organización electoral.

La búsqueda de imparcialidad y la necesidad de contar con una sólida base de confianza en torno a los procesos electorales se tradujo en la creación de una institución grande y ambiciosa que sería, a partir de entonces y hasta la fecha, la autoridad responsable de organizar los comicios federales del país" (Ibidem, p.:249).

De acuerdo con la reforma, el Instituto Federal Electoral se debía componer de un representante del poder ejecutivo que era el Secretario de Gobernación y el cual fungiría como presidente de dicho órgano; cuatro representantes del Poder Legislativo: dos diputados y dos senadores; seis consejeros magistrados, que serían ciudadanos con voz y voto y que según dicha reforma debían constituirse como factor de equilibrio dentro del IFE; y un número de representantes de los partidos políticos nacionales sobre la base de su fuerza electoral, sin que ninguno de ellos por si solo pudiera pasar de cuatro representantes en total.

La segunda reforma se llevó acabo en 1993 dentro del gobierno de Carlos Salinas, entre los cambios más importantes que se suscitaron, se encuentran: la fórmula para la integración del Senado y de la Cámara de Diputados y la eliminación del sistema de autocalificación.

Con relación al sistema de representación de la Cámara de diputados, existía la demanda de diversos sectores que veían la necesidad de establecer fórmulas de distribución de escaños que tradujera con mayor fidelidad el número de votos de cada partido en asientos.

De esta manera, el objetivo final consistía en llevar a la práctica un sistema puro de representación proporcional, en donde los votos, al margen de ganadores o perdedores, debían reflejarse en posiciones dentro de la Cámara de Diputados. Bajo esta idea se eliminó la llamada Cláusula de

Gobernabilidad, se estableció entonces que a los partidos, adicionalmente a las constancias de mayoría que hubiesen obtenido, le serían asignados tantos diputados por el principio de representación proporcional que le correspondieran de acuerdo con su votación nacional emitida, estableciendo tres límites: en ningún caso un partido podía contar con más de 315 diputados; ningún partido que hubiera obtenido el 60% o menos de la votación nacional podría contar con más de 300 diputados.

En un trayecto de 20 años, las modificaciones que ha tenido la composición de la Cámara de Diputados ha sido la base de la pluralidad política, a partir del 79 que empieza a adoptar un sistema mixto compuesto por diputados de mayoría relativa y diputados elegidos de manera proporcional. En el mismo esquema puede observarse también la declinante hegemonía del PRI a partir de 1997, hasta culminar en el 2006 con la pérdida de la mayoría de diputados en la Cámara y posicionarse como la tercera fuerza de representación en este órgano.

Con relación al Senado se llevó a cabo un debate similar, por lo que se planteó incluir en la nueva reforma un sistema de representación proporcional, de esta forma, se amplió el senado a 128 en lugar de 64, quedando cuatro senadores por entidad, tres de mayoría y uno para la primera minoría.

Para 1994 después de la reforma, llegaron por primera vez, senadores de partidos de izquierda, y para 1997, la equidad comienza a ser más significativa, hasta llegar al 2000, que es cuando el PRI pierde la mayoría en el Senado de la república.

En la legislatura, la LX, el PAN tienen la mayoría con 52 senadores, seguido del PRI con 33, el PRD 26, el PT 5, PVEM 6, Convergencia 5 y un senador independiente.

Otra serie de reformas electorales se hicieron en 1994, las cuales afectaron primordialmente la composición de los órganos electorales, desatando algunos nudos que estaban creando inconformidad en la oposición y creaban condiciones de impugnación electoral para las elecciones de ese mismo año.

De acuerdo con la reforma, el órgano superior de dirección, el IFE, se integraría por consejeros y consejeros ciudadanos; a diferencia de la anterior legislación, que establecía su integración por consejeros y consejeros magistrados. La composición del órgano electoral sería el siguiente: un representante del poder ejecutivo con derecho a voz y voto; cuatro del poder legislativo con derecho a voz y voto; seis consejeros ciudadanos con derecho a voz y voto; un representante de cada uno de los partidos políticos con voz y sin voto; el director general del IFE y el secretario general del IFE con voz y sin voto.

La reforma también eliminó la intervención del Presidente de la República en la designación de los consejeros, estableciendo que estos serían designados por el voto de las dos terceras partes de los miembros presentes de la Cámara de Diputados, de entre propuestas de los grupos parlamentarios de la propia Cámara.

En 1996, se suscitó otra reforma electoral, ésta se encontraba presente en la propuesta presidencial de Ernesto Zedillo hecha desde el discurso de toma de posesión a los partidos políticos y posteriormente planteada en el Plan Nacional de Desarrollo 1994-2000; una propuesta que pretende recoger los temas pendientes demandados por las fuerzas partidistas como condición de la democracia electoral.

La Ley Electoral de 1996 que fue el marco normativo que reguló las elecciones de 1997, 2000, 2003 y 2006, estableció los siguientes cambios:

1) Afiliación libre e individual a los partidos políticos. La Constitución General de la República, establecía la posibilidad del ciudadano para asociarse libre y pacíficamente al partido de su preferencia; sin embargo los partidos de oposición planteaban la necesidad de acabar con la filiación colectiva, de la que el PRI se había servido para construir su organización sectorial. Es por eso que los partidos consideraron importante incluir en el texto constitucional de manera explícita la asociación individual y libre, prohibiendo definitivamente la filiación colectiva.

2) Exclusión total de la representación del poder ejecutivo en los órganos electorales, con el objetivo de avanzar en su autonomía e imparcialidad. Con la reforma de 1996 se instaura un Consejo General compuesto de nueve consejeros electorales, uno de los cuales lo preside, y son electos por mayoría calificada (dos tercios) a propuesta de los grupos parlamentarios de la Cámara de Diputados. Se aumenta el número de representantes del poder legislativo, uno por cada grupo parlamentario, así como un representante de cada partido político sin voto.

Al conservar la designación de los consejeros, el órgano legislativo, se traslada a los partidos políticos la responsabilidad de la integración del órgano electoral y por tanto la exclusión del Ejecutivo Federal, a fin de garantizar independencia y autonomía.

3) Para reforzar y otorgar mayor confiabilidad al sistema de justicia electoral, el Tribunal Federal Electoral (TRIFE) pasó a formar parte del poder Judicial Federal, máxima autoridad en materia electoral; así mismo, desaparece el colegio electoral; para calificar la elección presidencial lo sustituye el TRIFE, que a partir de la reforma se hace cargo del cómputo definitivo, así como de emitir la declaración de validez y triunfo en los comicios electorales. Los magistrados ya no son sugeridos por el Ejecutivo, sino por la Suprema Corte de Justicia, que hará la propuesta al Senado de la República y éste decidirá por dos tercios de la votación.

4) Con respecto a la estructura del financiamiento público a los partidos políticos, se establecieron dos grandes partidas: la primera para el sostenimiento de sus actividades ordinarias permanentes, y la segunda para

las actividades relacionadas a la obtención del voto durante los procesos electorales. En ambos casos, un 30% del financiamiento público se distribuye entre los partidos de manera igualitaria y el 70% restante de acuerdo a su porcentaje de votos en la elección anterior.

Anteriormente era el Secretario de Gobernación el que presidía el máximo organismo electoral. El consejero presidente electo fue José Woldenberg, y los ocho consejeros electorales, en su mayoría académicos y periodistas fueron: Juan Molinar, Alonso Lujambio, Jacqueline Peschard, Emilio Zebadúa, Jaime Cárdenas Gracia, José Barragán y Jesús Cantú. 275. Para un análisis profundo puede consultarse: Cansino, César. Op. Cit.

5) En materia de medios de comunicación los principales acuerdos tuvieron la pretensión de cubrir tres objetivos principales: equidad en el uso de los tiempos y espacios de los medios de comunicación para la propaganda de los partidos políticos; objetividad de los medios en el manejo de la información partidista durante las campañas y respeto a las libertades de manifestación y expresión de ideas.

La reforma electoral fue en el año del 2007, entre las modificaciones más importantes está la prohibición de contratar espacios en radio y televisión por instituciones o personas ajenas a los partidos políticos, esto debido a que en las elecciones del 2006 se suscitaron quejas por los partidos políticos de que sectores empresariales contrataban espacios en estos medios, para promover su particular ideología, generando inequidad en el proceso electoral. Otra modificación importante fue el hecho de que se canceló el pago a empresas de televisión y radio por la transmisión de spots electorales, pago que realizaban los partidos políticos con el fin de llegar a más electores.

La realización de elecciones controladas por el poder central del Estado a través de una ley electoral manipulada a favor del partido que era el oficial, configuraba la existencia de un sistema no competitivo de partidos, un sistema que mantenía la hegemonía de un partido a partir de reconocer la existencia de partidos menores o controlados y cuya fuerza electoral no ponía en riesgo la posición del PRI.

En consecuencia no existían condiciones ni instituciones ni capacidad de competencia que significaran atentar contra el partido oficial y permitiera la alternancia y el disenso. Esta situación se mantuvo hasta antes de 1988. La elección presidencial de 1988 marca la pauta para la transición a un sistema de partidos distinto en proceso de conformación y consolidación.

La elección de 1988 trastocó las pautas tradicionales de un sistema de partidos aparente y subordinado. Se manifestaron cambios importantes: los partidos de oposición experimentaron progresivamente un aumento de sus votos. Los partidos fueron conquistando gubernaturas, municipios y puestos importantes en el congreso.

Por primera vez en la historia de México, el nuevo presidente de la república fue electo con menos de la mitad de los votos totales (48.7%), es decir, 20% menos por debajo de lo obtenido en la elección anterior por el PRI. Carlos Salinas se convirtió en el primer presidente en donde el PRI perdió varias entidades federativas como fueron Baja California, Estado de México, Michoacán, Morelos y el Distrito Federal.

El segundo lugar de la contienda, lo ocupó la coalición denominada Frente Democrático Nacional (FDN), compuesta por una amplia alianza de pequeños partidos de tradición progubernamental, como el PARM, PPS y PFCRN, que al lado de organizaciones de izquierda acreditaron la candidatura de Cuauhtémoc Cárdenas, que obtuvo el 31% de los votos, más que cualquier candidato opositor anterior. El PAN se colocó como la tercera fuerza con la candidatura de Manuel J. Clouthier, empresario de Sinaloa que logró el 16.81 % de la votación. La nueva distribución del voto se vio reflejada en la composición de la Cámara de diputados, en donde el PRI perdió la mayoría calificada (dos terceras partes), sólo alcanzó 260 de 500, teniendo como consecuencia la imposibilidad de que el PRI por sí solo pudiera aprobar reformas constitucionales.

La nueva composición de la Cámara situó al gobierno y al PRI ante la necesidad de negociar en condiciones precarias toda reforma constitucional que en buena parte explica las pérdidas que desde entonces el PRI va a sufrir en las mesas de negociación electoral.

Esto explica también las continuas reformas consecutivas que se dieron en este periodo, y que situaron al PRI en una posición de presión social que demandaba mayor equidad en los comicios electorales.

La creación de los diputados de representación proporcional, el financiamiento público y prerrogativas a los partidos, asistencia automática de los partidos con registro nacional a las elecciones locales y municipales, fueron medidas que dieron el impulso a un escenario electoral de mayor competencia y de mayor equidad y por tanto dieron paso a un momento de auge de electoral y de apertura democrática.

La continua modificación a la composición de la Cámara de Diputados inyectó de pluralismo a un órgano fundamental del Estado, con ello no solo se alcanzaron mejores equilibrios políticos, se logró también que partidos de oposición obtuvieran victorias que se tradujeron en leyes, que finalmente modificaron toda la vida institucional del país: de la apertura e incorporación de nuevas fuerzas políticas en la Cámara baja, se pasó a los temas de imparcialidad de los órganos electorales, de ahí a las condiciones de competencia electoral equitativa, la reforma del Distrito Federal, la integración del Senado, etc.

Los partidos políticos a partir del financiamiento público tuvieron la capacidad de obtener una base material a lo largo y ancho del país, pudieron profesionalizar una estructura base, y pudieron sostener sus campañas electorales, accediendo a los medios de comunicación con recursos propios, todo esto sostenido por un financiamiento público que a través del tiempo ha sido más equitativo. Así, se observa el avance en la equidad del financiamiento a los partidos políticos, a partir de la elección de 1991 el PRI no rebasó más del 50% del financiamiento; si bien en la elección del 94 y del 97 la diferencia sigue siendo bastante en comparación con la oposición, en el año 2000 esta tendencia se revierte, siendo la Alianza por México la que más financiamiento obtuvo.

De esta forma los distintos partidos y no solo el PRI, atrajeron grandes contingentes de ciudadanos, grupos, organizaciones. Exigieron para sí un esquema jurídico cada vez más preciso y desarrollado; mayores derechos y prerrogativas. De esta forma los partidos se volvieron cada vez más competitivos, acudieron a las elecciones con mayores recursos y con más posibilidades de ganar.

"La presencia y competencia de partidos han cambiado casi todas las relaciones y las prácticas políticas: han erosionado el poder del presidencialismo, han planteado nuevas relaciones entre los gobiernos estatales y el gobierno federal, han invertido la dinámica de trabajo político del Congreso de la Unión, y los partidos de distinto signo se encuentran todos los días negociando, definiendo las políticas estatales en todos los órdenes. Ante nuestros ojos surge una reforma del poder del Estado" (Ibídem. p.:36).

Sin embargo, aunque los partidos se beneficiaron con dichas reformas electorales, los ciudadanos seguían desconfiando de los partidos aduciendo que: "La organización es lo que da origen a la dominación de los elegidos sobre los electores, de los mandatarios sobre los mandantes, de los delegados sobre los delegadores. Quien dice organización dice oligarquía". Robert Michels

Los conceptos de Michels utilizados de los noventa pretendían convertirse en una caja de resonancia al interior de los partidos para evitar su fatal destino. Un análisis de sus fortalezas y debilidades debe llevar a la aceptación de la crítica de su desempeño, la tolerancia de la sociedad moderna, menos brutal que la censura obligada de los países expresamente totalitarios, no es menos totalitaria. No debe ocurrir que bajo el disfraz de la libertad, sólo se permita sistemáticamente la expresión y el pensamiento de ideas que son objetivamente inofensivas o esencialmente irrelevantes para el sistema político. "Así, se toleran las críticas radicales... y se difunden ampliamente por los medios de comunicación, al tiempo que se vuelven impotentes" (Friedman; 1986:239).

El sistema político de México se desarrolló entre lo contradictorio y lo complejo. Los modos de acción social y política casi nunca han estado dominados por un principio único: "¿cómo defender un liberalismo económico absoluto y remitirse a las leyes del mercado cuando la dependencia del exterior entraña distorsiones tan evidentes en el desarrollo económico? ¿Cómo apelar al enfrentamiento de clases cuando una gran parte de la población pobre está más excluida que explotada, y cuando las clases medias, importantes en todas partes, apelan más a la participación amplia que a la violencia política? ¿Cómo ser integrista en un continente que no posee casi ninguna homogeneidad cultural, étnica, ni religiosa, si ideológica. Como revancha la gran tentación...ha sido siempre el populismo[..]" (Touraine; 1989:22)

México ha conocido y ha sufrido en algunos sexenios "políticas que no pueden ser calificadas de nacional – populares, porque fueron mucho más nacionalistas, desarrollistas, y por tanto estuvieron al servicio de nuevas elites dirigentes formadas y reforzadas a través de la acción del Estado. Sin embargo, México asocia con toda claridad un gobierno al servicio de una burguesía de Estado como una política nacional – popular" (Touraine; 1989:188-188).

Ningún otro país ha conocido fuerzas sociales centrífugas tan potentes como México y, por consiguiente, ninguno ha construido un partido – Estado tan fuerte ni que cumpla unas funciones tan contradictorias (Touraine; 1989:189).

La larga dominación del sistema político mexicano por un partido de Estado tiene la justificación de lograr la estabilidad de un sistema en vías de modernización dependiendo de la fuerza de sus partidos. A su vez, un partido es fuerte en la medida en que tiene un apoyo de las masas institucionalizado. "Su fuerza refleja el alcance de dicho apoyo y el nivel de institucionalización. Los países en modernización que logran altos niveles de estabilidad política real y presuntiva poseen por lo menos un partido político fuerte" (Huntington; 1996:358). Un segundo aspecto de la fuerza de un partido es la complejidad y profundidad organizativas en particular como la revelan los vínculos existentes entre él y las organizaciones socioeconómicas tales como los sindicatos obreros y las asociaciones campesinas que son necesarias para construir su fortaleza. Un tercer aspecto de la fuerza de un partido se refiere a la medida en que los activistas políticos y los buscadores del poder se identifican con él. Y a la medida en que lo ven apenas como un medio para otros fines (Huntington; 1996:360).

Una característica de los sistemas políticos muy desarrollados es que es raro que un dirigente político pase de un partido a otro, y el movimiento de los grupos y clases sociales de uno a otro partido es por lo general un proceso histórico complejo y prolongado. Pero en ciertos sistemas en modernización el movimiento entre partidos, grupos, de individuos tiene un pronunciado dominio (Huntington; 1996:361).

Por su parte, un partido fuerte atrae grandes masas de la población y las une por medio de una organización eficiente. Los dirigentes políticos se sienten obligados a desarrollar esa atracción y a crear tales vínculos organizativos, sólo cuando estas acciones son necesarias para alcanzar metas altamente deseadas. Por lo general éstas son la conquista del poder y el reordenamiento de la sociedad. La ampliación de la participación y su organización en partidos es, pues, el producto de una intensa lucha política. Esta implica casi siempre los esfuerzos de los dirigentes políticos para derribar el sistema existente, para controlarlo o para entrar en él (Huntington; 1996:366).

En la medida en que las reformas electorales en México permitían el acceso a la oposición, y ésta fue formando sus cuadros para gobernar, los partidos adquirieron fortaleza y los partidos pequeños comenzaron a desaparecer. El mal funcionamiento de la democracia existente no es un fenómeno resultante de un bajo nivel de desarrollo social y económico, un nivel educativo bajo, o una dominación del sistema formador de opiniones y otras fuentes de poder, sino una característica de todo sistema social complejo.

El dominio o prevalencia de una sociedad por quienes están en la cumbre, es parte intrínseca de la burocracia de la organización a gran escala. Nos enfrentamos a un dilema sin solución, ya que para tener grandes instituciones se debe ceder el poder a quienes están en la cumbre. En la visión de Michels, no puede existir la democracia y la organización social a gran escala. "La práctica de la política mexicana ha creado una cultura política que gobierna en gran medida el comportamiento de cada grupo sucesivo de la elite gobernante, ya que al igual que sus predecesores está socializado a las normas de comportamiento presentes en el momento de su reclutamiento inicial al sistema político" (Camp; 1995:27).

Todo partido que haya alcanzado un gran tamaño requiere de un número de personas que se dediquen al partido. Así se concentra el poder en la cumbre y la perdida de la influencia de los afiliados. Los líderes tienen bastantes recursos (información privilegiada, control sobre los medios de comunicación, relaciones formales con otros líderes, etc.) que les dan ventaja sobre los integrantes del partido que quieran cambiar de política, todo ello propicia lo que Michels llama "la impericia de las masas (Michels; 1996:67-85; 120-128).

Aceptando parcialmente los postulados del Michels, tenemos que reconocer que en México han sido los partidos políticos los que han desempeñado desde hace años el papel fundamental de vincular la estructura formal del sistema político con los distintos elementos de la sociedad civil. Y aún con sus tendencias oligárquicas la democracia es la menos mala de las formas de organización que conocemos. Dahl subraya la razón subyacente en estas orientaciones debido a la fuerza y a la universalidad de las tendencias de dominación. Pero él considera que se equivocan al subestimar la fuerza de las tendencias hacia una autonomía política y el control mutuo. Sin embargo, los conceptos de Michels pueden aplicarse al PAN, el partido que perdió la brújula al alejarse la cúpula de los militantes y al distanciarse de los principios fundantes y valores que le representaron tal prestigio que durante mucho tiempo se le consideró como la única forma legítima de oposición en México. En estas elecciones es relegado a ser la tercera fuerza electoral.

Es obvio que el control de la cúpula va a darse, y que los gobernantes calcularán el grado de control a ejercer dentro de los límites de los recursos disponibles, pero también es cierto que ese control es necesario para que no surja la anarquía.

Por lo tanto, el control se incrementará en relación inversa al grado de cooperación de las organizaciones independientes y a la coincidencia de sus objetivos con los "objetivos sociales".

La dominación puede transformarse en control mutuo, pero ello no garantiza la justicia, la igualdad o la democracia. Un sistema político puede ser pluralista y sin embargo carecer de instituciones democráticas.

Sin embargo, existe un aspecto paradójico, la teoría moderna de la democracia está construida desde un punto de vista filodemocrático (La actitud axiológica positiva se filtra a través de la neutralidad valorativa del discurso de los politólogos) y ahí es donde se dificulta la ilustración de los males de la democracia. Ahí también surge la contradicción entre democracia ideal y democracia real. La paradoja es que las patologías de la democracia y su inevitabilidad crecen junto al consenso en favor de la democracia.

En este caso, Robert Dahl y Norberto Bobbio proponen un conjunto de criterios para medir la distancia insuperable entre la democracia real y la ideal y los dilemas vinculados al pluralismo. Las promesas incumplidas de la democracia ofrecen un compendio incisivo de las desilusiones de la democracia consideradas casi como inevitables.

En una sociedad sin valores democráticos, la masificación, la manipulación de las conciencias, la ideologización convierte la libertad del individuo en un discurso cada vez más alejado de la realidad, las libertades individuales empiezan a desaparecer en rendición de pleitesía y culto hacia el mercado, el consumismo y la satisfacción de necesidades de tipo material. La democracia entonces se aleja más y más de sus ideales.

En ese sentido debemos cuestionarnos: ¿Hacia dónde vamos? ¿Estamos viviendo, en este contexto, el último avatar del autoritarismo o estamos asistiendo a una verdadera revolución con la aparición de la democracia en nuestro país?

Si nos atenemos al ámbito político strictu sensu, la respuesta no está nada clara. Para muchos solamente estamos franqueando simplemente una nueva etapa del sistema autoritario.

En ese contexto, además se presenta el problema de diferenciar plataformas políticas porque cada día es más difícil distinguir las propuestas de la izquierda de las propuestas de la derecha. Ello es positivo por un parte porque "en sistemas democráticos es lógico que las opciones políticas se aproximen mutuamente con riesgo de perder las señas e identidad ideológica a las que pretenden responder, esta peculiaridad de los sistemas políticos actuales, que los críticos de la democracia representativa señalan como un defecto intolerable, corresponde en realidad al lado virtuoso de la política" (García; 1993:228).

Lo que sí es grave es que en situaciones competitivas los partidos políticos para alcanzar mayorías electorales difuminan sus programas hasta el punto de aproximar las distintas opciones políticas entre sí, con estas acciones se corre el riesgo de reducir la actividad política a la mercadotecnia electoral. Los términos del combate político son idénticos ya que todos hablan de progreso, bienestar, prosperidad y por lo tanto los electores optan por la "imagen" del candidato o por el último escándalo de la prensa sensacionalista. La actividad de construir la actividad política como lugar de construcción de una conciencia ilustrada desaparece.

Frente a tales percepciones se obscurece el análisis del significado de la sustitución de una política de clase por una política de competencia entre partidos. Pese a la enorme diversidad de sus concepciones y posiciones políticas hay elementos comunes en Rosa Luxemburgo, Robert Michels y Max Weber.

En cuanto se organiza la participación política de las masas por medio de partidos, la misma dinámica de esta forma de organización frena, pervierte y obstruye el interés de clase de forma que conduce al oportunismo (según Luxemburgo), a la oligarquía (según Michels) o a la sumisión irremediablemente plebiscitaria de las masas a los impulsos irracionales del líder carismático y a su uso demagógico de la "máquina" burocrática del partido (Weber).

Esta dinámica produce, según Offe, tres efectos principales. El primero es la pérdida del radicalismo en la ideología del partido: con el fin de tener éxito en las elecciones y tratando de acceder a las responsabilidades de gobierno, tiene que orientar el partido su postura programática de acuerdo con los requerimientos del mercado político. Esto significa dos cosas: en primer lugar maximizar los votos atrayendo al mayor número posible de votantes, minimizando en consecuencia los elementos programáticos que pudieran crear antagonismos en el electorado, en segundo lugar estar preparado para entrar en coaliciones con otros partidos, reduciendo el alcance de los planteamientos políticos fundamentales a reivindicaciones que pueden ser negociables con los potenciales participantes de la coalición. (Offe; 1989:63). El PAN al ir en coalición con el PRD en las elecciones de varios estados confundió al electorado.

Cuanto más se adecuaba el PAN al mercado electoral menos espacio quedaba para la determinación por medio de procesos internos de debate democrático y de conflicto dentro del partido. Uno de los aspectos más atractivos de la representación política es el de su relación con el mantenimiento de las pautas de la poliarquía en un sistema democrático.

Donde "significa un peligro para el orden democrático...la existencia de profundas divisiones en la élite política" (Alcántara; 1995: 69) Todo partido competitivo tiene que dar la imagen de unanimidad y de consenso interno para hacerse atractivo para los votantes.

Mientras eso sucedía en el PAN, el partido de masas, el PRI se basaba en la fidelidad incondicional de los militantes en cada estado o municipio que gobernaba, defendiendo un modelo de cambio social gradualista y reformista basado en el crecimiento económico y en el incremento de los niveles de bienestar de la población, se fortalecía más y más. Esa estrategia le reditúa logros importantes al ganar estados en cascada que eran considerados como bastiones panistas: primero Querétaro, San Luis Potosí y Aguascalientes; en el 2012 Jalisco y Morelos, sólo les queda la cuna del panismo: Guanajuato.

Con todos esos procesos y contradicciones, el ciudadano medio vive en una permanente esquizofrenia, si exceptuamos la memoria, la herencia cultural, la ideología, la red natural de solidaridades, en la que se halla inmerso el homo economicus más sencillo. Vive sometido a varias fidelidades, se reconoce en lógicas diferentes y se identifica con intereses contradictorios. ¿Cómo esperar que la red de adhesiones y solidaridades se organice coherentemente? Y es que la realidad actual representa para él una causa del hundimiento de los partidos políticos.

La contraposición entre partidos no descansa ya en tanto en las concepciones globalmente divergentes como en los conflictos puntuales resueltos ad hoc en función de la posible repercusión pública y la preservación de las alianzas fácticas o potenciales (Colom González, 247). En este proceso de cambio, no sabemos si para bien, la homogeneización ideológica, la desactivación de militancia y la erosión de la identidad colectiva son, pues, los tres rasgos fundamentales que marcan la transformación de los viejos partidos de clase.

Para fomentar la evolución en nuestras sociedades en aspectos políticos es "absolutamente esencial tener conciencia de los límites de los enfoques tecnocráticos, no para condenar a las personas y grupos que los han llevado a cabo, sino para elaborar y difundir un modo de razonamiento diferente pero no menos racional con el que pudiera sustituirlas. La revolución cognoscitiva...es mucho más decisiva que el mejoramiento de las motivaciones" (Crozier; 1995:144).

Los ciudadanos tienen que gobernarse a sí mismos. "Democracia" es el nombre de esta forma de gobierno, pero el término no alude a nada que parezca a un sistema simple, y tampoco se identifica con la igualdad simple. El hecho de gobernar, por cierto, nunca puede ser absolutamente igualitario, pues en cualquier momento dado alguien o algún grupo tiene que decidir esta o aquella cuestión, y luego hacer cumplir la decisión. La democracia es una manera de asignar el poder y legitimar su uso- o mejor dicho, es la manera política de asignar el poder" (Walzer, 1993:313).

ACTORES DE LA ALTERNANCIA: ERNESTO ZEDILLO Y JOSÉ WOLDENBERG

Durante un Congreso sobre la Democracia en México, celebrado en España del 15 al 20 de diciembre de 2002, fue convocado Ernesto Zedillo, quien inició su conferencia aclarando que con su intervención no pretendía hacer una reinterpretación de lo que había sido su experiencia como Presidente de la República, ni siquiera de su visión de la política mexicana.

De este modo, todo lo que dijera durante su intervención no iba a ser otra cosa que una repetición de los compromisos que asumió como candidato, o lo que fueron sus seis años como Presidente de México.

Ernesto Zedillo hizo referencia a uno de sus discursos electorales, el del 4 de agosto de 1994, y de acuerdo con su declaración de intenciones inicial, Zedillo enumeró las reformas pendientes, que en aquel entonces, componían su agenda política: a) la necesidad de transferir una autonomía total a las organismos electorales, b) de crear las condiciones que garantizasen la competencia electoral, la urgencia de discutir la financiación y el acceso a los medios de comunicación de partidos y líderes políticos, c) el reforzamiento de la división de poderes, d) el fortalecimiento del federalismo (vía la redistribución de los recursos y las responsabilidades del nivel federal al estatal, local y municipal) y, e) el respeto efectivo de la libertad de expresión.

De acuerdo a sus palabras, como candidato en las elecciones presidenciales, Ernesto Zedillo propuso también construir una Presidencia distinta, ejerciendo únicamente los poderes que la Constitución confería al Presidente de la República, desarrollando un diálogo con todos los partidos políticos y fortaleciendo las atribuciones del Congreso de la Unión. A su vez, se comprometió a establecer una relación distinta con su partido, de sana distancia, de acuerdo con lo dispuesto en la Constitución y sin dar por hecho el apoyo del PRI a su Gobierno.

En definitiva, reconoció Ernesto Zedillo que su programa electoral estaba basado en el convencimiento de que la transición mexicana había sido iniciada hacía décadas, por lo que su labor como presidente consistiría en incidir sobre las cuestiones entonces pendientes.

En contra de lo comúnmente aceptado, Zedillo ni siquiera consideró que su etapa al frente de la Presidencia de México hubiese sido la más importante dentro del proceso de transición mexicana.

La primera iniciativa, según Ernesto Zedillo, al asumir la Presidencia de México, fue la reforma del Poder Judicial. Una reforma que, en sus palabras, garantizó una completa autonomía e independencia de la judicatura, gracias en buena medida a que fue acordada y aprobada por todos los partidos con representación parlamentaria. Además, en diciembre de 1994, una reforma también negociada por todos los partidos políticos, el Congreso y el Ejecutivo estableció la Comisión Nacional para los Derechos Humanos, un organismo, totalmente independiente, creado con el objetivo de investigar asuntos pasados de corrupción y de abuso de poder.

Ernesto Zedillo relató cómo hubo quien, incluso en el seno del PRI, le recomendó encarecidamente retrasar la puesta en marcha de su agenda de reformas debido a la severa crisis económica que sufría México en aquel entonces y la consiguiente inestabilidad política.

Una crisis económica que, en su opinión, no tenía precedente, ya que se desarrolló en el contexto de globalización económica en la que inmensas cantidades de dinero pueden moverse de un país a otro a velocidades de vértigo. Después de su vuelta a los mercados internacionales de capitales en 1989, México se había convertido en un importante destino de inversiones extranjeras, pero del mismo modo, cuando esos capitales fueron retirados, la crisis económica no tardó en llegar.

La crisis mexicana y las que siguieron en Asia, Rusia, Brasil y Argentina, han demostrado, según Zedillo, que, en lo referente a la economía, los políticos tienen, en el mejor de los casos, poco margen para maniobrar y equivocarse.

Si bien reconoció la influencia que la situación económica tuvo a la hora de dificultar el proceso de negociación de las reformas con los partidos de la oposición, Zedillo se mostró satisfecho de lo que entendió como uno de los grandes éxitos de su mandato: la reforma electoral. Zedillo se declaró convencido de que la reforma electoral niveló la competición política al cambiar las reglas de la financiación y el gasto de partidos y candidatos, así como su acceso a los medios de comunicación. Una reforma que, además, estableció la autonomía de los organismos electorales y la total independencia del tribunal electoral. A su vez, se establecieron los mecanismos necesarios para que los habitantes del Distrito Federal pudieran elegir de manera directa a sus gobernantes. El ex presidente de México se mostró satisfecho por los importantes avances en la cuestión federal, expresados en una importante transferencia de competencias del ámbito federal al estatal y local, aunque reconoció que no se logró llevar a cabo una reforma tributaria significativa.

Un punto, éste, que sigue todavía pendiente y que debería ser resuelto por el presidente de México, Vicente Fox.

En contra de la opinión de muchos, Ernesto Zedillo insistió en su condición de presidente de la República claramente identificado con el PRI.

Una identificación que le llevó a tratar de convencer a aquellos que desde dentro del PRI no compartían plenamente su agenda política. Zedillo se mostró convencido de haber logrado un apoyo total de su partido a su gestión, así como de buena parte del resto de partidos políticos, buena muestra de lo cual, se pudo ver, en su opinión, en el respaldo que recibieron sus reformas económicas.

En lo referente a la reforma del PRI y con el objetivo de contrarrestar las críticas de oportunismo, Zedillo recordó cómo ya durante un acto del PRI en 1994, en plena campaña electoral, pronunció un discurso en el que defendió la elección de candidatos del partido mediante mecanismos democráticos. Una idea por la que siguió apostando siendo ya presidente, hasta que fue aprobada por el PRI. En su opinión, la democratización interna del PRI no sólo fue beneficiosa para el propio partido, sino también para la democracia mexicana en su conjunto.

Ernesto Zedillo se mostró convencido de que la democracia mexicana necesita, en su proceso de consolidación democrática, un PRI activo y estable que funcione como un partido competitivo y democrático.

Ernesto Zedillo se felicitó de la forma en que el PRI asumió su derrota en las elecciones presidenciales de 2000 facilitando un relevo ordenado y civilizado, fiel reflejo del carácter de la transición mexicana. Aun así, Zedillo negó la posibilidad de que se pudiera hablar de consolidación de la democracia en México.

En ese sentido, Zedillo afirmó que una consecuencia del nuevo pluralismo político y de la posibilidad real de la alternancia en el Gobierno, debería ser la rápida construcción de acuerdos políticos indispensables para continuar con la transición en México.

Ernesto Zedillo declaró que ningún partido debería estar eternamente en el Gobierno, ni tampoco en la oposición. Como tales, todas las fuerzas políticas deberían tener mayores incentivos para contribuir en la actual reforma política de México.

Más aún, Zedillo se mostró convencido de que las fuerzas políticas mexicanas tienen que demostrar que la democracia no es sólo un ideal legítimo, sino también un instrumento eficaz, especialmente en momentos de crisis económica. En ese sentido, afirmó que las reformas fiscales propuestas por Vicente Fox constituyen un reto en el que todos los partidos políticos mexicanos deberían demostrar a la ciudadanía cómo la democracia puede servir al desarrollo del país.

Ernesto Zedillo insistió en que el problema básico de la democracia mexicana sigue siendo el de las normas que regulan la división y el equilibrio de poderes. En particular, un sistema democrático necesita mecanismos y recursos con los que enfrentar situaciones particularmente extremas. Dentro del contexto mexicano, Zedillo afirmó que un sistema presidencial, con una apropiada división de poderes, era el más adecuado. La resolución de los problemas no radica en el llamamiento al altruismo, la ética o incluso la habilidad de los políticos, sino en el desarrollo de fórmulas constitucionales apropiadas. Más aún, si los partidos políticos declinan asumir la responsabilidad de tomar decisiones difíciles, éstas deben ser asumidas por el presidente.

Finalmente, Ernesto Zedillo reconoció como temas pendientes de su Presidencia las cuestiones de la seguridad ciudadana y el Estado de Derecho. Una cultura de respeto estricto al Estado de Derecho es fundamental para la construcción y consolidación de la democracia. Sin embargo, el desarrollo de esa cultura es imposible si el Estado es incapaz de ofrecer a sus ciudadanos unas garantías mínimas de seguridad. En ese sentido, tanto durante su Presidencia como en la de su sucesor, México continúa teniendo serios problemas a los que hacer frente. Para Manuel Alcántara relator de la conferencia, son dos los binomios que articulan la vida política mexicana a lo largo de buena parte del siglo XX.

El primero es el constituido por democracia-elecciones, que ha sido el signo determinante de dicha vida política a lo largo del último cuarto del siglo XX. No es por ello baladí que el presidente Zedillo, en el discurso de su toma de posesión del primero de diciembre de 1994, señalara que "la democracia electoral debe dejar de ser preocupación central del debate político y causa de encono y división". Sin embargo, esta proclama, que definía inequívocamente una clara preocupación para el sexenio que comenzaba, era, en cierta manera, la continuidad de un lento proceso de construcción democrática, que se venía dando, al menos, desde una década antes.

El segundo binomio, el de Gobierno-PRI, que durante décadas constituyó la piedra angular del sistema político mexicano, entró en una dinámica de cambio profundo a partir de 1994. Ese cambio se reflejó en el relevo de Esteban Moctezuma por Emilio Chuayffet, en la Secretaría de Gobernación, y de María de los Ángeles Moreno por Santiago Oñate, al frente del PRI, en 1995.

Todo ello aventuraba una relación distinta entre ambos polos, calificada como de "sana distancia" y que tuvo su reflejo en el silencio de la bancada priísta al terminar el último informe presidencial. Se trataba, en definitiva, del triunfo de la concepción liberal que estaba en los orígenes de la propia Revolución Mexicana y su no identificación con la otra gran corriente de la Revolución: el nacionalismo revolucionario. Todo estallaría dramáticamente en las contradicciones que empañaron la campaña electoral de Labastida, que debía separarse de un Gobierno de su partido, sin por ello dejarse caer en las manos de la maquinaria más vetusta del partido.

El nuevo panorama abierto tras las elecciones de 2000 suponía un inequívoco avance en una transición democrática atípica, por cuanto que su modelo difícilmente encajaba en las que conformaron los modelos canónicos de la literatura de la década de 1980.

Pero indudablemente se entraba en la vía de la consolidación democrática con dos temas fundamentales por encima de cualquier otro.

En primer lugar, se encontraba el de la reforma política, de las relaciones existentes en el triángulo integrado por el Gobierno, el Congreso y el partido mayoritario que entraban en una dinámica completamente novedosa. Sobre la reforma planean, por encima de cualquier otra consideración, la mayor o menor parlamentarización del régimen, con controles del Ejecutivo por parte del Legislativo, de una u otra índole, y la cuestión de la no reelección legislativa, que induce a prácticas de corto plazo y a una limitada profesionalización de la clase política.

En segundo lugar y en relación con los partidos políticos se plantean diversos interrogantes. El primero hace referencia a si el actual número de fuerzas mayoritarias, a pesar de que cubren la arena ideológica, es o no suficiente. Por otra parte, mientras que el PRI obtiene una votación homogénea en gran parte del país.

El electorado del Partido de Acción Nacional (PAN) se localiza fundamentalmente en el norte y el del Partido de la Revolución Democrática (PRD) en el sur, ¿cambiará este hecho en el medio plazo? Además, al desaparecer la figura del presidente priísta que generaba disciplina y garantizaba a los grupos cierta consideración en los repartos futuros, se desataba el enfrentamiento del presente, ¿cómo mantener la unidad una vez desaparecida la situación de paraguas presidencial, evitando caer en la feudalización histórica del precursor Partido Nacional Revolucionario? Por último, se plantea el papel del PRI como partido nodriza en los casos actuales de Convergencia por la Democracia de Dante Delgado y del Partido de Centro Democrático de Manuel Camacho y la incógnita de su capacidad de atracción o de coalición en un eventual triunfo en 2006. Todos estos son interrogantes que planean sobre el futuro político inmediato que deben ser objeto de un seguimiento atento.

Para finalizar, me gustaría referirme a la nueva situación que se vive en el seno de los partidos y en las relaciones entre ellos, y que proyecta una imagen de extrema hostilidad con escasos niveles cooperativos. Esa actitud permanece hasta tal punto que hace muy difíciles acuerdos que a la larga se han podido revelar como imprescindibles. Comentaba Zedillo que la falta de acuerdo para realizar la reforma del sector eléctrico, el hecho de que no se modificara la Constitución de forma que tampoco se pudo abordar la reforma de la Comisión Federal de Electricidad y dar cabida a la iniciativa de la inversión privada en la generación de electricidad, pudo haber acabado siendo un problema muy grave para el siguiente presidente, el presidente Fox. Aunque esto ya no la ha dicho el presidente Zedillo, añado de mi cuño que puede acabar siendo un problema muy grave para la economía mexicana ya que, como todos sabemos, no sería el primer caso de economía con ritmos altos de desarrollo que se encuentra con un techo en la generación de energía. Lo preocupante es saber que, incluso después de la falta de acuerdo para reformar la Constitución y abordar la entrada de capital privado en el sector eléctrico, era después de 1997 cuando ya no se podía decir: "No, si es necesario, háganlo ustedes y asuman el coste". Eso ya no se podía hacer después de aquel año. Era necesario un compromiso por parte al menos del PAN, que debía coincidir en buena lógica con el objetivo por distintos motivos, desde ideológicos hasta de gestión. Y, sin embargo, se mantiene esa inercia de negarse a asumir costes con consecuencias no necesariamente positivas. Es notable cómo esa actitud extrasistémica se puede mantener después, o la inercia a interpretar el juego político en los términos de fases anteriores se puede mantener mucho más allá de cualquier racionalidad. Quizás, porque lo que juega entonces es una pelea dentro de las elites de los propios partidos. "Sí, yo sé que lo racional es acordar con ustedes la realización de esta reforma y asumir mis costes, pero el problema es que, si yo asumo mis costes, me echan de la dirección del partido, me desplazan y, consiguientemente, estaría sacrificándome personalmente por el futuro del país y el acuerdo nacional". Es asombrosa la falta de responsabilidad y de altruismo que se percibe entre los políticos profesionales en este aspecto.

Laurence Whitehead comentó al final de la exposición del ex presidente Zedillo que, entre todos los conceptos interesantes mencionado en su discurso, subrayaría los tres siguientes:

1. En países como México, la democratización suele ser un proceso largo. Efectivamente, el Dr. Zedillo resaltó el hecho de que México llegó a la democracia plena después de un dilatado proceso político.

2. La democratización en México también ha implicado un largo proceso de aprendizaje.

El Dr. Zedillo aludió a este punto al resaltar que la consolidación de la democracia plena en México requerirá profundizar el aprendizaje de su abc y convertirla en una forma de convivencia cotidiana.

3. La cuestión de la responsabilidad ha constituido un elemento central del proceso de aprendizaje. El Dr. Zedillo se refirió a la conveniencia de cuidar la casa, porque ahora cualquiera puede ser responsable de ella. La corresponsabilidad se ha convertido, por lo tanto, en el punto fundamental.

Dados los antecedentes (setenta y un años de gobierno monopartidista, de los cuales sesenta sin un solo gobernador no aprobado por el partido dominante y el presidente de turno), era inevitable que la democratización de México tardara largo tiempo en establecerse de manera efectiva.

Durante el evento mencionado, el 18 de diciembre de 2002 tocó el turno a José Woldenberg, quien realizó un balance del proceso democratizador mexicano que, según él, ocupa un tiempo tan prologando como para considerarlo un periodo histórico. Se trata de un cambio erizado de dificultades, en el cual la sociedad y el Estado debieron enfrentar simultáneamente una cadena de problemas derivados de la expansión acelerada de las demandas de una población en aumento.

Para Woldenberg, la transición política es parte de una transición de mayor calado que abarca al conjunto de la sociedad en su intrincada e inevitable conexión con el mundo. Pero la transición política fue específica y se ajustó a sus propios ritmos. En realidad, comenzó antes que se pensara siquiera en la reforma económica, estimulada por el divorcio entre la política real y la política formal, que causaba conflictos en prácticamente todos los órdenes de la vida social.

En el fondo de la transición política subyace la aparición de una sociedad modernizada que ya no cabía en el formato político organizado en torno al partido hegemónico que dominó la escena nacional a lo largo del siglo XX.

Con el tiempo y el desarrollo social, México se hizo un país más complejo, diverso y plural, de modo que un solo partido ya no representaba ni conciliaba todos los intereses, proyectos y pulsiones, como había ocurrido en el pasado. Es ésta creciente modernización la que está detrás y empuja las primeras grandes impugnaciones contra el status quo provenientes de la sociedad civil en formación. En ese sentido, el movimiento estudiantil de 1968 fue una advertencia histórica, pues constituyó el primer episodio en el que emergió con gran energía y masivamente el reclamo democrático.

Siguiendo con Woldenberg, los contingentes de 1968 mostraron la urgencia del cambio, la necesidad de modificar la vida política del país que se daría años después. Los estudiantes del 68 advirtieron, con un alto costo humano, que el formato, los usos y las costumbres del Estado debían transformarse, ajustándose a la complejidad y a la nueva pluralidad de la sociedad y la cultura mexicana.

La historia subsecuente confirmó esa realidad, al multiplicarse la disidencia y las expresiones del nuevo pluralismo. No solamente se recrudecen los conflictos locales universitarios, pues también aparece una ola de "insurgencia sindical" en sectores estratégicos del mundo laboral.

La movilización agraria alcanza niveles no vistos desde las reformas cardenistas de los años 30 y se desarrolla una multiplicidad de opciones campesinas organizadas.

Se crean nuevas publicaciones independientes. La oposición electoral, representada por el Partido Acción Nacional, emerge de un periodo de conflictos internos y avanza en municipios ubicados sobre todo en regiones al norte del país. Surgen nuevos organismos partidistas y junto a ellos también aparecen una guerrilla urbana y otra campesina, cuyo diagnóstico esencial –lectura de la brutal represión de 1968– consiste en afirmar que el país no tiene otra opción de cambio que no sea la de las armas.

Por una típica ironía histórica, no obstante, la efervescencia de los disidentes, las elecciones presidenciales de 1976 las gana en solitario el único candidato registrado, José López Portillo, del Partido Revolucionario Institucional. La realidad no dejaba dudas: México tenía un solo partido que era dueño del cien por ciento de la votación efectiva. El Partido Acción Nacional no estuvo en condiciones de presentar alternativa pues había sido sacudido por una fuerte crisis interna y el Partido Comunista Mexicano permanecía artificialmente excluido de la contienda legal. Importa reiterar el contraste: en 1976, justamente cuando el país está cruzado por una conflictividad creciente y expansiva, las elecciones presidenciales resultan ser poco más que un formalismo. Un solo candidato, una sola opción, una campaña única, en un país en convulsiones, cerrado y agraviado.

El entramado legal no recogía ni reflejaba a la política real. Los diversos grupos y movimientos, disidentes o inconformes, no tenían expresión nacional, no guardaban coherencia ni coordinación; no existían verdaderos partidos políticos nacionales.

La debilidad de la vida electoral era un producto de la ausencia de partidos y organizaciones nacionales capaces de presentar una alternativa y un desafío real a la coalición gobernante.

Como observó en su momento Carlos Pereyra (1976), "el síntoma principal de la hegemonía del PRI reside en la inexistencia de partidos nacionales que hayan crecido al margen del grueso tronco de la revolución mexicana".

La ideología, los mecanismos y las leyes asociadas a su funcionamiento, habían permitido que el Partido Revolucionario Institucional (PRI) abarcara casi todo: instituciones y corrientes políticas, grupos empresariales, organismos de clase media y organizaciones campesinas, pasando por tendencias políticas internas, diversas y hasta encontradas, sea que se identificaran con el cardenismo, el nacionalismo revolucionario o con los núcleos proclives a una modernización capitalista y de mercado. Dentro de esa enorme coalición, auténtica suma de intereses y proyectos, se procesaban las decisiones fundamentales de la política. Una sola voz respondía a la pregunta de quién gobierna en todos los niveles (federal, estatal y municipal) y quien debía asumir la representación en el legislativo. Ese era el modus operandi del régimen de partido hegemónico, con el presidente en el vértice de la pirámide.

Heredero del movimiento armado, abarcador por naturaleza, modernizador, hegemónico, el Estado de la revolución mexicana funcionaba sobre esas dos condiciones: ausencia de partidos competitivos e inexistencia de reglas electorales abiertas al conjunto de la sociedad. Esa circunstancia característica del régimen político mexicano empezó a cambiar drásticamente a partir de 1977.

El arranque de la transición se ubica en ese año, no porque antes no se hubieran desplegado fuertes –y hasta heroicas– luchas democratizadoras, o concedido reformas electorales y alguna liberación en los amarres autoritarios, pero es a partir de entonces cuando se configura la estructura del cambio, es decir, un proceso que se desencadena con el fortalecimiento de los partidos y que en sus momentos de expansión cristaliza en negociaciones que llevan a nuevas y más profundas reformas electorales.

La plataforma originaria de la transición fue construida sobre cinco columnas:
1) se declara a los partidos políticos como "entidades de interés público" y se da paso a su "constitucionalización", es decir, al reconocimiento de la personalidad jurídica de los partidos en plural y a su importancia en la conformación de los órganos del Estado;
2) se abre la puerta de la competencia electoral, mediante el "registro condicionado" a otras fuerzas políticas, entre ellas a la izquierda mexicana hasta entonces marginada;
3) se concreta la ampliación del Congreso y la introducción de los diputados plurinominales. La nueva fórmula integra 300 diputados de mayoría y 100 de representación proporcional, inyectándose así un mayor y más intenso pluralismo a la Cámara de Diputados y los incentivos suficientes para que los partidos desarrollaran campañas a escala nacional, en busca de todos los votos posibles acumulables para la llamada "bolsa" plurinominal;
4) por primera vez, el Estado asume la obligación de otorgar recursos para el sostenimiento de todos los partidos políticos. Estos adquieren prerrogativas en los medios de comunicación y en dinero público;
5) con su registro ante la autoridad electoral federal, los partidos políticos asumen la posibilidad de asistir a las diferentes elecciones en los otros niveles de la vida política: estatal y municipal. En consecuencia, la participación electoral de alternativas distintas, legalizadas y legitimadas desde la Constitución se multiplicó a lo largo y ancho del país.

Sobre esta base se desarrollaría el proceso de democratización. La reforma de 1977 representaba un paraguas protector con una característica muy importante: estaba dedicado no sólo a los jugadores que tenían ya un lugar al interior del sistema legal, sino justamente a los que nunca habían estado dentro. En su momento, estos cambios (que hoy, a algunos, les pueden parecer hasta pequeños, o simplemente "liberalizadores") provocaron una enorme discusión, resistencias, críticas, miedo y un gran impacto público. Pero la intención de esa reforma era muy simple: por una parte, fortalecer las opciones organizativas existentes pero también permitir la entrada al juego electoral de fuerzas reales, que se desplegaban sobre todo en la acción social y sindical (y aun, a través de la vía armada).

Poco a poco y uno tras otro, vastos contingentes de todas las ideologías, antes herméticos a la vida electoral, se fueron incorporando a ella, la fueron ensanchando, construyendo nuevas alternativas o fortaleciendo a las existentes. En particular, las elecciones en ciertas regiones del país dieron pruebas de competitividad por el gobierno y las posiciones legislativas.

En unos años, la realidad política y la legalidad convergieron hasta lograr un régimen de partidos plural y competitivo, leyes, instituciones y, lo que es más importante, una creciente cultura ciudadana de respeto a la legalidad y la convivencia democrática.

Fue éste un trayecto complejo que podría resumir de la siguiente manera:

1) Se multiplicó la pluralidad política de la nación. Se desarrolló una movilización y organización social sin precedentes. Se formaron nuevos partidos, sindicatos, nuevas agrupaciones, organismos civiles, editoriales, diarios, revistas.

2) Se empezaron a ejercer, de modo cada vez más firme y sin cortapisas, las libertades esenciales: de expresión, manifestación y organización.

3) Se vivió entonces una expansión y el fortalecimiento nacional de los partidos políticos.

4) Los partidos se presentaron una y otra vez a las elecciones. Ocuparon cada vez más posiciones legislativas y de gobierno. Adquirieron una influencia y una visibilidad pública que antes no tenían.

5) Se vivió un periodo de intensas negociaciones que produjeron al menos seis reformas electorales y otras tantas reformas constitucionales. El litigio político central se trasladó a la disputa por un régimen legal y electoral equitativo, transparente, creíble.

6) Las elecciones se convirtieron en la llave del cambio político de México. Los partidos atrajeron grandes contingentes de ciudadanos, grupos y organizaciones. Exigieron para sí un esquema jurídico cada vez más preciso y desarrollado; la extensión de sus derechos y prerrogativas.

De esa forma los partidos, en plural, se volvieron cada vez más competitivos, más poderosos; acudieron a las elecciones con posibilidades reales de ganar. Su presencia y sus exigencias crecieron: mayores recursos y más equitativos para poder expandirse, mejores instrumentos que regulasen la contienda electoral, fórmulas más adecuadas para conformar al Congreso. A mayor fuerza política, mayor presencia en el Estado, mayores exigencias institucionales, legales y mayor extensión del derecho electoral.

7) Los partidos lograron cada vez más posiciones legislativas federales, en los ayuntamientos, los Congresos Locales y finalmente conquistaron gubernaturas. Así los partidos políticos se instalaron en la sala de máquinas del Estado mexicano.

8) Los códigos de entendimiento cambiaron. Ninguna fuerza pudo ya abrogarse la representación de la nación entera. La pluralidad se convirtió

en la clave de la lucha y la convivencia política.

9) La presencia y competencia de partidos ha cambiado casi todas las relaciones y las prácticas políticas: se erosionó el poder del presidencialismo, fueron planteadas nuevas formas de relación entre los Gobiernos estatales y el Gobierno Federal, se modificó la dinámica de trabajo político del Congreso de la Unión, y los partidos de diferente signo se encuentran procesando, negociando, definiendo las políticas estatales en todos los órdenes.

10) De tal suerte que ya no es un solo partido sino que son los partidos políticos en plural, la columna vertebral de la vida estatal.

11) El cambio es radical: la decisión crucial de la política, la decisión de quien gobierna, durante décadas había estado

encapsulada, reservada al interior de una coalición, de un solo partido; pero en la actualidad en México, la decisión de quien gobierna la tienen los ciudadanos con su voto, eligiendo entre opciones fuertes y competitivas.

12) Ese cambio crucial en las relaciones políticas es difícilmente reversible. México es una sociedad compleja, conectada con el mundo, denodadamente plural. Su transición a la democracia no era el ideal de un grupo, de un líder, o de un partido; por el contrario: la transición democrática era una necesidad de la nación.

En el caso mexicano, el tema electoral fue la primera asignatura del debate político. Remontar la añeja y justificada desconfianza en el procedimiento electoral, para darle credibilidad e instalarla como el único método legítimo de la disputa política por los cargos de gobierno y la legislatura, fue la gran tarea inicial de la transición.

El proceso democratizador tenía una premisa básica: el respeto al voto, la limpieza de las elecciones. Sin esa condición, todo lo demás sería imposible pues las energías políticas se habrían desarrollado y quizás, desbordado por otros cauces, algunos violentos y ominosos.

Así que la democratización mexicana descansa sobre la dimensión electoral de la política. Asegurarla, para que fuese posible seguir celebrando elecciones fue el requisito, la condición de posibilidad para hacer posible la transición. El tema electoral fue por esa razón el tema número uno de la agenda política a lo largo de casi veinte años, y para asegurarlo el país se embarcó en seis reformas electorales: 1977, 1986, 1989-90, 1993, 1994, hasta llegar a la más abarcadora, consensuada y profunda, la de 1996.

En 1996 los partidos políticos concretaron una vasta operación de cambio en las instituciones y las leyes electorales en México, que cristalizó después de una de las negociaciones políticas más intensas y prolongadas del periodo transicional. Fue un proceso largo, difícil, que terminó sin el consenso esperado, pero que, sin embargo, alcanzó a arrojar un conjunto de modificaciones fundamentales para el avance y la consolidación democrática de México; cambios que sin ninguna duda, estuvieron en la base y fueron la garantía de comicios legales, equitativos y transparentes.

La amplitud de la transformación electoral hace imposible su descripción puntual; no obstante, los siguientes puntos quieren ser un indicador de la profundidad de la obra reformadora:

1) Se concretó la autonomía total de los órganos electorales, es decir, a partir de esa fecha la autoridad electoral goza de plena independencia en relación con el Gobierno. Los ocho Consejeros Electorales y el presidente del Consejo, los únicos miembros con voto en el máximo órgano del Instituto Federal Electoral, fueron elegidos en la Cámara de Diputados por el consenso de los partidos políticos. La idea es doble: que el Gobierno abandonara la organización electoral y que ella pasará a manos de personas que gocen de la confianza de los partidos políticos.

2) El Tribunal Electoral, el órgano encargado de dirimir las controversias legales sufrió importantes modificaciones. La designación de los magistrados que lo componen ya no corre a cargo de la Cámara de Senadores a propuesta del presidente de la República; ahora son votados en la Cámara de Senadores a propuesta de la Suprema Corte de Justicia.

Por otro lado, el Tribunal ya no estuvo limitado a atender los problemas de índole federal, sino que pudo ser recurrido por causa de conflictos locales; se extendió el control de constitucionalidad a los actos de todas las autoridades electorales estatales. La calificación electoral es ya plenamente jurisdiccional. Y, por último, la ley agregó nuevos procedimientos de defensa, nuevas vías legales para encauzar los reclamos político-electorales tanto para los ciudadanos como para los partidos.

3) La reforma electoral cambió el régimen legal de los partidos políticos: se elevó el requisito para la entrada a la representación congresual (sólo aquellos partidos con una votación nacional mayor al 2% tuvieron derecho a ingresar a la Cámara de Diputados) y se creó una figura nueva para la organización de opciones distintas: las Agrupaciones Políticas.

4) Se ajustaron las fórmulas de representación en el Congreso, de modo tal que la relación entre votos y escaños quedó mejor equilibrada. Se restaron los márgenes de sobre y subrepresentación de los partidos en la Cámara de Diputados. En concreto, se especificó que la Cámara de Diputados seguiría conformándose por 500 legisladores: 300 electos en distritos uninominales por mayoría relativa y 200 por representación proporcional de la votación dividiendo el territorio nacional en cinco circunscripciones. Además, se especificó que ningún partido podrá contar un número total de diputados por ambos principios que signifique más del 8% respecto a su porcentaje de votación nacional.

En la Cámara Alta también se inyectó mayor pluralismo. Se mantuvo en 128 el número de integrantes del Senado: en cada una de las 32 entidades se eligen dos senadores por el principio de mayoría relativa y el tercero es asignado a la primera minoría. Los 32 senadores restantes son electos por el principio de representación proporcional por un sistema de listas votadas a nivel nacional.

5) Se abrió la competencia electoral en la Ciudad de México, mediante la elección directa de su Jefe de Gobierno, de los jefes de las 16 delegaciones políticas en que se divide la capital, y se ampliaron las facultades de la Asamblea Legislativa del DF.

6) Finalmente, las condiciones de la competencia mejoraron sensiblemente. Esto constituye quizás el efecto más visible y decisivo de la reforma y por ello me permitiré una explicación más fina del punto.

En lo que se refiere a los recursos, se dispuso que el financiamiento público debiera primar sobre los recursos privados que se allegaran los partidos. Este diseño se inspiró en los objetivos de transparentar el origen de los recursos, de garantizar la independencia de los partidos, de contar con unas condiciones adecuadas de equidad en la competencia y de evitar la tentación de acudir a fuentes ilegítimas de financiamiento.

Además, en el mismo sentido se establecieron topes a los gastos de campaña que podían hacer los partidos y candidatos a diputados, senadores y a la Presidencia de la República.

Otro elemento, que necesariamente complementa las medidas anteriores, son las aportaciones que pueden hacer los particulares a los partidos. Los límites que marca la ley son tres: a) para el conjunto de los simpatizantes de cada partido hasta un 10% del total del financiamiento otorgado para actividades permanentes durante el año; b) una persona, en lo individual podrá aportar a un partido solo el 0.05% del monto por actividades ordinarias, y c) se suprimen las aportaciones anónimas.

Asimismo, se consolidaron y ampliaron restricciones importantes: no pueden contribuir a las finanzas partidistas ninguna entidad del Gobierno Federal o Estatal; ninguno de los poderes de la Unión; partidos políticos u organizaciones extranjeras; tampoco organismos internacionales ni ministros de culto, ni empresas de carácter mercantil, ni mexicanos residentes en el extranjero. Así, la ley pretende clausurar la posibilidad de que el financiamiento privado sea tan grande que se convierta en vehículo de un nuevo desequilibrio entre los partidos.

Pero además los recursos se distribuyeron de una forma mucho más equilibrada. La fórmula de reparto es la siguiente: el 70% de los recursos se asigna de acuerdo con la votación alcanzada por cada partido en la elección previa, y el otro 30% se divide de forma igualitaria. Los partidos que obtienen registro y no han participado en una elección previa, reciben el 2% de la suma de los recursos que tienen los partidos con representación en el Congreso.

En el año 2000, el monto total de dinero público asignado a los partidos políticos fue de 350 millones de dólares. De ese monto, las dos coaliciones electorales, la Alianza por México (que postuló a Cuauhtémoc

Cárdenas y fue integrada por los partidos de la Revolución Democrática, del Trabajo, de la Sociedad Nacionalista, Alianza Social y Convergencia por la Democracia); la Alianza por el Cambio (cuyo candidato a la presidencia fue Vicente Fox y fue conformada por los partidos Acción Nacional y Verde Ecologista de México), y el Partido Revolucionario Institucional, recibieron una suma cercana a los 100 millones de dólares respectivamente.

La mejoría en la distribución del dinero es sustantiva: en 1994, el PRI concentraba el 49,3% del financiamiento público, en el año 2000 bajó al 30,3%; en cambio el PAN contaba con el 14,3% y el año pasado dispuso del 22,3%, pero merced a su alianza con el PVEM, alcanzó el 30,2%. Lo mismo el PRD que pasó del 10,2% en 1994, al 25% en el 2000; a ello debe agregarse la suma del financiamiento de sus aliados, que lo hizo poseer el 34,1% del total de los recursos públicos para gastos de campaña.

A cambio, las revisiones a sus finanzas se han hecho más incisivas. La ley permite la ejecución de auditorías directas a los partidos políticos y se afinaron los instrumentos de recepción y verificación de sus recursos. A la par, se mejoró el régimen de sanciones por violaciones a la ley.

En materia de medios de comunicación, los partidos –y sólo ellos, es decir, ningún tercero– pueden comprar libremente con sus propios recursos tiempo y espacios en radio y televisión.

Así, con los recursos públicos que se les conceden y con aquellos que se allegan por sus propias fuentes, los partidos pueden desplegar sus campañas en los medios de comunicación masiva sin mayor restricción salvo el no superar los límites de gasto.

Pero, además, en la legislación electoral mexicana se define que de manera permanente todos los partidos tienen derecho a un programa mensual de 15 minutos en radio y otro en televisión, así como a un programa conjunto de debate entre todos los partidos con duración de una hora. Pues bien, en época de campañas electorales, el Instituto Federal Electoral compra además una bolsa de tiempo con 10 mil promocionales en radio y 400 en televisión que se suman a las prerrogativas permanentes de los partidos.

Así, sin costo para sus finanzas los partidos políticos dispusieron, a lo largo de las campañas del año 2000, de un conjunto de 1.620 horas de transmisión en radio y 420 horas en televisión. El reparto de ese tiempo, en porcentajes, fue el siguiente: Alianza por México se llevó el 19% del tiempo en radio y 22 en televisión; el PRI, 20% en radio y 26 en TV; Alianza por México 18% en radio y 21 en televisión; Centro Democrático, Auténtico de la Revolución Mexicana y Democracia Social disponen cada uno de 14% en radio y 11 en televisión.

Así, el acceso equilibrado a los medios masivos de comunicación quedó garantizado desde el diseño legal en lo que hace a las condiciones de la competencia.

Dicho de un modo telegráfico, esos fueron los aspectos más relevantes de la reforma electoral. Su obra fue muy vasta, tocó y mejoró todos los aspectos que habían formado parte de la discusión electoral en México, por ello tiene un lugar relevante en el largo ciclo de cambio político e institucional que ha vivido México en las últimas dos décadas.

El nuevo entramado electoral surgido de la reforma de 1996 fue el escenario que en 1997 encauzó la contienda democrática que produjo una realidad política inédita hasta entonces en la historia de México: una Cámara Baja donde el partido del presidente no tenía mayoría, un auténtico contrapeso al Poder Ejecutivo. Con toda claridad, ese es un ejemplo de cómo los cambios en el sistema electoral alcanzaron otras esferas, impactan y generan otros cambios en el sistema de gobierno. El nuevo entramado electoral surgido de la reforma de 1996 fue el escenario que en 1997 encauzó la contienda democrática que produjo una realidad política inédita hasta entonces en la historia de México: una Cámara Baja donde el partido del presidente no tenía mayoría, un auténtico contrapeso al Poder Ejecutivo. Con toda claridad, ese es un ejemplo de cómo los cambios en el sistema electoral alcanzaron otras esferas, impactan y generan otros cambios en el sistema de gobierno.

Sobre la misma base legal se operaron las elecciones federales del 2 de julio del año 2000.

Gracias la confianza en la organización electoral y el respeto al voto, ese día se dio una sucesión de escenas fundadoras, en un país de tradición autoritaria.

En ese ya histórico proceso electoral, se vivió una competencia inédita, incierta, pero con reglas claras. Hubo alternancia en el gobierno. El triunfador fue reconocido por sus adversarios. Los candidatos ganaron o perdieron en condiciones de equidad, por méritos propios.

Fueron seguidos, difundidos o criticados por la prensa, la radio y la televisión. Los medios de comunicación hicieron un sistemático escrutinio de su comportamiento, propuestas y actos.

Los votantes dirimieron el resultado de manera soberana, y produjeron una geografía y una aritmética política plural, llena de pesos y contrapesos. A la contienda reñida, fuerte, ríspida a veces, siguió la naturalidad cívica, la normalidad de la vida social y política después de una larga campaña electoral. Los perdedores reconocieron pública e inmediatamente su derrota, empezando por el entonces presidente de la República, que asumió la pérdida del candidato de su partido y ofreció su inmediata colaboración al ganador.

Los partidos de condujeron con civilidad, no hubo un solo incidente y el presidente electo se mostró respetuoso de sus contrincantes.

Todas estas cosas juntas, que son rutinas propiamente democráticas, ocurrieron en México, el 2 de julio del año 2000, por primera vez. Por eso fue una jornada no sólo ejemplar, sino de fundación. Habían quedado clausuradas las interminables impugnaciones y México entró de lleno a una nueva época política.

Como puede constatar cualquier observador, el vuelco en la vida política y democrática de México en los últimos años ha sido intenso.

La llegada de la alternancia al Poder Ejecutivo Federal fue la culminación de un amplio proceso de democratización asentado en reformas a la Constitución, las leyes y las instituciones, que se desarrolló a lo largo de dos décadas.

México pasó de tener una vida política que se procesaba bajo el manto de una opción partidaria casi única, a un verdadero sistema de partidos. Paulatina y sistemáticamente, estos partidos se han insertado en las decisiones fundamentales del Estado mexicano. Ha sido un cambio que ha tocado prácticamente todos los rincones del país y a todos los ámbitos de gobierno y de representación política: cabildos y ayuntamientos, congresos locales, el Congreso de la Unión, gubernaturas, el Distrito Federal y el Ejecutivo Federal.

Con estas transformaciones se erosionaron los resortes que colocaban a una sola figura, la del presidente, como vértice de las decisiones políticas; se empezó a caminar en el sentido de la independencia y el equilibrio de poderes. Más aún, se activó el federalismo cuando la antigua unanimidad dio paso a un conglomerado de gobernantes con orígenes partidarios diferentes.

La confluencia de políticos de diferentes partidos en distintas esferas legislativas ha trastocado los códigos de entendimiento: las diferentes opciones aprendieron a reconocerse, a procesar diferencias, a considerar las razones del otro, a convivir en la pluralidad.

Este trayecto permitió llegar a un régimen político capaz de representar, de encauzar y recrear la pluralidad de una sociedad substancialmente diversa como es la mexicana. Sin embargo, en la historia no existen terminales últimas, cuando se alcanza un objetivo aparecen otros desafíos.

Ahora corresponde asumir que la democracia genera nuevos problemas como son los derivados de los gobiernos divididos, el poder compartido, la necesidad de pactos entre fuerzas antagónicas, así como la incertidumbre concomitante al trabajo legislativo.

Para comprender esa transformación conviene echar un vistazo a los rasgos esenciales del mundo político previo: partido hegemónico; presidencialismo con enormes capacidades constitucionales y meta-constitucionales; el Presidente en el vértice del mecanismo de decisión y negociación; subordinación de los poderes Legislativo y Judicial al Ejecutivo; federalismo formal, centralismo real; subordinación de organizaciones sociales, sindicales, empresariales al poder político; la decisión de quien gobierna, en todos los niveles, estaba en manos de una coalición cerrada; elecciones sin competencia; partidos de oposición testimoniales o germinales; leyes electorales restrictivas.

Frente a ese panorama, hoy México cuenta con un régimen pluripartidista y competitivo; presidencialismo acotado; los poderes Ejecutivo, Legislativo, Judicial, son independientes entre sí; los diferentes niveles de gobierno también multiplican sus grados de autonomía; se autonomizan también los grupos sociales y sus organizaciones; las elecciones son altamente competidas; las leyes electorales se han abierto y la decisión de quien gobierna la tienen los ciudadanos.

La transición mexicana no desembocó en un régimen inédito, históricamente inexplorado, ni a una invención constitucional original. Se transitó de un régimen autoritario, que concentraba las decisiones centrales de la política, a otro, suma de normas e instituciones renovadas.

Se alcanzó "simplemente" un sistema democrático, donde el voto del ciudadano de a pie decide lo fundamental en política: quién gobierna y cómo se componen los cuerpos legislativos.

Pero sobre todo este cambio informa de un verdadero proceso de renovación de la cultura política y de creación de ciudadanía, no exento sin embargo de complejidades y contradicciones: mexicanos que ya no encarnan las actitudes pasivas o autoritarias, que se han vuelto expertos en el uso de su voto, en la elección y sanción de gobernantes, que cada vez conocen y ejercen de forma más amplia sus derechos civiles y políticos. No se trata de cien, ni de mil, sino de millones de personas dispuestas a influir en la marcha del país pero que, para hacerlo, requieren afinar sus capacidades de intervención en la esfera pública.

De esa magnitud es el cambio que ha vivido México al cabo de unos años. Ha sido una transformación lenta, dilatada, pero es posible afirmar que la transición mexicana también fue encauzada por la vía legal, pacífica, que se ensancharon los espacios institucionales y democráticos para la deliberación y el procesamiento de las diferencias políticas.

México ya no es el país de un tronco político mayoritario sino un país denodadamente plural; y esa pluralidad habita y se refleja en el gobierno y en prácticamente todo el Estado nacional.

Así, en el horizonte político, a largo plazo, aparece una certeza esencial, un dato que es necesario asimilar con todas sus consecuencias: ninguna de las tres grandes fuerzas políticas del país puede gobernarlo sola.

En las elecciones federales del año 2000 en México también se renovaron la Cámara de Diputados y el Senado de la República. Los votos de los 38 millones de mexicanos que acudieron a las urnas produjeron una novedosa aritmética legislativa que puede resumirse en cuatro condiciones del juego parlamentario:

a) ningún partido tiene mayoría;

b) los partidos pequeños no alcanzan a ser bisagra, ni siquiera todos juntos;

c) cualquier iniciativa que deba ser aprobada por la Cámara de Diputados debe ser producto de un acuerdo parlamentario, y

d) lo que, es más: si el PAN y el Presidente quieren o deben cambiar a la Constitución de la República, sólo lo lograran con el concurso del PRI. En el caso de que se unieran todas las bancadas, ni aun así alcanzarían los votos para cambiarla. En el PAN como gobierno y en el PRI como oposición quedó la llave del cambio constitucional.

Esto quiere decir que el presidente tiene que negociar en dos pistas separadas. Hay ocho partidos en la Cámara de Diputados y seis en la de Senadores. Todos ellos cuentan un espacio que defender, un papel y reclamos propios que negociar en el manto multicolor del Congreso.

A la luz de estos nuevos equilibrios entre poderes, es posible decir que el cambio en la esfera electoral fue en realidad motor y vehículo para un aprendizaje democrático de mucho mayor alcance.

Vale la pena subrayarlo porque a menudo se escuchan argumentos que critican el curso de la democratización mexicana o que desdeñan los frutos de la transición por su carácter "electoral". Pero no es verdad: la limpieza en los comicios, las reformas electorales, eran las piezas que hacían falta para echar a andar una serie de cambios políticos y culturales que rebasaron con mucho el ámbito electoral y que modificaron el mapa de la representación, la forma de gobierno, el funcionamiento del Estado, vitalizaron las libertades públicas y erosionaron cada uno de los resortes autoritarios. Por la vía de las elecciones, México entró a un régimen político totalmente distinto y de carácter democrático.

Junto con el reconocimiento de que México vive ya un régimen propiamente democrático, es necesario asumir que la democracia genera un nuevo tipo de problemas: gobiernos divididos, poder compartido, búsqueda de pactos entre fuerzas en apariencia antagónicas, incertidumbre en la aprobación de leyes e iniciativas.

Lo que ha ocurrido en México es la clausura de una época política, de un sistema de relaciones políticas de una manera de funcionar de las instituciones del Estado nacional.

Como apunta Dieter Nohlen, a nivel de las facultades legales y constitucionales, el presidente de México es en realidad, bastante menos poderoso que sus homólogos en toda América Latina.

La fuerza del presidente mexicano provenía de la articulación tejida gracias al poder, las redes y las prácticas del partido hegemónico. Provenía de Cámaras con mayorías absolutas o calificadas, gobernadores decididos dentro de la coalición gobernante y una clase política disciplinada a sus imperativos. Pero como vemos, esa realidad se ha esfumado.

Por eso la agenda política de México ha cambiado drásticamente: de los temas de la expresión y la representación adecuada a los temas de la gobernabilidad. Los partidos políticos y sus fracciones legislativas tienen que hacerse cargo de la tarea de formar mayorías en un sistema presidencial. Esto es, en los modelos parlamentarios por su propia naturaleza todo Gobierno debe ser mayoría y puede gobernar: aprueba los presupuestos generales, por ejemplo, y es capaz de sacar adelante modificaciones a las distintas leyes. Pero en México hoy tenemos un Congreso habitado por la pluralidad a grado tal que el titular del Poder Ejecutivo carece de mayoría absoluta, ya no digamos mayoría calificada. Además, el horizonte electoral sugiere, vistos los resultados de los últimos comicios federales y los que se vienen celebrando en las distintas entidades de la República, que el mapa de la representación no va a cambiar súbitamente: hay tres grandes fuerzas con amplio arraigo ciudadano que seguirán convocando al grueso de las adhesiones sin que una sola de ellas sea capaz de hacerse de la mayoría absoluta en el Congreso. Este problema, esta novedad propia de la democracia, no se había adelantado o previsto en el sistema pasado cuando una sola coalición, encabezada por el presidente, procesaba toda la política y era acompañado en sus decisiones lo mismo por los Congresos Locales que por el federal.

México estuvo demasiado concentrado en el estudio y las propuestas de cómo erigir una adecuada representación y una competencia electoral limpia y equitativa, con una nueva institucionalidad y con fundamento democrático. El énfasis democratizador fue comprensible, pero cada vez es más claro que hablar del futuro de México implica necesariamente hablar de todos esos asuntos relativos al ejercicio del poder y al "grado" de gobierno.

Además, el tránsito democrático no ocurrió en un vacío de laboratorio. La discusión estuvo enmarcada por otros dos complejos procesos que arrancaron y se desarrollaron simultáneamente en la década de los ochenta: el proceso de crisis, ajuste y reestructuración económica y la redefinición de la función y el alcance de las estructuras".

Y todo ello, de muchas maneras, presiona a la esfera de gobierno y exige una reflexión más acabada y rigurosa.

Es necesario que se defina un tipo de ingeniería republicana más acorde a las nuevas condiciones pluralistas. No se trata de un debate refundador, de recetas constitucionales y menos de elegir entre tipos ideales; hay que explorar la experiencia acumulada, los regímenes y los dispositivos legales y políticos ensayados en otras partes del mundo de las que es factible aprender. La democracia mexicana se topa ya con varios problemas, uno de ellos es el de la falta de mayoría en el Congreso, el cual, por añadidura, puede convertirse en un rasgo permanente del sistema político.

Son insuficiencias legales e institucionales que han aparecido con crudeza en los últimos cinco años. Evidentemente, los dispositivos de salvaguarda no eran necesarios cuando la mayoría estaba garantizada, pero ahora se ha vuelto indispensable encontrarlos, discutirlos y pactarlos.

Así, la agenda de la elaboración política en México está dando un viraje. Ahora es posible y necesario hablar seriamente y con franqueza acerca de los problemas que la democracia genera.

Parafraseando una idea, un término muy socorrido en los circuitos de discusión sobre el modelo económico de América Latina y trasladarlo al campo de la política institucional, México necesita de una suerte de segunda generación de reformas también en materia política.

¿Cómo inducir coaliciones políticas para el trabajo legislativo y para una relación productiva con el Ejecutivo?, ¿cómo procurar una base de apoyo institucional a quien ejerza la Presidencia?, ¿de qué palancas debe disponer el Presidente para impulsar sus iniciativas?, ¿cómo mejorar la relación entre los poderes?, ¿qué mecanismos adoptar en caso de empates o parálisis?, ¿cómo mejorar los procesos de elaboración de políticas públicas que incluyan el mayor número de intereses?, ¿cómo responder a las necesidades y las demandas de una sociedad mejor organizada y más exigente?

Esos son los nuevos problemas. Resolverlos es un requisito ineludible para el buen gobierno. Hace falta exponer la situación, reconocerla, pues la sustentabilidad de la democracia en México será un factor importante para el mantenimiento democrático del resto de América Latina.

Se requiere generar ese contexto intelectual, dentro y fuera del país; promover un viraje pronto, inteligente, preciso en la elaboración política. Es una condición para que se tenga la certeza, no sólo de que en México se elige libremente a los gobernantes, sino, además, de que el país seguirá siendo gobernable.

Podemos concluir con o siguientes puntos.

1. La transición democrática mexicana se ha iniciado de forma gradual y pacífica, y lleva más de 20 años en ese proceso continuo de mejoramiento; no ha avanzado lo que hubiéramos querido porque, por una parte, durante la alternancia se tuvo la carencia de un pacto nacional entre las fuerzas políticas, lo que fue sustituido por un pacto del pueblo mexicano que sabiamente implementó, de forma pacífica, a través de su voto que manifiesta su frustración e inconformidad facilitando el regreso del PRI.

2. Nuestra transición culminará cuando hayan sido elaboradas y aceptadas por la mayoría nuevas reglas y un sistema político adecuado a la realidad democrática en la que vivimos, quizá el sexenio priísta del 2012 al 2018 logre consolidar lo que no pudo el PAN en doce años.

3. México, como cualquier país en vías de consolidación democrática con un sistema fragmentado, necesita que su clase política tenga, al menos, dos cualidades: capacidad negociadora y una fuerte "dosis" de tolerancia.

Una coalición de gobierno es la estrategia idónea para lograr una coalición legislativa que permita producir las reformas de primera generación que detonen el desarrollo económico, pero si ésta no se logra, se debe buscar acordar lo que sea posible para que después permitan acordar lo deseable.

4 EL PROCESO ELECTORAL DEMOCRÁTICO

En las elecciones legislativas de 2003 se renovó íntegramente la Cámara de Diputados. En esta ocasión, el PRI se recuperó: aliado con el PVEM, obtuvo el 41% de los votos. El PAN cayó hasta el 31% y el PRD obtuvo alrededor de 18%. El 2 de julio de 2006 México celebró elecciones federales para elegir presidente de la República y renovar totalmente ambas cámaras del Congreso. Felipe Calderón, del gobernante PAN, fue elegido presidente con 36.69% de los votos válidos. Andrés Manuel López Obrador, de la Coalición por el Bien de Todos (CBT, integrada principalmente por el PRD), quien obtuvo el 36.11%, no reconoció la victoria de Calderón, a diferencia de otros tres candidatos que obtuvieron menor número de votos. En las elecciones legislativas el PRI ganó por mayor margen y obtuvo las mayores fracciones, pero no una mayoría absoluta, en el Senado y en la Cámara de Diputados.

Una campaña vitriólica, seguida de un virtual empate en la elección presidencial, desembocó en un prolongado conflicto postelectoral. López Obrador denunció fraude en las elecciones presidenciales, lanzó un amplio movimiento de "resistencia civil pacífica" basado en la movilización callejera, y se proclamó "presidente legítimo". Sus acusaciones fueron desestimadas en su mayor parte por el TRIFE, que reconoció que tanto el presidente Fox como grupos no-partidistas habían realizado propaganda electoral indebida (en contra de López Obrador) pero ratificó igualmente el triunfo de Calderón. En consecuencia, este último asumió el cargo presidencial el 1 de diciembre de 2006 con un país dividido en términos políticos y sociales, y con una significativa parte de la población mexicana que pensaba que el proceso electoral había sido arreglado en su favor. Aunque ya en ejercicio de la presidencia Calderón consiguió rápidamente tasas de aprobación ciudadanas superiores al 60%, entre algunos sectores de la población subsiste un sentimiento de descontento con lo que fue su gobierno, al que consideran favorable a los intereses empresariales y no a los populares.

En julio de 2009 se realizaron elecciones para renovar en su totalidad la Cámara de Diputados. Al igual que en 2003, en esta ocasión el PRI obtuvo el mayor porcentaje de votos (36.9%) y el mayor número de diputados. Si el PRI continúa en alianza con el PVEM (cuarto lugar, con 6.7% de los votos), estos dos partidos tendrán mayoría absoluta en la Cámara.

En lo que fue considerado una derrota para el partido en el gobierno, con 28.0% de los votos el PAN obtuvo el segundo lugar y la segunda mayor fracción legislativa. El tercer lugar correspondió al PRD, que se presentó a las elecciones con serias fracturas internas, obteniendo 12.2% de los votos.

La imparcialidad y credibilidad de las instituciones electorales fueron severamente cuestionadas tras las elecciones presidenciales de 2006, ganadas por escaso margen por el PAN. El proceso electoral fue denunciado como fraudulento y amañado por el segundo candidato más votado y los tres partidos políticos que lo apoyaron. Tal cuestionamiento encontró credibilidad entre sectores importantes de la ciudadanía: La opinión pública positiva sobre el IFE, que había alcanzado 70% en marzo de 2006, antes de las elecciones, cayó a 52% en noviembre de 2007, y se recuperó parcialmente a 55% en febrero de 2008 (Reforma, 2008), luego de aprobarse una reforma electoral que procura más equidad entre los partidos y proscribe la intervención de agentes gubernamentales y extra-partidistas en los procesos electorales.

En otro aspecto, la tendencia decreciente de la participación electoral sugiere la existencia de un distanciamiento entre la élite política y la ciudadanía a la que ésta debiera representar. Los avances en material electoral no han sido acompañados por mecanismos eficaces de control ciudadano sobre los gobiernos o sobre las políticas públicas, que -pese a logros significativos en estos campos- permanecen en esencia en manos de una élite política restringida en número y en buena medida desprestigiada ante la opinión pública. Al respecto, sostenemos que es fundamental que la realidad tangible del sufragio efectivo en la vida de los mexicanos pase a constituir una democracia efectiva, de modo que se reduzca la brecha que separa a los ciudadanos y a sus representantes.

En efecto, predomina en México la percepción de que, aun si los ciudadanos son libres de elegir, luego del acto comicial su capacidad de controlar a los electos y de ejercer influencia sobre las políticas públicas es muy limitada. La integración plural de los legislativos federal y estatales y de los ayuntamientos; la creación por parte de los legislativos de sus propios entes de fiscalización de las finanzas públicas; la probabilidad real de que un partido en el gobierno, sea federal, estatal o municipal, lo pierda en una elección venidera; junto con la prensa libre y la movilización popular, son sin duda formas de control. Sin embargo, no existen en el nivel federal (aunque sí en algunas entidades federativas) mecanismos más directos de control, como la iniciativa ciudadana, el referéndum o la revocatoria de mandato. Por añadidura, el principio de no-reelección, si bien por un lado tiene sus virtudes, por otro dificulta el control ciudadano: al no poder relegirse, tanto ejecutivos como legisladores tienen escasos incentivos para atender de forma preferente las necesidades de sus respectivos electorados.

En suma, México parece un buen ejemplo de "democracia delegativa": los ciudadanos son libres de elegir a sus gobernantes y representantes, sí, pero poco pueden hacer para controlar lo que éstos hacen y deciden, por lo menos hasta que se produzca una próxima elección (O'Donnell, 1994).

Entre las reformas más significativas, destaca la introducción gradual y parcial de la representación proporcional en los Legislativos, que favoreció una integración más plural de los mismos y dio mayor visibilidad a partidos y figuras políticas no-priístas. En 1964 se creó la figura de "diputados de partido" en la Cámara de Diputados, que permitió que partidos políticos con votación escasa ocupasen más escaños. Desde 1979 una fracción (25% en 1979, 40% desde 1988) de dicha Cámara es elegida por representación proporcional. Desde 1983 la Constitución federal dispone que una parte de los ayuntamientos -en los municipios de mayor población- sea elegida por representación proporcional.

La representación proporcional, si por un lado facilitó la participación de partidos con votación escasa, por otro dificultó la formación de mayorías en los legislativos, lo cual es particularmente problemático en un país donde las alianzas legislativas no suelen ser estables. Finalmente, a partir de 2006, se otorgó a los mexicanos residentes en el exterior el derecho de votar por correo en elecciones presidenciales, previa inscripción en un padrón especial.

Muy pocos ejercieron este derecho: de los aproximadamente 11.5 millones de mexicanos que viven fuera del país, sólo 54,780 se inscribieron, y apenas 40,876 emitieron su voto, de los cuales 32,632 fueron válidos.

En 1994 el Código Penal fue reformado para incluir y castigar delitos electorales como violaciones al secreto del sufragio, intimidación y presión a los ciudadanos, y compra o inducción del voto. El mismo año fue creada una Fiscalía Especializada para la Atención de Delitos Electorales (FEPADE). La FEPADE resultó incapaz de perseguir en forma eficaz los delitos electorales de importancia (Díaz-Santana, 2002): entre 1995 y 2007, sólo 1,157 personas -o sea, 89 por año- habían sido procesadas por tales delitos; la mayoría de los procesados son simples ciudadanos que obtuvieron o utilizaron credenciales de elector en forma indebida (FEPADE, 2008).

Por otro lado, sí se registran fenómenos de clientelismo y de manipulación del voto. "El porcentaje de votantes en las elecciones federales de 2000 expuestos a cualquiera de las variedades de las prácticas manipuladoras va desde el 4.7%... [a] un 26.1%" según la encuesta que se considere, afirma un estudio (Cornelius, 2002). Otro estudio menciona que unos 7.8 millones de votantes, o sea uno de cada siete, habrían sido alcanzados en 2000 por acciones de manipulación del voto, aunque sólo el 21% de ellas podrían ser consideradas delictivas; destacan el otorgamiento de regalos (7.2% de los ciudadanos) y el condicionamiento de servicios (2%) a cambio de votos, la inducción al voto durante servicios religiosos (3.1%), y presiones en la casilla de votación (2.1%); la novedad consistió en que en esa ocasión fue el PAN el partido que más recurrió a ese tipo de acciones, con 37% del total, superando al PRI (33%), que tradicionalmente había sido el partido que más utilizaba estas prácticas (Aparicio, 2002). Un estudio en preparación sobre el clientelismo en la Delegación Miguel Hidalgo del Distrito Federal, encontró que en las elecciones de 2009 hasta un 20% de los ciudadanos de esa demarcación habrían recibido ofertas de favores para inducir su voto.

LA REFORMA ELECTORAL DEL 2007/2008

En México la democratización del sistema de partido único o hegemónico PRI es un Proceso que se caracteriza por su carácter gradual o reformista con cambios paulatinos en un ciclo de largo trayecto. Las reformas electorales se inician en 1977 con un ciclo que se cierra casi 20 años más tarde en 1996. Aquí se abre otro ciclo de más rápidos movimientos entre 1996 y 2006 (crisis electoral) con reformas profundas constitucionales y electorales iniciadas en diciembre del 2007 y culminadas en mayo del 2014.

Como se ha dicho antes, las condiciones a las que responde la profunda reforma del 2007/2008 son básicamente: a) que en la elección del 2006 el COFIPE puso en evidencia lagunas en cuanto a instrumentos para el arbitraje político; b) en 2003 el PRD no apoyó en el Congreso, donde era la tercera fuerza, el nombramiento de nuevos Consejeros del IFE y desde entonces fue crítico de la institución; c) en 2004 el Presidente Fox mostró en TV actos de corrupción del PRD y López Obrador en el gobierno del DF. Aunque se trató de desafuero sin éxito, esto enrareció el ambiente preelectoral (Latapi, 2009).

La reforma trató de llenar importantes lagunas del marco normativo. En general, las reformas anteriores atendieron lagunas en el área de la organización electoral. En este caso, las lagunas percibidas y consideradas importantes por los legisladores se centraron en los aspectos relacionados con las condiciones para la equidad de la contienda. Entre otros, se señalan los siguientes vacíos:

• a. Falta de capacidad del IFE para controlar la equidad de la contienda, en particular el uso por los partidos de los medios electrónicos. Había fiscalización ex-post de los recursos, pero dada la modalidad de contratación bilateral partidos-medios, el IFE resultaba marginado;

• b. El efecto (percibido negativo por muchos, incluyendo el Tribunal Electoral) de las campañas negras (negativas);

• c. El IFE no podía impedir la intervención de los gobernantes en el proceso electoral, particularmente después del 2000. Tema menor pero en México tema mayor, dadas las sensibilidades existentes (producto de un régimen de partido dominante) y la intervención del presidente Fox;

• d. Forma del nombramiento de la autoridad electoral a causa de la renovación completa se perdía la memoria y experiencia institucional;

• e. Débil reglamentación de las precampañas. La única era interna del IFE y no era substancial.

Conviene destacar que, además de las cuestiones relativas a la competitividad electoral sobre las que se centra nuestro estudio, también se introdujeron cambios en la instalación, integración y funcionamiento de las "casillas" electorales; el diseño de las actas de escrutinio y cómputo; al calificación de los votos; la designación la delimitación de los distritos electorales; el voto de los mexicanos residentes en el exterior; la formación de coaliciones, y el recuento de votos, entre otros.

La reforma electoral del 2007 conduce hacia un IFE con más y más pesadas responsabilidades, no necesariamente ligadas a la organización misma de las elecciones sino a aspectos de supervisión y control de los partidos durante el proceso electoral. La reforma del 2014 introduce nuevos elementos vinculados a factores de supervisión y de atracción y asunción de funciones de los Organismos Políticos Locales (OPLs) que harán casi imposible el óptimo funcionamiento del ahora Instituto Nacional Electoral (INE). Es claro que las reformas del 2007 y del 2014 hacen aún más densa y pesada la maquinaria institucional electoral mexicana sin que necesariamente la institución haya ganado en autonomía respecto de los partidos políticos y el Congreso. En este sentido, podría decirse que, salvo que la práctica demuestre lo contrario, la nueva autoridad electoral mexicana acumula mayores competencias, pero como institución no gana en autonomía.

La autoridad electoral de México es internacionalmente reconocida como una de las más eficaces, si bien de las más estructuralmente complejas y financieramente más costosas. Dado el carácter federal de la República mexicana, la duplicidad de órganos electorales, tanto administrativos como judiciales, se hace inevitable por razones de tradición y cultura política. Muchos estados federales mantienen administraciones electorales bastante más simples, pero cada país tiene su historia y normalmente las instituciones son un reflejo de la misma. Con la centralización de las actividades de los OPLs se eliminan actividades y órganos duplicados pero no del todo.

Es importante destacar que la crisis política originada en las elecciones presidenciales del 2006, y que produce una división nacional de opiniones en cuanto a la eficacia y respetabilidad del IFE y la Justicia Electoral, no ha trascendido internacionalmente. De tal manera que las instituciones electorales mexicanas conservan prácticamente intacta su excelente reputación internacional. Buena prueba de ello es la frecuencia con que autoridades mexicanas participan en misiones de asistencia electoral internacional así como el gran número de delegaciones de funcionarios electorales de otros países de las más diversas regiones del mundo acuden a México para seminarios y actividades de intercambio y capacitación.

Las reformas electorales del 2007/2008 y del 2014 conducen hacia un IFE con más y más pesadas responsabilidades, no necesariamente ligadas a la organización misma de las elecciones sino a aspectos de supervisión y control de los partidos durante el proceso electoral. Es claro que estas reformas hacen aún más densa y pesada la maquinaria institucional electoral mexicana sin que necesariamente la institución haya ganado en autonomía respecto de los partidos políticos y el Congreso, al contrario en algunos aspectos se pierde autonomía. En este sentido, podría decirse que, salvo que la práctica demuestre lo contrario, la nueva autoridad electoral mexicana acumula mayores competencias, pero como institución no gana en autonomía.

Las reformas electorales mexicana del 2007 y del 2014 fueron comprehensivas, implicando modificaciones a nueve artículos de la Constitución, en el primer caso y a 29 artículos constitucionales en la reforma del 2014; la expedición de un nuevo Código Federal de Instituciones y Procedimientos Electorales (COFIPE), y la promulgación de otros textos legales se dio con la reforma del 2007. Con la expedición de la Ley General de Procesos Electorales (LEGIPE) que sustituye al CCOFIPE, el alcance de la reforma es amplísimo en diferentes ámbitos de la institucionalidad y practica político-electoral. Se avanzan aquí algunas reflexiones generales sobre la implementación o aplicación operativa en las áreas de mayor impacto del nuevo marco legal.

En ese sentido por el número de artículos reformados y adicionados, llama la atención la "constitucionalización" de muchas de las medidas acordadas el 2014. Gran parte de las disposiciones que normalmente serian objeto de reglamentación o legislación ordinaria, están ahora incluidas en la Constitución mexicana. Importa ahora poder identificar posibles repercusiones prácticas de este desarrollo.

Igualmente importante es seguir de cerca las nuevas atribuciones y el nuevo diseño institucional del antiguo IFE y el ahora INE, como administrador electoral federal. Igualmente, se constatan nuevas y diversificadas funciones, que conviene examinar en mayor detalle por sus posibles implicaciones en términos de aplicación de las medidas y la concreción operacional de las mismas.

Puede decirse que las áreas de la reforma que representan un mayor reto de implementación para la autoridad electoral son cuatro: a) la referente al acceso a los medios electrónicos y su monitoreo; b) la fiscalización de los recursos, c) Coordinación con Organismos Políticos Locales y c) la resolución de quejas y conflictos, con las nuevas atribuciones a los órganos desconcentrados (local y distrital).

Adicionalmente, aunque la reforma no trató de manera exhaustiva aspectos directamente relacionados con la organización electoral, es importante en todo caso ver cuales medidas fueron introducidas y el impacto de la reforma en la tarea primera del INE en temas de organización electoral.

Constitucionalización de nuevas medidas, la reforma del 2007

La reforma electoral mexicana del 2007/2008 se aviene en términos generales, como ya era el caso de la legislación que la precediera, a criterios de derecho y política internacional comparados. Sin embargo, hay aspectos importantes en que se separa de ellos. Muy en particular, la inclusión en la Constitución de un significativo número de aspectos con extremo detalle tales, aunque no solamente los relativos al uso de los medios por los partidos políticos o a la financiación de los mismos.

La reforma electoral transitó, en México, primero por una modificación constitucional en septiembre del 2007 y otra subsiguiente de carácter legal al año siguiente. La reforma constitucional afectó nueve artículos de la carta magna. Concretamente introdujo nueva normativa en los Artículos 6, 41, 85, 99, 108, 116 y 122; derogó un párrafo del Artículo 97 y adicionó el Artículo 134. De forma sumaria, los cambios constitucionales hacen referencia a las siguientes materias, que algunas ya han sido objeto de legislación ordinaria y otras aún esperan tratamiento legal adecuado:
• a) El Artículo 6 sobre garantías del derecho a la información por parte de Los ciudadanos y que se abre con la declaración de que "la manifestación de las ideas no será objeto de ninguna inquisición judicial o administrativa".
• b) El Artículo 41 contiene el núcleo de la reforma con disposiciones muy específicas el rol de los medios en materia electoral (prohibición de contratación de tiempos por partidos o personas físicas o jurídicas, cantidad y distribución del tiempo público disponible, administración y fiscalización de uso de los medios por parte del IFE, etc.); financiación de los partidos políticos y las campañas (mayor financiamiento público que privado, cálculo de montos en ambos casos, etc.); estructura orgánica del IFE

(nombramiento de Consejeros, establecimiento de una Contraloría interna y de un órgano de fiscalización de uso de los recursos de los partidos, etcétera); y duración de las campañas.

• c) El Artículo 85 regula la posibilidad de nombrar presidente en el caso de una elección fallida por causas diversas estableciendo que "Si al comenzar un periodo constitucional no se presentase el presidente electo, o la elección no estuviere hecha o declarada válida el 1o. de diciembre, cesará, sin embargo, el presidente cuyo periodo haya concluido y se encargará desde luego del Poder Ejecutivo, en calidad de presidente interino, el que designe el Congreso de la Unión, o en su falta con el carácter de provisional, el que designe la Comisión Permanente."

• d) El Artículo 99 declara al Tribunal Electoral como "la máxima autoridad jurisdiccional en la materia y órgano especializado del Poder Judicial de la federación". Regula su estructura y las sus Salas Regionales así como el nombramiento de los Magistrados. Entre sus facultades, cabe mencionar las de "Resolver en forma definitiva e inatacable" sobre: I. Las impugnaciones en las elecciones federales de diputados y senadores; II. Las impugnaciones que se presenten sobre la elección de Presidente de los Estados Unidos Mexicanos que serán resueltas en única instancia por la Sala Superior.

También las salas Superior y regionales del Tribunal sólo podrán declarar la nulidad de una elección por las causales que expresamente se establezcan en las leyes. Y muy notablemente La Sala Superior realizará el cómputo de la elección de presidente de los Estados Unidos Mexicanos, una vez resueltas las impugnaciones que se hubieren interpuesto sobre la misma, procediendo a formular, en su caso, la declaración de validez de la elección y la de presidente electo respecto del candidato que hubiese obtenido el mayor número de votos.

• e) El Artículo 108 define con criterio amplio como servidores públicos para los efectos de las responsabilidades en el uso del patrimonio del estado a "los representantes de elección popular, a los miembros del Poder Judicial Federal y del Poder Judicial del Distrito Federal, los funcionarios y empleados y, en general, a toda persona que desempeñe un empleo, cargo o comisión de cualquier naturaleza en el Congreso de la Unión, en la Asamblea Legislativa del Distrito Federal o en la Administración Pública Federal o en el Distrito Federal, así como a los servidores públicos de los organismos a los que esta Constitución otorgue autonomía."

• f) El Artículo 116, dedicado a los poderes de los Estados, en su apartado IV se refiere a la materia electoral regulando, entre otras cuestiones, la coordinación del sistema nacional con los regímenes locales, lo que constituye un punto siempre complejo en los países federales. La norma constitucional impone a los Estados garantizar en sus constituciones y leyes condiciones equitativas de financiamiento público e instituir bases obligatorias   para la coordinación entre el Instituto Federal Electoral y las autoridades electorales locales en materia de fiscalización de las finanzas de los partidos políticos. Se regulan cuestiones de acceso a los medios por los partidos y también de calendario electoral local y su posible convergencia con elecciones federales.

Así mismo se introduce la improbable eventualidad de que "las autoridades electorales competentes de carácter administrativo puedan convenir con el Instituto Federal Electoral se haga cargo de la organización de los procesos electorales locales. "

• g) El Artículo 122 regula los órganos de gobierno del Distrito Federal y, consecuentemente, la forma de cubrir los cargos de elección popular, que han de someterse a la normativa general,   mencionándose específicamente   los Artículos 41 y 99 de la Constitución.

• h) En el Artículo 97 deroga su anterior párrafo tercero relativo al nombramiento por la Suprema Corte de justicia de algunos funcionarios del aparato judicial.

• i) La adición del Artículo 134 introduce nuevas normas sobre la eficacia, eficiencia y honradez con que deben ser   administrados los recursos públicos y la contratación para su aplicación. Especialmente relevante en el ámbito electoral es la disposición de que los

servidores públicos han de aplicar con imparcialidad los recursos públicos "sin influir en la equidad de la competencia entre los partidos políticos". Así mismo es relevante la disposición de que "la propaganda, bajo cualquier modalidad de comunicación social, que difundan como tales, los poderes públicos" en ningún caso incluirá nombres, imágenes, voces o símbolos que impliquen promoción personalizada de cualquier servidor público."

Como toda reforma legítima de índole constitucional, la de México demandó de un amplio consenso de las principales fuerzas involucradas. Así ocurrió con el compromiso tanto de los opositores PRI, PRD y el gobernante PAN, que se propusieron disminuir el alto costo político que hubo de pagarse en el 2006 y mejorar los términos de la competencia partidaria. La reforma constitucional tuvo tres ámbitos de aplicación en materia electoral: administrativo, jurisdiccional y penal, por lo que se tuvieron que modificar las normas referidas al Código Federal de Instituciones y Procedimientos Electorales (COFIPE), la Ley General del Sistema de Medios de Impugnación en Materia Electoral (LGSMIE) y el Código Penal Federal, especialmente el Capítulo XXIV, así como otras normas que regulan la concesión y operación de los medios electrónicos de comunicación.

Las reformas constitucionales obligaron, a su vez, a modificar las normas relativas a la constitución, registro de los partidos, sus prerrogativas, financiamiento y fiscalización.

Asimismo, su régimen de gobierno interno y resolución de controversias. La reforma cruzó, de manera firme, el ordenamiento de los partidos políticos, en un marco normativo ya de por sí amplio y complejo.

La inusual inclusión constitucional de ciertas medidas muy específicas tiene clara explicación dado el contexto político en que se desarrolló la reforma. El tema del acceso a medios y su control, por ejemplo, era políticamente explosivo (y lo sigue siendo) dado el poder político de las empresas televisoras. La reforma afectó no solo al aspecto de "negocio" de dichas empresas, sino también y sobre todo al poder político de los medios. Por ello, la oposición de estos medios fue fortísima y agresiva, pero aun así la reforma fue aprobada casi por unanimidad; con la excepción de dos partidos coaligados para los cuales la reforma implicaba pérdida de ciertas prerrogativas.

La reforma del 2014

La reforma del 2014 incluye modificaciones a los siguientes artículos de la constitución: 26, 28, 29, 35, 41, 54, 55, 59, 65, 69, 73, 74, 76, 83, 83, 84, 89, 93, 95, 99, 102, 105, 107, 110, 111, 115, 116, 119 y 122.

Con fecha 10 de febrero de 2014, se publicó en el Diario Oficial de la Federación el Decreto por el que se reforman, adicionan y derogan diversas disposiciones de la Constitución Política de los Estados Unidos Mexicanos, en materia política-electoral.

Cabe señalar que el dictamen contempla dos iniciativas eje: una presentada por los senadores del PAN y PRD, el 24 de julio de 2013, y otra propuesta por senadores y diputados del PAN, el 24 de septiembre de 2013; así como 36 iniciativas más relacionadas con el tema político-electoral y fueron presentadas durante las LXI y LXII Legislaturas.

La reforma merece un análisis por su trascendencia, la cual se evaluará a partir de su aplicación y sin duda dará una nueva cara a nuestro sistema político. De entre las más importantes reformas publicadas en el Decreto, dedicaremos algunas reflexiones a las que nos parecen de mayor impacto y ameritan mayor nivel de crítica, sin demeritar los aspectos positivos de otras modificaciones.

Planeación Deliberativa y Consejo de Evaluación.

La reforma al artículo 26 Constitucional, que incluye la palabra "deliberativa" para referirse al sistema de planeación, implica una nota sustancial, pues sin dejar de advertir que la deliberación en los cuerpos legislativos es parte del sistema político mexicano desde hace tiempo, ahora se pretende dar una mayor participación a diversos actores en la planeación democrática, la parte lamentable en esta reforma es la nula referencia a los mecanismos a través de los cuales habrá deliberación real y seria en la estructuración del sistema de planeación nacional, pues si bien a nivel político federal y local ya existen algunos mecanismos de participación (iniciativa popular, referéndum, etc.), en la planeación deliberativa debió al menos enunciarse constitucionalmente, para su desarrollo en leyes secundarias, los mecanismos o principios a través de los cuales habrá de realizarse; pensar en la sola inclusión de la palabra, sin modificación alguna en el esquema de planeación actual o el señalamiento de cómo concretarla, es mera retórica constitucional.

En ese mismo tenor, en el mismo precepto reformado, se adicionó un inciso C mediante el cual se crea un órgano constitucional autónomo, denominado Consejo Nacional de Evaluación de la Política en Desarrollo Social: "que será un órgano autónomo, con personalidad jurídica y patrimonio propios, a cargo de la medición de la pobreza y de la evaluación de los programas, objetivos, metas y acciones de la política de desarrollo social, así como de emitir recomendaciones en los términos que disponga la ley"; al respecto es de mencionar que la evaluación en indicadores objetivos de la política en desarrollo social, bien pudo ser asignada al Instituto Nacional de Estadística y Geografía (INEGI), sin necesidad de crear otro órgano, habida cuenta de la obligatoriedad en el uso de la información que el INEGI colecte y lo oficial de la misma; lo anterior conforme a los artículos 3° y 4° de la Ley del Sistema Nacional de Estadística y Geografía.

De esta suerte el Consejo y su aparición en la Constitución desmerece a su denominación, pues dicho Consejo sólo evaluará los programas sociales, medirá la pobreza y emitirá recomendaciones, sin que hasta ahora se sepa su eficacia u obligatoriedad; cuando, toda proporción guardada, el otro Consejo que viene a nuestra mente, como referencia, es el Consejo Económico, Social y Medioambiental a que refiere al Título XI de la Constitución de la Quinta República Francesa (Art. 69 y subsiguientes); con la diferencia de que éste elabora dictámenes sobre consultas que le hace el Gobierno o el Parlamento y a quien se somete obligatoriamente todo plan o proyecto de ley de programación de carácter económico, social o medioambiental para que emita un dictamen.

Instituto Nacional Electoral y reelección.

Por lo que hace a la reforma al artículo 41, una de las más extensas del Decreto, varias observaciones hay que hacer al respecto, en primera instancia se aumenta el umbral de votación para acceder a la adjudicación de representantes dentro de los órganos legislativos, pasando del 2 al 3% del total de la votación válida para tener ese derecho; cabe señalar que si la intención es limitar la atomización del voto, cuestionamos su eficacia pues basta ver los resultados de la elección presidencial del año 2012 para observar que todos los partidos políticos que participaron están por encima del umbral, aunque si atendemos a las elecciones intermedias, que suelen ser menos participativas, de los diez participantes nacionales sólo cuatro se hallarían por debajo del umbral reformado del 3%; dado el enorme gasto presupuestal para el sostenimiento de nuestra democracia quizá habría que pensarse en aumentar el umbral un poco más, pensando en que en Alemania el porcentaje mínimo es del 5%.

Destaca sin duda la creación del nuevo Organismo Constitucional Autónomo denominado Instituto Nacional Electoral (INE), sustituto del Instituto Federal Electoral (IFE).

Al respecto observamos la pertinencia de mantener la denominación del antiguo IFE y sólo haber reformado su estructura y demás legislación, sin destruir la buena imagen que había consolidado durante años y que lo llevaban a ser una institución confiable para los ciudadanos, pero no así para los partidos políticos, cuyo desprecio quedó demostrado ante la incapacidad y tardanza en el nombramiento de sus Consejeros, lo que llevó al IFE a operar actualmente con sólo cuatro de los nueve consejeros que deben integrar este órgano.

El Instituto Nacional Electoral estará integrado por un consejero presidente y diez consejeros, para un modelo de órgano colegiado idéntico en número a la Suprema Corte de Justicia de la Nación; sin embargo, la depuración de los candidatos que se inscriban a la convocatoria la realizará un consejo consultivo integrado por siete personas, tres designadas por el órgano de dirección política de la Cámara de Diputados, dos por la Comisión Nacional de los Derechos Humanos (CNDH) y dos por el organismo que sustituya al IFAI.

De esta integración del órgano consultivo nos parece un exceso la participación de integrantes designados por la CNDH y el órgano que sustituya al Instituto Federal de Acceso a la Información y Protección de Datos (IFAI), pues en nada se relacionan sus funciones con las de carácter político o electoral, máxime que ni la CNDH ni el órgano que sustituya el IFAI, per se son garantía de la elección de los mejores perfiles para el cargo de consejero.

Menos aun cuando la elección final quedará en manos de la Cámara de Diputados; debiendo ser un verdadero procedimiento de análisis y escrutinio de candidatos, con evaluaciones profesionales y no con meras comparecencias que se prestan más al lucimiento de los legisladores o, peor aún, a demostrar sus carencias y nulos conocimientos en la materia con soliloquios irrelevantes o con revanchas políticas.

La designación final no puede ser más parcial, pues la hará el órgano de dirección política de la Cámara de Diputados, es decir, dentro del esquema de la democracia deliberativa a que alude la reforma al artículo 26, no se da participación al Pleno de la Cámara sino sólo a los iluminados representantes de su órgano de dirección política (en nuestra interpretación, la Junta de Coordinación Política de acuerdo al artículo 33 de la Ley Orgánica del Congreso General de los Estados Unidos Mexicanos).

Finalmente, para evitar la postergación en la designación de los consejeros por parte de la Cámara de Diputados, se asigna una nueva facultad a la Suprema Corte de Justicia de la Nación para que sea este Alto Tribunal el encargado, mediante insaculación, de designar a los consejeros ante la omisión de quienes deben hacerlo en primera instancia.

En otro aspecto de la reforma, se destaca la inclusión a nivel constitucional de la posibilidad de que el INE se encargue de las elecciones de las dirigencias de los partidos políticos a solicitud de los mismos y con cargo a sus ministraciones presupuestales, lo que nos lleva a pensar que si los partidos políticos no pueden procesar la renovación de sus dirigencias, poco podemos exigirles en temas más profundos y de mayor envergadura, además de que se contrapone al espíritu de la propia reforma conforme a los principios de la base primera del artículo en análisis, pues de este precepto se desprende el principio de elección libre por medio de votación secreta y universal, que no sólo es indispensable en la elección de representantes populares sino también debe extrapolarse a los partidos políticos y la elección de sus dirigencias nacionales o estatales.

Asimismo, se prevé que la ley secundaria planteará un esquema de nulidades en materia electoral, que incluye la posibilidad de la declaración de nulidad de la elección, pero sólo en caso de violaciones determinantes, entendiéndose por éstas las que se produzcan en los supuestos de la reformada base VI del artículo 41(2) y sólo sí la diferencia en votos entre el primer y el segundo lugar es menor al 5%.

La reelección de diputados y senadores es interesante, pues se autoriza la reelección inmediata de senadores hasta en dos periodos, pero a la vez la de los diputados por un total de hasta cuatro legislaturas; curioso que ambos están en posibilidades de mantenerse en el cargo hasta por doce años, lo cual es revelador de lo poco que cedieron en sus cotos de poder al igualar en tiempo máximo que pueden permanecer en sus curules.

Sin embargo, pasa desapercibido a la reforma la diversidad de periodicidad en los cargos legislativos federales, pues es más sencillo reelegirse en una sola ocasión (senadores), que hacerlo en tres (diputados); considerando también que este periodo, de concretarse para ellos, abarca dos sexenios, pasados los cuales no podrían volver a ser legisladores de forma continua; creemos que el esquema no mejora el anterior; pero en este aspecto queda en entredicho nuestra cultura democrática como electores al mantener a los mismos legisladores pese a las pruebas de su eficiencia y ante los excesos a los que son tan proclives, sin generalizar.

Cabe destacar que esta disposición sólo se aplicará hasta las elecciones de 2018 conforme al artículo Décimo primero Transitorio del Decreto.

No obstante, siempre quedan los subterfugios legales, pues habremos de esperar la reforma para saber si esta reelección sólo puede aplicarse a los diputados o senadores electos bajo el principio de mayoría relativa o bien se extrapola para los de representación proporcional, pues en ese caso bastará estar incluido en los primeros puestos de las listas plurinominales para casi garantizar la reelección por el máximo de los periodos anotados, sin entrar a la lucha por el voto en los distritos electorales; es por ello que las leyes secundarias deberán ser analizadas en su oportunidad. En ese sentido si de "premiar o castigar" se trata, pues al menos que exista el requisito de que deban competir para obtener el premio.

Mención especial merece la inclusión de las candidaturas independientes y su regulación, pues resalta de inmediato que a simple vista el texto constitucional proscribe su reelección, al condicionar que se puede acceder a ella al ser propuestos por el "mismo partido o coalición de partidos" y al ser los candidatos independientes apartidistas, pues exegéticamente no están contemplados en el texto constitucional para estar en posibilidad de aspirar a la reelección. (Arts. 59, 115 y 116).

Candidaturas independientes.

Ahora bien, en cuanto a las candidaturas independientes es menester un examen un poco más amplio para justificar nuestra postura, ello en relación al sistema electoral que pretende configurarse.

Si la política es la búsqueda del poder, su acceso y su mantenimiento, entonces las reglas o reformas políticas deben tender a que esta lucha se desarrolle en condiciones equitativas para los concursantes, si recordamos el caso de Castañeda Gutman contra el Estado Mexicano, primera condena de la Corte Interamericana de Derechos Humanos, establecía en su parte conducente que: "Con base en los anteriores argumentos, la Corte no considera probado en el presente caso que el sistema de registro de candidaturas a cargo de partidos políticos constituya una restricción ilegítima para regular el derecho a ser elegido previsto en el artículo 23.1.b de la Convención Americana y, por lo tanto, no ha constatado una violación al artículo 23 de dicho tratado."

Bajo estas consideraciones partimos de la premisa de que ambos sistemas, tanto el de nominación por partido político como el de candidaturas independientes, son intrínsecamente válidos y no transgreden la Convención Interamericana, ni son violatorios de derechos humanos.

Siendo así queda ahora por tratar la pertinencia de la doble regulación en nuestra realidad política e histórica.La democracia, como espacio de participación en la toma de decisiones de los más amplios sectores de la población ha probado, al menos en el mundo occidental, ser el más eficiente tipo de Estado; sin embargo, la nueva visión de la democracia, particularmente desde los últimos veinte años del siglo pasado, incorpora una visión de inclusión de amplios sectores para dar paso de la democracia representativa a una democracia participativa con mecanismos de democracia semi-directa, como el plebiscito, el referéndum, la iniciativa popular y la revocación del mandato.

Pero el tránsito hacia una real participación, como casi todo, ha de ser paulatino, no es deseable forzar a una participación mayor cuando aún no se han llenado cabalmente las posibilidades reales de democratización, escrutinio y evaluación dentro del esquema tradicional de los partidos políticos, más extremo es pensar en un cambio sustancial de nuestro sistema político al incorporar las candidaturas independientes en un sistema cuya concepción y estructuras históricas han sido diseñadas para los partidos políticos como "entidades de interés público".

En nuestro país el modelo de partidos políticos no sólo ha sido el único acceso a la palestra política sino que también se ha gastado una increíble cantidad de recursos públicos para el sostenimiento de estructuras partidistas onerosas y a instituciones relacionadas que también han resultado carísimas, así las cosas nos preguntamos ¿cómo ahora, de buenas a primeras, tirar toda esa inversión en un tránsito a un esquema en el que no se está cabalmente preparado?

Veamos, sin conocer las reglas que habrán de aplicarse a la participación de candidatos independientes a puestos de elección, las opciones al respecto son fundamentalmente dos, una mesurada y paulatina y otra más radical:

PRIMERA: Adecuar los esquemas de participación en los partidos políticos a los más reconocidos y plausibles de toda democracia que se precie de serlo, esto es, aplicar principios como el de voto directo en la elección de representantes, honestidad y transparencia de los recursos presupuestales entregados a los partidos políticos y su fiscalización, así como la sanción a aquellos que violen estos principios. Adicionalmente, contemplando la proporcionalidad en el costo de los aparatos legislativos en función del contexto de la población general, evitando el sobrepago y el dispendio de recursos, regresando más a la parte del cursus honorum de los romanos y, finalmente, el desarrollo real de los mecanismos de participación de la democracia (referéndum, plebiscitos, iniciativas populares y revocación de mandato), pues sólo mediante el incentivo de la participación de los ciudadanos podremos contar con mejores instituciones; finalmente, y una vez transitado este camino, incorporar plenamente las candidaturas independientes como posibilidad real de acceso a la lucha política en condiciones equitativas a las de un partido político.

SEGUNDA: La otra ruta es la de modificar todo el sistema de elección para dar paso a un esquema en el que el partido político no sea ya el mecanismo de acceso al poder, al menos no en forma institucionalizada, cambiando el paradigma del financiamiento público orientándolo sólo a candidatos independientes, desmontando todo el sistema de privilegios, prebendas y cotos de poder de la llamada partidocracia. Lo anterior a efecto de quitar de en medio lo que la sociedad no consiente más, que son partidos ineficientes y caros, cotos de poder para una élite que ha demostrado no ser la mejor en cuanto a trabajo legislativo y seguimiento institucional de las normas que aprueba e irresponsable política y jurídicamente de sus errores, ya accidentales o deliberados.

Para ejemplificar un poco lo claro de nuestro sistema de partidos, en relación con su eficiencia, miremos el gasto presupuestal de los últimos cuatro años:

PRESUPUESTO DE EGRESOS DE LA FEDERACIÓN PARA EL INSTITUTO FEDERAL ELECTORAL POR AÑO 2010-2014

2014	$21,833,978,178.00
2013	$11,019,848,180.00
2012	$15,953,900,000.00
2011	$10,499,006,365.00
2010	$ 8,631,759,587.00

Como puede verse, la cantidad de recursos entregados al IFE en estos años es altísima y si sumamos la parte que, dentro del presupuesto del Poder Legislativo se destina a cada uno de los Grupos Parlamentarios en el Poder Legislativo, la sorpresa es aún mayor; ahora sumemos las cantidades que se entregan a cada Instituto Estatal Electoral y a cada partido en las entidades, así como el mantenimiento de Tribunales Federales y Locales especializados en materia electoral, salarios de funcionarios e infraestructura; tendremos una suma que, si fuese proporcional, debería situarnos como una de las democracias más eficientes del mundo, cosa que desafortunadamente no somos.

De esta manera y como conclusión estimamos que primero ha de desarrollarse a fondo el esquema de partidos políticos para que rinda frutos la cantidad de dinero público que se ha invertido en ellos, con todas las herramientas y mecanismos posibles, eficientes y efectivos, a la par del compromiso serio de la ciudadanía, con una actitud crítica y de constante escrutinio y evaluación que no constriña sólo al momento de depositar nuestro voto en la urna electoral cada tres o seis años. Esa es la asignatura que tenemos pendiente como ciudadanos y en la cual, hasta ahora, también hemos dejado mucho que desear.

Gobierno de Coalición.

Un expediente que resalta por su incorporación en la reforma es el llamado "Gobierno de Coalición", esta parte amerita un desarrollo puntual. El sistema político mexicano, desde sus orígenes y con la influencia de la Constitución de los Estados Unidos de América, adoptó en su primera constitución (1824) un sistema presidencial, esta forma de gobierno cuyo desarrollo es reciente a diferencia de los sistemas parlamentarios, tiene como característica sustancial la preeminencia del poder ejecutivo sobre el poder legislativo.

En los sistemas parlamentarios, que no es nuestro caso, los "Gobiernos de Coalición" son el resultado de alianzas parlamentarias que se suman para formar un gobierno estable, pero con la particularidad de que el gobierno resultante subsiste sólo hasta en tanto la alianza se mantiene, pues cuando termina ésta existe la posibilidad de la disolución del gobierno y la formación de otro basado en los nuevos equilibrios políticos. Es decir, el parlamento disuelve al gobierno, los integrantes de éste renuncian a sus cargos y dimite el Primer Ministro o Jefe de Gobierno, cualquiera que sea su denominación, lo cual no sucede en un régimen presidencial, simple y sencillamente porque la falta de acuerdos parlamentarios no ocasiona, bajo ninguna hipótesis, la renuncia del Presidente de la República.

Es por ello que las sumas o coaliciones parlamentarias conocidas como Gobiernos de Coalición sólo son realidades constitucionales estructuradas en regímenes parlamentarios.

De esta manera, la mención de Gobiernos de Coalición en un sistema presidencialista no es afortunada, habida cuenta de los elementos esenciales del régimen presidencial, para lo cual citamos a Sartori, son:

"De manera que un sistema político es presidencial si y sólo sí, el jefe de Estado a) es electo popularmente; b) no puede ser despedido del cargo por una votación del parlamento o Congreso durante su periodo pre-establecido, y c) encabeza o dirige de alguna forma el gobierno que designa."(5).

Bajo estas condiciones *sine quan non* del sistema presidencial es clarísimo que al menos la remoción del ejecutivo por el parlamento es una condición que no se presenta en el Estado mexicano, máxime porque de no existir coalición ello no repercute en la estabilidad del ejecutivo, dado que no renunciará ante la negativa de los partidos a coaligarse para aprobar un nombramiento, una política pública o pasar una iniciativa de ley presentada por el ejecutivo en uso de sus facultades constitucionales.

De lo que realmente se trata es de una eufemística manera de presentar la necesidad de que el congreso y el ejecutivo trabajen de la mano para sacar adelante reformas constitucionales y legales, para que no se empantane al ejecutivo ante la falta de acuerdos en el órgano legislativo entre los miembros de su partido y la oposición, más en temas fundamentales que requieran mayorías calificadas; lo que se pretende es evitar la parálisis legislativa como mecanismo de presión por parte de la oposición al partido en el gobierno.

Sin embargo, este tipo de trabajo se desempeña ya directamente en el congreso y es su facultad, prerrogativa y función esencial como tribuna donde se dirimen las disputas políticas y se logran acuerdos y negociaciones; esa es la esencia de un órgano deliberativo como el Congreso y para ello no precisa de un gobierno de coalición sino de trabajo profesional de los actores políticos y representantes populares, que es el mismísimo fundamento de un estado democrático.

En suma, la mera denominación de gobierno de coalición es un exceso en un sistema presidencial y una reiteración de lo que debe ser, y no ha sido, un verdadero trabajo legislativo profesional de los representantes al Congreso y demás actores que no han estado a la altura de las grandes discusiones nacionales; no en vano la percepción de confianza sobre este órgano legislativo es de las menores de entre todas las instituciones del Estado mexicano.

Finalmente, la reforma, su implementación y desarrollo en leyes secundarias está en marcha, como siempre los resultados se verán en el mediano plazo y, pese a las observaciones e inconsistencias a que nos hemos referido en líneas precedentes, como ciudadanos debemos estar atentos a la discusión y argumentación pública de las mismas, y a la búsqueda y ejercicio real de mejores y más eficientes mecanismos de participación institucional y extra institucional, así como de una rigurosa evaluación y seguimiento de nuestra clase política.

Por su importancia para el avance democrático del país destacan las modificaciones al artículo 26 en su apartado A que adiciona el siguiente párrafo:
"Los fines del proyecto nacional contenidos en esta Constitución determinarán los objetivos de la planeación. La planeación será democrática y deliberativa. Mediante los mecanismos de participación que establezca la ley, recogerá las aspiraciones y demandas de la sociedad para incorporarlas al plan y los programas de desarrollo. Habrá un plan nacional de desarrollo al que se sujetarán obligatoriamente los programas de la Administración Pública Federal"

Adicionalmente en el apartado C establece que:

"El Estado contará con un Consejo Nacional de Evaluación de la Política de Desarrollo Social, que será un órgano autónomo, con personalidad jurídica y patrimonio propios, a cargo de la medición de la pobreza y de la evaluación de los programas, objetivos, metas y acciones de la política de desarrollo social, así como de emitir recomendaciones en los términos que disponga la ley, la cual establecerá las formas de coordinación del órgano con las autoridades federales, locales y municipales para el ejercicio de sus funciones".

Lo anterior relaciona las nuevas bases de la democracia participativa con la planeación nacional y otorga independencia aun órgano responsable de la evaluación política y social, lo que es sin duda un avance impresionante siempre y cuando este órgano se integre por ciudadanos calificados.

Sin duda es el Artículo 41 la base fundacional del nuevo sistema político electoral mexicano al reafirmar que los partidos políticos son entidades de interés público que tienen como fin promover la participación del pueblo en la vida democrática, contribuir a la integración de los órganos de representación política y como organizaciones de ciudadanos, hacer posible el acceso de éstos al ejercicio del poder público.

Con respecto a la obtención o conservación del registro como partido político nacional se incrementa a tres por ciento del total de la votación válida emitida en cualquiera de las elecciones que se celebren para la renovación del Poder Ejecutivo o de las Cámaras del Congreso de la Unión, de otra manera les será cancelado el registro. Lo anterior sin duda registra un retroceso y una forma de enfilarse hacia el tripartidismo afectando a la democracia pluripartidista. Es sabido que los tres principales partidos obtienen una votación cercana al 30 por ciento, más el PVM que ronda alrededor del 5 por ciento lo que dejaría entre 5 y 10 por ciento para los seis partidos restantes, Lo anterior implica que en las elecciones del 2015 quedarán sólo entre cuatro y cinco partidos con registro.

En su fracción III el artículo 41 establece un avance significativo al dar entrada en igualdad de condiciones a los candidatos independientes que tendrán derecho de acceso a prerrogativas para las campañas electorales en los términos que establezca la ley. El problema está en que los requisitos para registrarse como candidato independiente son demasiado altos, casi los mismos como para crear un nuevo partido.

En su apartado A se refrenda que el Instituto Nacional Electoral será autoridad única para la administración del tiempo que corresponda al Estado en radio y televisión destinado a sus propios fines y al ejercicio del derecho de los partidos políticos nacionales.

El tiempo establecido como derecho de los partidos políticos y, en su caso, de los candidatos independientes, se distribuirá entre los mismos conforme a lo siguiente: el setenta por ciento será distribuido entre los partidos políticos de acuerdo a los resultados de la elección para diputados federales inmediata anterior y el treinta por ciento restante será dividido en partes iguales, de las cuales, hasta una de ellas podrá ser asignada a los candidatos independientes en su conjunto.

Así mismo, se centralizan las actividades y funciones en las entidades federativas, ya que el Instituto Nacional Electoral administrará los tiempos que correspondan al Estado en radio y televisión en las estaciones y canales de cobertura en la entidad de que se trate. Igualmente, se establece que la organización de las elecciones es una función estatal que se realiza a través del Instituto Nacional Electoral y de los organismos públicos locales, en los términos que establece esta Constitución.

El Instituto Nacional Electoral será autoridad en la materia, independiente en sus decisiones y funcionamiento, y profesional en su desempeño; contará en su estructura con órganos de dirección, ejecutivos, técnicos y de vigilancia.

En este sentido, la detallada "constitucionalización" de muchos aspectos de la reforma trataría de evitar el riesgo de que fuertes opositores a la misma pudieran darle la vuelta o marcha atrás. Por motivos similares se incluyeron en la Constitución medidas que ya existían en los reglamentos y en la legislación, pero que eran de problemática implementación. El supuesto es que al elevarse a rango constitucional, las normas tendrían más garantía de ser cumplidas, una hipótesis que sólo el tiempo demostrará si se cumple, ya que en México se han hecho reformas constitucionales prácticamente bajo cada presidente en los últimos 50 años.

Por ejemplo, anteriormente el COFIPE ya tenía una norma que prohibía a terceros hacer publicidad a favor o en contra de un partido político en periodo electoral.

Esa norma era de muy difícil implementación por la interpretación subjetiva a que la misma se prestaba. En 2006, el IFE complicó el problema al mostrarse incapaz de implementar la norma de manera directa permitiendo interpretaciones complicadas, pero siempre sin poder actuar directamente. En cualquier caso, y con independencia de las motivaciones subyacentes, si bien la constitucionalización de tantas medidas y procedimientos puede proteger los principios de la reforma, puede convertirse igualmente en un elemento de asfixia e inflexibilidad en la implementación de la misma, sobre todo en casos donde la experiencia empírica de la aplicación de las medidas fuerce la necesidad de nuevas modificaciones. Una vez más, las consecuencias políticas de todos estos cambios constituyen una pregunta empírica que solo el tiempo y la práctica electoral se encargarán de mostrar.

Estructura institucional del IFE

Criterios de independencia y autonomía institucional de la administración electoral.

Desde una perspectiva internacional comparada, los principales y mínimos criterios de independencia y autonomía institucional son los siguientes:

• a) incluir en la Constitución la existencia de una administración electoral neutral e independiente del poder ejecutivo y los partidos políticos, así como el mandato de que una ley especial (normalmente la ley electoral) regule los aspectos procedimentales que hagan efectiva dicha independencia y neutralidad políticas;

• b) un procedimiento de nombramiento y remoción de los miembros de la más alta autoridad electoral que sea transparente y garantice la permanencia, profesionalidad y neutralidad de dichas autoridades. Normalmente el nombramiento procede de las cámaras por votación de mayorías cualificadas y de tal manera que, cualquiera sea la relación de los nombrados con los partidos políticos, queden liberados de todo nexo partidista una vez nombrados.

Esto último se consigue por la permanencia en el cargo y procedimientos de remoción que no queden al albur de la mera voluntad de quien gobierna o de los partidos en las cámaras;

• c) independencia de la autoridad electoral en la preparación de su presupuesto, que debe ser aprobado por las cámaras y debidamente hecho efectivo por la autoridad financiera del gobierno. La autonomía presupuestaria es pieza principal de la autonomía e independencia institucional de una autoridad electoral;

• d) profesionalidad de un cuerpo de funcionarios electorales, sometidos a las reglas comunes de selección, retribución y carrera en la administración del Estado. La profesionalidad de los funcionarios electorales es pieza central de una maquinaria electoral neutral y eficiente;

• e) en cuanto a la justicia electoral, los modelos existentes en el mundo varían enormemente desde unos tribunales especializados en elecciones como es el caso de México, hasta la judicatura común, pasando por sistemas donde el órgano administrativo electoral es a su vez tribunal de última instancia de las reclamaciones y recursos electorales. Y existen desde luego sistemas mixtos.

En el caso mexicano, varias de las medidas introducidas en la reforma tienen un impacto fundamental en las atribuciones y el diseño institucional del IFE. Los factores que inciden son múltiples, empezando por las modificaciones en el nombramiento delos consejeros del IFE. Si bien el procedimiento parlamentario continúa vigente y la adición del escalonamiento al nombrarlos ayuda a mantener la memoria institucional, la forma en que la discusión parlamentaria sobre los candidatos a consejeros se lleva a cabo resalta la visibilidad de los apoyos partidarios en el proceso de nombramiento.

Este último aspecto hace más patente la ligazón de cada candidato con partidos políticos concretos, lo que puede debilitar la institucionalidad del cuerpo directivo una vez integrado.

Igualmente, la posible re-elección del consejero presidente podría resultar inconveniente en la medida en que la persona que ostente el   cargo vaya a ser "evaluada" por parte delos parlamentarios no en términos de eficiencia y profesionalidad sino con criterios de lealtades políticas.

Adicionalmente, se hace mayor la presencia y visibilidad de los partidos políticos dentro de la institución. No sólo se mantiene la oficina de cada partido dentro del IFE, sino que el Congreso designa representantes de los partidos en todas las Comisiones internas menos en una.

La Comisión de Fiscalización, con presencia de los consejeros, es sustituida por una Unidad de Fiscalización cuyo titular es un funcionario nombrado por el Consejo del IFE, pero cuya autonomía de gestión necesariamente se verá influida por la incrementada presencia de los partidos políticos dentro de la institución.

Otra novedad es el establecimiento por el Congreso de una Contraloría Interna en el IFE, cuyo titular es nombrado por las Cámaras, aunque sujeto a una serie de restricciones internas. Dicha Contraloría es una adición al normal poder contralor de la Contraloría General de la República. La existencia de dicha Contraloría así como el nombramiento de su titular por los parlamentarios ha sido calificado moderadamente como si pareciera un "gesto inamistoso" hacia el IFE. Por otra parte resulta errónea la idea de que el IFE nunca antes fuera fiscalizado. Afortunadamente, el COFIPE debilita los "dientes" de la Contraloría, que ya no puede destituir consejeros, por ejemplo. Sin embargo, la mera existencia de una doble estructura de control puede tener implicaciones en la eficiencia y racionalidad de la institución electoral.

La reforma refuerza el carácter administrativo o burocrático del proceso electoral al cargar al IFE de competencias de supervisión, control y sanción. Las facultades del IFE para sancionar al respecto han sido fuertemente reforzadas.

Anteriormente se hacían llamados de atención, hoy la reglamentación es muy específica y las sanciones fuertes. Por tanto, si antes todo se resolvía a partir del arbitraje y la negociación, ahora existe la sanción como medio prioritario de acción. Estas nuevas atribuciones han cambiado la naturaleza del IFE, haciendo de la institución el gran regulador, arbitro y vigilante de las elecciones (algunos lo han llamado un "monstruo" fiscalizador y sancionador).

De una entidad dedicada fundamentalmente a la organización del proceso electoral, el componente sancionador se ha convertido en elemento esencial, lo cual puede originar complicaciones en las relaciones y la reglamentación de los partidos políticos. Este factor en sí mismo representa una fuerte carga para el IFE, que además puede llevar a los partidos políticos (que hacen parte del IFE) a encontrarse en una situación de sancionador y sancionado simultáneamente. Y en cualquier caso, el componente sancionador de las instituciones electorales resulta con frecuencia por sí mismo de muy difícil aplicación.

Desde una perspectiva operacional, se podría decir que hay demasiada reglamentación, sin importar la capacidad institucional para hacer seguimiento ni aplicar sanciones. Es muy probable que el IFE, en su calidad de "súper-fiscalizador", encuentre serios problemas de aplicación porque muchas cuestiones electorales son con frecuencia dependientes de interpretación. Un ejemplo claro es la determinación sobre si los contenidos de los mensajes son "ilegales" o no. En este caso se trata de una discusión eminente y esencialmente subjetiva, que no induce al consenso y puede debilitar a la institución electoral. Por otra parte, la vigilancia del IFE va más allá de lo que es formalmente la "campaña" electoral. En resumen, y desde una perspectiva de teoría constitucional y administrativa, el concepto general subyacente a los cambios más sustanciales del cuerpo normativo electoral es hacer girar toda la maquinaria electoral desde las elecciones como actividad de los ciudadanos y los partidos políticos a las elecciones como actividad administrativa de los aparatos del estado.

Cabe agregar que no sólo la ley ha llevado la reforma en esta dirección, sino que las propias reglamentaciones del IFE han hecho dicha dirección más inequívoca. Baste mencionar dos ejemplos de lo que se acaba de decir. Uno es el seguimiento del IFE sobre acceso de los partidos políticos a los medios, donde la institución electoral y no la ley ha establecido hacer un seguimiento del 100 por ciento de los spots en radio y televisión, una gran parte de los cuales pertenecen a la propia publicidad del órgano electoral.

Acceso a medios: administración, seguimiento y sanciones.

Modificación del modelo de acceso a medios.

La gran novedad de la reforma, y su aspecto tal vez más relevante y complicado, tiene que ver con el acceso a medios electrónicos por parte de los partidos y la subsecuente supervisión del IFE en la materia.

El modelo de acceso a medios se convirtió en un punto focal de la reforma y el que generó los mayores debates, impulsados en gran medida por los propios medios. Con anterioridad se había diagnosticado, como uno de los grandes problemas del proceso electoral, la relación de los partidos con los medios electrónicos (radio y televisión), un tema donde la autoridad electoral tenía muy poca capacidad de control y mucho menos de sanción. La reforma intentó buscar soluciones a los problemas de equidad relacionados con el acceso de los partidos y candidatos a los medios de comunicación electrónica.

Como antecedentes, cabe mencionar que en México, los partidos políticos gozaban desde hacía años del acceso gratuito a la radio y televisión. Sin embargo, la contratación directa de tiempos comerciales en los medios electrónicos para efectos de sus campañas políticas también era permitida y su costo representaba gran parte de los gastos de campaña de todos los partidos.

Por tanto, la contratación de tiempos en radio y televisión con fines electorales se convirtió en un tema álgido. La primera preocupación en relación con este modelo era el que todos los partidos tuvieran acceso a ellos, lo cual no era siempre era posible, aun si todos los partidos contaban con los recursos necesarios. De allí que la prioridad fuese, en un primer momento, garantizar el acceso a los medios para todos los partidos. El COFIPE que servía de marco legal a la elección del 2006 preveía un mecanismo para que todos los partidos tuvieran acceso a los medios y, adicionalmente, el IFE monitoreaba el manejo que los noticieros daban a las campañas políticas, vigilando que los medios dieran acceso a todos los partidos. Los resultados del monitoreo abarcaban los tiempos de transmisión, el número de menciones y los géneros periodísticos utilizados. Se trataba de controlar el apoyo o la falta del mismo, que los medios pudieran dar a ciertos partidos o candidatos - particularmente en las elecciones locales, para evitar que se alteraran las condiciones de la competencia.

El IFE no tenía competencias de sanción y las medidas que podía adoptar eran de tipo disuasorio exclusivamente, emitiendo informes sobre el cubrimiento de las campañas por pate de los medios electrónicos. El monitoreo siempre fue costoso y su eficiencia cuestionada en varias instancias. En 2003, pero sobre todo en 2006, se constató que el acceso de todos los partidos a los medios estaba garantizado, pero no en las mismas condiciones. Particularmente en 2006, se constataron abusos, donde los promocionales fueron vendidos por los concesionarios a precios muy diferentes a los diversos partidos. Además, el costo de campaña por misiones de medios electrónicos, especialmente la TV, sobrepasaba el 60 por ciento de todos los gastos de campaña. También en 2006, se añadió el problema de las "campañas negras" y la opinión pública se mostró bastante crítica en este aspecto, aduciendo problemas de inequidad en la campaña. Por ese cúmulo de razones no es exagerado afirmar que el aspecto esencial de la reforma es el acceso de los partidos políticos a los medios electrónicos.

Sin embargo conviene recalcar que este tema se desarrolla en un contexto más amplio que el meramente electoral. Se trata de un problema de regulación por parte del Estado de los medios electrónicos, en particular la TV. La ley vigente data de los años 60. El sector se caracteriza por un "duopolio" donde una de las televisoras es predominante. La ley establecía los tiempos de Estado a 30 minutos diarios- y los "tiempos fiscales" que se redujeron a 18 minutos durante la presidencia de Vicente Fox. Durante dicha presidencia, la denominada "Ley Televisa" ampliaba las prerrogativas de las televisoras, lo que creó un conflicto político.

En todo caso, existían problemas en la implementación de los tiempos oficiales, no se aplicaba la norma como debiera, los concesionarios argumentaban que si un solo canal o estación de radio cumplía, así ya cumplía todo el concesionario. El gobierno, a pesar de disponer de los tiempos oficiales, se veía obligado con frecuencia a comprar tiempos en los medios. El problema percibido era doble. De una parte, se trataba del negocio de las televisoras gracias al generoso financiamiento público de los partidos, quienes gastaban porcentajes importantes de sus recursos comprando spots promocionales en la televisión. De otra parte, el poder político de los medios creció desmesuradamente, porque se convirtieron en el elemento fundamental para darse a conocer (el spot como recurso privilegiado de la campaña política). El reto no era entonces solo abaratar los costos de las campañas sino también reducir el financiamiento de los partidos. Tal fue el sentido de la reforma.

Cambios normativos.

En ese contexto se produce la decisión de los legisladores de establecer un nuevo modelo de comunicación política y de acceso a los medios de comunicación electrónica, pasando de un esquema de amplia liberalidad a otro de alta intervención estatal. La medida principal al respecto fue la prohibición de acceder a tiempos en los medios de manera comercial.

En efecto, la Constitución establece ahora que los únicos espacios en medios electrónicos para la propaganda política serán los llamados "tiempos de Estado", o "tiempos oficiales". Se prohíbe a los partidos políticos, precandidatos y candidatos que contraten o adquieran, por sí o por terceras personas, tiempos, en cualquier modalidad, en radio y televisión. Tampoco podrán contratar tiempos los dirigentes o afiliados a un partido y las personas físicas o morales para su promoción personal con fines electorales o para influir en las preferencias electorales de los ciudadanos. El IFE es designado como la autoridad única para administrar la utilización de los "tiempos oficiales" en periodo electoral.

Como complemento a la prohibición de la contratación bilateral de tiempos de campaña en los medios electrónicos, la reforma también estableció medidas en relación con las campañas negativas y la difusión de la imagen de funcionarios públicos. Así, la Constitución establece que la propaganda política o electoral no podrá incluir expresiones que denigren a las instituciones ni a los partidos políticos o que calumnien a las personas. De otra parte, se prohíbe que la imagen personal de los funcionarios públicos sea difundida en los medios electrónicos. Significativamente, se le atribuyen al IFE funciones de monitoreo, control y sanción en la aplicación de todas las medidas referentes al acceso a los medios así como la aplicación de las pautas establecidas por el IFE sobre acceso a los medios, el contenido de las campañas y la difusión de imágenes de funcionarios públicos.

Con estas medidas, se incrementa sustancialmente el tiempo que tendrán a su disposición los partidos políticos durante las campañas. Por su parte, los tiempos para difusión de mensajes del IFE deberán ser compartidos con otras autoridades electorales locales y se requiere por parte del IFE una fuerte inversión en tecnología y recursos humanos para dichas operaciones.

Fiscalización de recursos de los partidos políticos.

Junto con el nuevo régimen de acceso a los medios electrónicos, la fiscalización de los partidos políticos constituye la otra medida más importante de la reforma. La fiscalización cambia desde su raíz, se modifican no sólo la estructura institucional, sino también sus procedimientos y alcances. Se aumenta significativamente la carga de trabajo del IFE en relación con la fiscalización de los partidos políticos, al modificarse y ampliarse los procedimientos. El principio de fiscalización que se empujó en la reforma es que los dineros de la política deben ser revisados del inicio hasta el fin; el IFE debe saber y controlar de dónde están proviniendo y cómo se están gastando los dineros de la política.

Financiamiento de los partidos.

Una novedad de la reforma es que, con el ánimo de reducir el volumen del financiamiento público a los partidos, se modifica la fórmula para determinar el monto total del financiamiento público anual destinado al sostenimiento de las actividades ordinarias permanentes de los partidos. Ahora, el monto a desembolsar resulta de multiplicar el número total de ciudadanos inscritos en el padrón electoral a julio de cada año por el 65 por ciento del salario mínimo diario vigente en la capital del país. Además, se mantiene el criterio de equidad para su distribución: el 30 por ciento del monto global en forma paritaria y el 70 por ciento de acuerdo con su porcentaje de votación.

En el financiamiento público para gastos de campaña los recortes son más evidentes. Ahora, contrariamente a como se hacía en el pasado, cuando concurren todas las elecciones federales, cada partido recibe un monto equivalente al 50 por ciento del financiamiento que haya recibido para gastos ordinarios, y cuando se trata sola mente de legislativas intermedias, la asignación sólo es equivalente al 30 por ciento del monto destinado a gastos ordinarios.

Cabe recordar que el acceso a los medios electrónicos, que representaba un porcentaje alto de los gastos de campaña, ahora es gratuito y, además, el tiempo de campaña se ha reducido sustancialmente. Debe también mencionarse que el dinero privado que pueden recibir los partidos sufre nuevas restricciones. Todas las cuotas de los simpatizantes o militantes deben estar registradas y no pueden exceder el 10 por ciento del tope de la campaña presidencial anterior (aproximadamente 24 millones de pesos). Los recursos provenientes de sorteos, rifas, actividades promocionales, colectas en vía pública, etcétera pueden ascender a un monto igual al proveniente de las aportaciones de simpatizantes y militantes. Dichos recursos deben ser igualmente registrados. El IFE está obligado a vigilar todo este sistema de financiación.

Nuevas atribuciones y herramientas.

Existe un consenso en el sentido de que la reforma fortaleció al IFE al reforzar sus funciones de fiscalización de los recursos de los partidos políticos y al dotarlo de herramientas idóneas para fiscalizar y sancionar.

De una parte, se regulan las precampañas y se obliga a los partidos a presentar informes sobre los gastos en las mismas (se establecieron periodos y topes de gastos para ella). De otra, desaparece la Comisión de Fiscalización y se establece la Unidad de Fiscalización, con el ánimo de hacer más técnica y eficiente la práctica de la fiscalización, permitiéndole hacer auditorias y verificaciones cuando se considere necesario.

Se diversifica, aumentándolos, el tipo de informes que los partidos deben presentar y se amplían las atribuciones sancionarías al respecto. A pesar de los avances en materia de precampaña, existen todavía vacíos en relación con la fiscalización de las campañas los informes de campaña se deben presentar 90 después de la jornada electoral, la revisión de los informes finaliza a terminar el año y los resultados de la fiscalización de la campaña se conocen solamente un año después de la elección.

Un gran cambio es que se otorga al IFE la potestad de acceder a los secretos bancario, fiduciario y fiscal; siendo ésta una de las medidas más importantes de la reforma en el tema de la fiscalización de recursos de los partidos y candidatos. Dicha potestad ya ha sido ejercida en alguna ocasión tras la reforma y ha podido constatarse que se trata efectivamente de un instrumento eficaz para la fiscalización. La Unidad de Fiscalización del IFE es el único órgano de la institución con poder de acceso al secreto bancario, Fiduciario y Iscal. Si los institutos estatales requieren información sobre esta materia, deben solicitarla al IFE - hasta marzo del 2009, solamente un estado (Chiapas) había requerido de este servicio. Con el desarrollo de las precampañas y campañas cabe espera un aumento de pedidos.

Como evaluación general de estos cambios, algunos estiman que en realidad se puede tratar de un cuchillo a dos filos. En la medida en que las funciones del IFE, pero no necesariamente los recursos, se incrementan, ello pudiera afectar la capacidad de la institución para cumplir sus funciones y podría erosionar la confianza en la misma por parte de los partidos políticos y la ciudadanía en general. Por otra parte, si la intención de los legisladores era reforzar la capacidad técnica del IFE para fiscalizar los recursos de los partidos, con procedimientos más expeditos que en el pasado, es posible también, como ya se mencionaba, que al ser el jefe de la Unidad un funcionario burocrático (y no un político), éste pudiera ser más vulnerable a las presiones de los partidos.

En términos internacionales comparados, la reforma da un gigantesco paso adelante, al menos como cuerpo normativo, en materia de fiscalización. No sólo se incrementa la potestad de fiscalización del uso de los recursos de los partidos políticos tanto en elecciones federales como locales, precampañas y campañas, sino lo que es más inusual, la potestad de fiscalizar va acompañada de un denso cuerpo de sanciones.

Ésta es una materia donde la mayoría de las nuevas democracias son legal y prácticamente deficitarias, y donde las viejas democracias no han encontrado el modo de hacer plenamente efectivo el control del uso de los recursos de los partidos. La reforma constituye un gran reto operativo y un avance legislativo para la democracia mexicana.

RESOLUCIÓN DE QUEJAS Y RECURSOS

La reforma en materia electoral modificó sustantivamente el tratamiento de las quejas y recursos manejados por el IFE. También introdujo medidas sustantivas importantes al servicio de la judicatura electoral en general y, por ende, del Tribunal Federal Electoral.

Trámite de quejas y recursos por el IFE.

En relación con el tratamiento de quejas y denuncias por presuntas faltas administrativas, los consejos distritales y locales del IFE tendrán nuevas atribuciones. De hecho, la reforma descentralizó sustancialmente el tratamiento de quejas y denuncias, que anteriormente era atribución exclusiva del Consejo General. Después de la reforma, los consejos distritales, deberán sustanciar el procedimiento especial sancionador, es decir, atenderán las denuncias y quejas referidas a la ubicación física o al contenido de propaganda política o electoral impresa, de aquella pintada en bardas, o de cualquier otra diferente a la transmitida por radio o televisión, así como a las relativas a actos anticipados de precampaña o campaña, mientras que los consejos locales deberán resolver las impugnaciones que de las resoluciones en los consejos distritales surjan.

Anteriormente sólo existía un tipo de procedimiento sancionador ("ordinario"), que servía como base a las reglas de buen actuar. En principio estaba (y sigue siendo) diseñado para resolverse en 40 días. El problema siempre ha sido el poder cumplir con los tiempos atribuidos, pues normalmente un expediente, sin investigaciones, tarda de 120 a 150 días en resolverse. El Tribunal Electoral ha pedido al IFE que todas sus investigaciones sean exhaustivas, lo que hace que el procedimiento sea poco apto al proceso electoral, pues los tiempos no son expeditos.

La reforma, ahora, permite un procedimiento "especial". Ya el Tribunal lo había utilizado en 2006, aunque no estaba contemplado en la ley, para poder lidiar con el tema de las campañas negras que se había convertido en un punto álgido del proceso electoral. El procedimiento especial pretende poder sancionar y corregir en tiempos óptimos. Este procedimiento especial fue sancionado por el artículo 41 de la Constitución y los artículos 367 y siguientes del COFIPE. El IFE debe ahora sancionar este tipo de irregularidades en cinco días y, factor determinante, no se conducen investigaciones. Se presenta queja con toda la carga; 24 horas después de recibida se determina si la queja se admite o deshecha; si se acepta la queja en 48 horas se hace una audiencia verbal con todas las partes, el denunciado aporta pruebas a su favor; finalmente se dan 24 horas para producir la resolución y 24 horas para que el Consejo General declare la queja fundada o no Los consejos distritales ahora están facultados para poder llevar a cabo esos procedimientos especiales. Como anteriormente todo se tramitaba por el Consejo General, la nueva medida pretende agilizar el proceso y destrabar el trabajo del Consejo General, optimizando los procesos operativos que, en el pasado, eran lentos y no permitían el cumplimiento de los tiempos establecidos.

La única excepción en las nuevas atribuciones distritales y locales frente a las quejas son los casos referentes a la radio y TV, que deben ser tramitados por el IFE a nivel central. Sin embargo, en materia de medios impresos, espectaculares, pendones etc., los consejos distritales y locales si tiene facultad de atender quejas. La prohibición de colar este tipo de publicidad en ciertos lugares claramente establecidos en la ley ya existía con anterioridad a la reforma.

Sin embargo, es novedoso que dicho asunto pueda ser objeto de queja. Las juntas distritales son competentes para recibir quejas, que después deben resolver los Consejos Distritales en tres su-puestos: a) reclamaciones sobre ubicación física de los anuncios o publicidad (Articulo 228 del COFIPE); b) contenidos de la publicidad; y c) actos anticipados de campaña, ya sean antes de que empiece la precampaña o la campaña. Los resultados de las quejas pueden ser apelados al Consejo General y la última instancia de queja, por supuesto, es el Tribunal Electoral de la Federación.

Estas nuevas atribuciones suponen un gran esfuerzo que deberán realizar los órganos descentralizados. "El IFE deberá tramitar y sustanciar en forma expedita y con apego al principio de exhaustividad los procedimientos sancionadores ordinario y especial instaurados con motivo de la interposición de quejas o denuncias o de su inicio oficioso, en términos de lo dispuesto en el COFIPE y la normatividad aplicable" (IFE). Como se trata de nuevas funciones, el IFE debe, durante este proceso electoral, capacitar a las juntas ejecutivas locales y distritales, así como a los consejos locales y distritales en materia sancionatoria. Durante las entrevistas mantenidas en este estudio, varios funcionarios y expertos argumentaron que, en efecto, era necesario destrabar los procedimientos referentes a las quejas, pero que no es automático el que la descentralización de los procedimientos vaya a producir este resultado. Si bien es cierto que muchas de las quejas y recursos que tramitaba el Consejo General se pudieran haber resuelto a nivel local, algunos expertos plantean que hacerle dado atribuciones a los consejos distritales para resolver recursos es más bien un retroceso que un avance, pues estos consejeros tienen un estar a tiempo parcial y no cobran sueldo; su función principal siempre ha sido logística y ahora su tarea se politiza, debilitándolos ya que los pone en confrontación con partidos y las partes sancionadas y convirtiéndose en el foco de funciones para el que no están preparados, a pesar de los esfuerzos del IFE por capacitarlas al respecto. Éste seguirá siendo un punto importante del seguimiento a la implementación de la reforma durante el curso del presente proceso electoral federal. Otra observación al respecto es que los órganos desconcentrados del IFE, en general, no están integrados esencialmente por abogados, sino por una pluralidad de profesionales. Cuando se trata de atender quejas, dichos órganos funcionan como una especie de jurado popular, que no necesariamente resuelve con visión esencialmente jurídica.

La preocupación referente al cumplimiento a tiempo con el trámite de quejas y recursos continúa vigente, pues a pesar de los procedimientos "especiales", se prevé un alza notable en el número de recursos durante este proceso electoral, ya se trate de quejas basadas en factores de seguimiento de medios, fiscalización de recursos o procedimientos ya de resultados del escrutinio. Como ya se ha indicado, el aumento de competencias de la administración electoral, la forma de solución de quejas en función de la descentralización de algunas de esas competencias, aunados a la nueva naturaleza sancionadora del IFE y la muy estricta reglamentación del proceso conllevan la posibilidad de un incremento sustancial de los recursos e impugnaciones.

Otro factor importante a tener en cuenta es el vacío normativo creado por la falta de legislación secundaria después de la reforma constitucional, lo que de una parte hace que el IFE tenga que reglamentar sobre vacíos legales, pudiendo aumentar así las posibilidades de impugnación y la consiguiente carga el trabajo de los jueces. Un ejemplo significativo es el del artículo 134 de la constitución, referido a la utilización de los recursos públicos y sobre el que no se legisló, en particular en lo referente a los párrafos 7 y 8, lo que ha implicado lagunas y la necesidad de reglamentación por parte del IFE. Por su parte, los jueces en materia electoral encuentran enormes vacíos y se ven obligados a aplicar principios generales para interpretar sobre deficiencias normativas, lo que no favorecen la seguridad jurídica, que constituye el objetivo principal del Derecho. Otra opinión frecuentemente manifestada en las entrevistas es que, pese a la posibilidad de recurrir a los consejos distritales y locales, podría mantenerse una tendencia de seguir recurriendo a instancias más altas, con la consecuente carga de trabajo y lentitud en el proceso. También existe el riesgo de producirse resoluciones contradictorias sobre un mismo asunto tratado por diferentes consejos distritales; de hecho este escenario ya se presentó en Michoacán en relación con unos espectaculares del PAN.

5 MEDIOS DE COMUNICACIÓN Y LA REFORMA POLÍTICA DEL 2014

INTRODUCCION

El presente capítulo analiza la utilización por parte de los partidos políticos de los medios de comunicación como herramientas para difundir sus mensajes en el entorno en el que se configura y evoluciona la transición democrática mexicana en los últimos años, adicionalmente se vincula con la reforma político electoral del 2014. Comienza un abordaje a los conceptos de la crisis de los partidos políticos y después de los medios de comunicación política. No es un estudio sociológico político de los avatares electorales de la transición, ni menos todavía una predicción del rumbo que seguirá el país. Pretendemos abordar la arista ideológica política en el núcleo del marco valorativo, en eso que enfáticamente se denomina "construcción de la democracia".

Ojala pudieran estas consideraciones servir como soportes para contestar algunas preguntas como las siguientes: ¿Estamos en una democracia o estamos en una transición a la democracia? ¿Qué valoración hay que hacer a la transición? ¿Queda algo del autoritarismo de antaño? ¿Cómo plantear la relación entre los partidos políticos, los medios de comunicación y la reforma político electoral del 2014? ¿Cómo valorar los cambios en la geografía política y en la orientación de los partidos mexicanos? ¿Lograremos procesos electorales totalmente democráticos? Obviamente no podremos dar respuestas a estas y a otras preguntas.

En cambio, pretendemos señalar algunos rumbos o tendencias para un análisis posterior del tema. El prisma por el que vemos el tema es híbrido. Por un lado, no pretendemos ocultar la sintonía, la complicidad y la observación comprometida con el avance democrático. Esa vinculación militante va unida al trabajo político que realizamos desde hace más de quince años. Eso marca la doble influencia reflexiva, teórica y práctica.

Por lo anterior, en este recorrido existirá un continuo ir de lo abstracto a lo concreto y de lo concreto a lo teórico, ello debido a que llevamos dentro tanto al político que tiene que proponer como al teórico que sólo quiere interpretar. Los elementos que afectan la consolidación democrática mexicana y que pueden propiciar la desviación son la firmeza de una herencia del presidencialismo; la prominencia coyuntural del neoliberalismo como factor debilitante del Estado; la existencia de grupos y modelos antidemocráticos (grupos de interés internos) y la postura de los militares en una lucha a la que fueron conducidos sin el respaldo jurídico que los proteja.

Los partidos políticos involucrados en el establecimiento del nuevo entramado democrático que evoluciona en México comparten una concepción – aunque sea mínima- de la democracia, pero existen grandes distancias entre sí acerca de cómo fomentar su construcción y desarrollo. No hay acuerdo de cómo fortalecer las instituciones o cuáles nuevas crear para garantizar la sustentabilidad democrática. Si la elección y las características de las instituciones fuera sólo una cuestión de eficiencia, los desacuerdos serían sólo un problema de divergencia en torno al mejor modo de instalarlas: ningún partido político cargará el costo político de hacer predominar su visión. Pero en la realidad, las instituciones afectan la manera y el grado en que se promueven orientaciones o intereses particulares.

La distancia existente entre los tres partidos políticos más importantes es definitiva en torno a la tríada y en relación con las polaridades entre PRD y PRI; PRD y PAN, más que las pequeñas diferencias existentes entre PRI y PAN. Los diseños institucionales que prefiere cada partido producen un conflicto insuperable en el corto plazo y las reducidas participaciones en ambas cámaras requieren del acuerdo partidario para sacar adelante cada iniciativa de ley.

Elecciones competitivas y la posibilidad real de la alternancia en el poder representan uno de los pilares - aunque no el único - de la democracia. En los últimos años hemos visto que los analistas y los políticos toman como un hecho el avance democrático de México porque se basan en la supuesta competencia en las elecciones y en el cada día más acariciado sueño de la alternancia en el poder en los distintos estados que integran la federación.

Al tomarlo como criterio de la existencia de la democracia se convierte en el tema privilegiado del análisis político.   Y para ello nada importa, como lo dijera Guy Hermet "que la acción real del elector sea infinitamente menos libre que el proceso electoral propiamente dicho" (Hermet, 1992).

La elección de 2012 estuvo plagada de denuncias acerca de la coacción y compra de votos, llegando incluso a la FEPADE a declarar que se convirtió en un asunto importante.

Al desechar las dudas sobre otra partes del proceso electoral que afectan o determinan parcialmente la orientación de los resultados olvidamos que la coherencia democrática vinculada a la decisión de la mayoría se transforma en un principio de legitimidad sólo si existen las condiciones complementarias como los índices de participación y que factores tales como el abstencionismo, la educación política de los electores, la libertad y autonomía individual, etc., son elementos que juegan un papel en el proceso electoral.

Mientras exista el control del poder central que extiende sus brazos como pulpo hasta las representaciones estatales y las relaciones clientelísticas de todo tipo, lo mismo ocurre con los poderes estatales y municipales que canalizan recursos - imposibles de fiscalizar - en apoyo a los candidatos del partido de origen. Estos factores son importantes de analizar ya que nos llevarán a lo que Sartori llama "un procedimiento de creación continua de minorías abiertas y rivales cuya conducta está regida por la ley de reacciones previstas; es decir, por la idea de que uno se forja la conducta de los electores en las elecciones futuras".

Las elecciones son también un revelador ideológico y un indicador del tipo de relaciones - de coerción o de participación - que el poder oficial pretende que exista en su relación con la ciudadanía. El contenido de la legitimación electoral puede ir desde el desempeño del papel de proveedores de apoyo político a través de la movilización hasta el reconocimiento internacional sobre procesos electorales democráticos.

En el proceso de cambio, el sometimiento a lo establecido no es la única actitud posible, en el "dialogo de insumisos" deben participar todos aquellos que no tienen la voluntad de plegarse a las constricciones del sistema. "Seguramente la única objeción que se puede hacer a la propuesta de esforzarnos por construir nuevas utopías racionales para las sociedades de nuestros días es que no merece la pena, que es más rentable limitarse a fomentar la disidencia, que no hay forma humana de promover una alternativa suficientemente plausible y digna de trabajar por ella frente a la rigidez monolítica de nuestras sociedades..." (García;1993:227).

Al igual que en otros países, en México "el problema de la práctica era más el problema la conciencia que el de la inmadurez de las condiciones materiales... El fracaso en el desarrollo de la conciencia... se convirtió en el fenómeno más significativo y singular de la historia contemporánea. Representaba el fracaso del movimiento dialéctico de la conciencia. En efecto, la crisis de la autoconciencia... se convirtió en el filo de las crisis de otros muchos dominios, motivados por parecidos fracasos dialécticos" (Friedman; 1986:238).

A pesar de los avances y retrocesos, debemos ver el horizonte lejano y olvidarnos de los "que consideran que sólo cabe la coincidencia amplia entre los que rechazan el orden social, asumiendo un "humanismo negativo" que coincide en la propuesta pero que es incapaz de articular el escenario de una sociedad futura" (García; 1993:20)

Los modos de acción social y política en América Latina casi nunca han estado dominados por un principio único: ¿cómo defender un liberalismo económico absoluto y remitirse a las leyes del mercado cuando la dependencia del exterior extraña distorsiones tan evidentes en el desarrollo económico y en la generación de la pobreza? ¿Cómo apelar al enfrentamiento de clases cuando una gran parte de la población pobre está más excluida que explotada, y cuando las clases medias, importantes en todas partes, apelan más a la participación amplia que a la violencia política? ¿Cómo ser integrista en un continente que no posee casi ninguna homogeneidad cultural, étnica, ni religiosa, si ideológica. "Como revancha la gran tentación...ha sido siempre el populismo..." (Touraine; 1989:22)

Desafortunadamente, los análisis realizados en los ochenta y noventa, en esos años de gran turbulencia, en los países latinoamericanos durante la primera ola democrática, siguen siendo válidos hoy, treinta años después, y lo más trágico es que pareciera que México no tomó en cuenta esas experiencias para instrumentar los cambios estructurales durante los dos sexenios del PAN, como sí lo hicieron Chile, Colombia, Brasil y Uruguay entre otros.

En México requerimos de partidos fuertes, porque la fragmentación y la debilidad desde el punto de vista representativo y organizativo son una falla para apuntalar la democracia. La percepción y la realidad interna de los partidos sea o no democrática afecta las concepciones populares sobre la política. La democratización debe avanzar al interior de los partidos para que estos sean el pilar institucional desde donde se promueve la sustentabilidad democrática. Así, aunque las instituciones tienen un impacto autónomo sobre el desempeño y la durabilidad de las democracias, sus efectos dependen del contexto político y cultural.

Debemos rediseñar las instituciones mexicanas de acuerdo con nuestra propia cultura y a las condiciones del contexto. Por ello, quizá una forma de hacerlo sea redactando una nueva Constitución para dar origen a una nueva República. Sin embargo, sería ilusorio pensar que en el corto plazo van a haber cambios.

Los partidos y los procesos electorales

En la visión de Osborne, si el liberalismo tradicional era la tesis y el conservadurismo era la antítesis, el desarrollo de la política ofrece una nueva síntesis- un paradigma que puede significar el nuevo realineamiento de la política, como progresismo. La nueva tesis, en su forma más pura, ve al sector privado como el problema y al gobierno como la solución. La antítesis, otra vez en su forma más pura, ve al gobierno como el problema y al sector privado como la solución.

La síntesis redefine la naturaleza de ambos problemas y su solución. Define la solución como nuevos papeles y por una nueva relación de entre las instituciones nacionales.

El nuevo paradigma puede describirse como una serie de supuestos interdependientes acerca de la realidad política, que juntos forman una forma coherente de pensar acerca de los problemas de nuestras sociedades. (Osborne, 1990:327)

La tendencia en el mundo, y en México sucede igual, es proporcionar a la sociedad civil a través de sus organizaciones el apoyo ideológico en el ámbito político con la tesis del Estado de la necesidad de fomentar la competencia con los partidos, permitiendo la socialización de los partidos, sin embargo, el apoyo real se ha canalizado hacia la estatización de estos al depender "para lo bueno y para lo malo" del financiamiento público.

En nuestros días, el despertar de la conciencia de la sociedad civil con la demostración que hizo de la imparcialidad en su participación en las contiendas electorales de 2000, 2006 y 2012 demostró que puede ser un factor de cambio y servir de impulso a la democratización y reflejaron ese avance participativo y cívico. Ahora el problema se traslada al ámbito interno de los partidos donde es obvia la deficiente democratización de sus procesos internos. Por otra parte, la experiencia muestra que en nuestros días la idea de democracia con intervención del Estado en los procesos electorales y con un partido de estado, es una utopía, porque propicia prácticas antidemocráticas. Hacerlo en las actuales condiciones es dejar en manos del lobo el cuidado de las ovejas.

La construcción democrática en el país es una respuesta a la transformación social, respuesta que mostró que desde el "descarrilamiento de trenes" hasta el "retorno del autoritarismo" son tan sólo una alusión al lobo para asustar a los ingenuos.

Sin embargo, tampoco podemos negar que el proceso de desideologización de los militantes de los partidos ha contribuido a la erosión de su credibilidad y al fortalecimiento de organizaciones gubernamentales que realizan tareas que los partidos deberían estar haciendo.

En el proceso de cambio, sólo actitudes críticas y responsables pueden ser exitosas, pues "el peso de la globalidad capitalista es de tal magnitud que no sólo combate el "romanticismo blando" (Castells) o el "derrotismo inmoral" (Heller) de los nuevos movimientos sociales sino que acaba con todo proyecto de cambio democrático que no esté dispuesto a asumir su cuota de responsabilidad en la defensa del "mundo libre"".

En el cambio democrático los partidos y el sistema electoral juegan un papel importante. Para Sartori aquellos que consideran como no importantes a los sistemas electorales están equivocados. Si no fueran importantes, se pregunta "¿Por qué los políticos disputan tanto acerca de ellos?, y ¿por qué los reformistas luchan persistentemente por cambiarlos? ¿Mucho escándalo para nada?" (1996:39)

Los sistemas electorales tienen dos efectos: uno sobre los votantes y otro sobre el número de partidos. El efecto sobre los votantes se conoce como un efecto represor, manipulador, limitante o incluso, coercitivo. El efecto sobre los partidos es el reductor. Las "leyes de Duvergier" lo explican claramente, aunque puede estar levemente equivocado.

Los partidos acceden al poder a través de los procesos electorales. Para que éstos sean democráticos, las funciones de las elecciones deben transformarse para poner especial énfasis en la participación de los electores, no sólo en el transcurso de las elecciones sino en el transcurso del proceso electoral.

Deben buscar la unanimidad en la participación y en el resultado del proceso electoral pero no olvidar la búsqueda de la mayoría; eliminación de la idea de la distinción entre el electorado y los dirigentes como actores sociales; despojar a las elecciones del carácter festivo, ritual, casi mágico y darle el tono de madurez y seriedad que requiere para fomentar el verdadero involucramiento de la sociedad no sólo en los procesos sino también en la evaluación de los resultados.

Elecciones competitivas y la posibilidad real de la alternancia en el poder representan uno de los pilares - aunque no el único - de la democracia. En los últimos años hemos visto que los analistas y los políticos toman como un hecho el avance democrático de México porque se basan en la supuesta competencia en las elecciones. Al tomarlo como criterio de la existencia de la democracia se convierte en el tema privilegiado del análisis político. Al desechar las dudas sobre otra partes del proceso electoral que afectan o determinan parcialmente la orientación de los resultados olvidamos que la coherencia democrática vinculada a la decisión de la mayoría se transforma en un principio de legitimidad sólo si existen las condiciones complementarias como los índices de participación y abstencionismo, educación política de los electores, libertad y autonomía individual, etc.

Como es obvio, para Hermet, Rouquié y Linz, las elecciones deben ser competitivas – pluralistas para que puedan considerarse democráticas. Así, se convierten las elecciones en el objetivo privilegiado del análisis político. Ellos llegan incluso a cuestionar el hecho de que antes de las lecciones no exista la misma libertad que el día de las elecciones. Lo importante es la libertad a la hora de emitir el voto. "Asimismo, poco importa la "tecnología de las formas de escrutinio y del establecimiento de las circunscripciones electorales".

La expresión "control clientelista" se aplica a las diferentes modalidades de dominación social que permiten dirigir en forma imperativa a las opciones electorales (Hermet, 1992:63). El voto clientelista, cuando está en la base de elecciones no competitivas, presenta, en líneas generales, dos polos extremos que constituyen de alguna manera dos tipos ideales. Por un lado el "voto vendido" y por el otro el "voto gregario", en función del grado de autonomía del elector respecto del patrono. El voto gregario "implica siempre cierta gratificación, mientras que el "voto vendido" rara vez se presenta sin un mínimo de coerción; la obligación de vender es una, sobre todo si aparece una opción "antisistema" (Hermet, 1992:65).

El control del electorado y la manipulación electoral que todavía se ejerce vía asociaciones oficiales, sindicatos, grupos dentro de la burocracia pública, la existencia de cacicazgos en zonas rurales y semiurbanas, etc., propician que los resultados finales todavía estén viciados y que al ser la representatividad mínima, exista la posibilidad de conflictos postelectorales, y dificultad para gobernar sin obstáculos.

La expresión "control clientelístico" que utilizamos para designar las diferentes modalidades de dominación social que permiten dirigir las elecciones hacia una opción determinada, puede darse desde la oferta de despensas y materiales para el mejoramiento de la vivienda, el control de la asignación de desayunos escolares, las formas de asignación de créditos para vivienda y de viviendas terminadas, la afiliación a determinados sindicatos o movimientos populares, etc., hasta la protección que el poderoso brinda al débil contra un proyecto político y social que supuestamente puede atentar contra los intereses del "cliente" para quien, en su vulnerabilidad, la opción del patronazgo puede ser crítica o incluso vital.

El voto clientelístico o también llamado "voto cautivo" nacido de la multiplicación de favores personales, de la intervención de entes individuales ante los poderes públicos, dan lugar al nacimiento de fenómenos como los que conocemos por parte de una central obrera que garantiza determinada cantidad de votos para el candidato del partido oficial, se convierte en la más grande afrenta para procesos democráticos que inciden gravemente en la concepción de una libertad del votante. Una cosa resalta de todo lo anterior y se convierte en una gran verdad: el voto cautivo no es voto libre. La existencia de voto cautivo implica la ausencia de democracia en su más amplia acepción.

La existencia de mecanismos que conducen al clientelismo o al voto cautivo da origen lo que en los años cincuenta se llamó la maquina electoral que funciona gracias a los servicios que proporciona el partido que la sustenta a una población marginada, desprotegida y vulnerable que convierte a los votos en mercancía negociable y que en nuestro país sigue existiendo aunque con mayores restricciones que en la década pasada y focalizada en los estados con un alto grado de pobreza y marginación.

Si el clientelismo tiende a perpetuar el status quo y cumple una función conservadora, al menos desde la perspectiva sincrónica, esto no significa, de ninguna manera, que los sistemas políticos donde prevalecen los mecanismos de dominación vertical no puedan transformarse. El control clientelista está condicionado por cierto contexto social (Hermet, 1992:86). La libertad de las elecciones tiene que ver con la facultad que tiene el elector, o de la que carece, de ver reconocida su capacidad electoral y que ejerza su voto sin ningún impedimento u orientación externa y sin que su voto sea fragmentado en categorías o cuerpos electorales que anulen la idea de soberanía popular; y por la capacidad de determinar, sin presión externa manifiesta, la orientación de su voto y la seguridad de que este será computado de manera no fraudulenta. La libertad de las elecciones bajo este criterio se logra mayormente mediante la regularidad técnica.

Sin embargo, no debemos olvidar que podemos ser engañados al sobrestimar la extensión de nuestra libertad. Algunos filósofos se han planteado la pregunta ¿puedo pensar que soy libre y sin embargo no serlo? Marcuse diría que "si", porque las personas pueden ser engañadas por la posesión de derechos formales y por el lenguaje de la libertad, hasta que ignoren la multiplicidad de dispositivos - ente ellos la ideología - que predetermina sus elecciones y sus modos de pensar. Sentirse libre puede ser una ilusión placentera y cae en el plano moral el hecho de liberar a una persona que se cree libre y es feliz para ser liberado y ser infeliz.

En la esfera política, la libertad ha sido equiparada con la libertad de acción y de pensamiento. Tener libertades específicas no nos hace libres, pero nos ayuda ejercitar nuestra propia libertad como individuos.

Es cierto que unas elecciones competitivas son un ideal o un objetivo irreal como sucede con la libertad absoluta del elector. Una de las distorsiones se introduce al considerar el factor económico que favorece a los grandes partidos y al que esté en el poder en un momento dado, ya que las formula de asignación de los recursos y apoyos actúa en detrimento de las pequeñas organizaciones carentes de esos recursos. Los avances existentes en el país en esta materia son significativos, sin embargo quedan aquellos aspectos más difíciles de resolver que están vinculados a la calidad de la participación política y la "conciencia electoral" de los marginados que son sutilmente manipulados.

Las elecciones son también un revelador ideológico y un indicador del tipo de relaciones - de coerción o de participación - que el poder oficial pretende que exista en su relación con la ciudadanía. Este es un factor de un alto grado de complejidad de analizar y aislar el impacto que tiene sobre los resultados electorales dado que involucra la problemática funcional y las relaciones de clase existentes. Así, la función sociopolítica de las elecciones -

de legitimar el poder identificando al pueblo con los gobernantes y asegurar el reemplazo pacifico de los gobernantes - no se cumplen cabalmente, principalmente la primera. El contenido de la legitimación electoral puede ir desde el desempeño del papel de proveedores de apoyo político a través de la movilización hasta el reconocimiento internacional sobre procesos electorales democráticos.

Si no avanzamos en la calidad de la participación ciudadana las elecciones seguirán siendo un vínculo directo no coercitivo y aparentemente consensual entre gobierno y gobernados que permiten el sostenimiento de la preeminencia política y económica de grupos que se reparten el poder y los beneficios del mismo. Tomando la postura de Linz nos haremos las preguntas que cualquier análisis serio sobre las elecciones democráticas debería responder y que nos sitúa en el avance real de la última reforma electoral.

1. ¿Cuáles son las funciones de las elecciones desde el punto de vista de los dirigentes de los partidos políticos?
2. ¿ Cuáles son realmente las consecuencias de elecciones libres sobre el sistema de partidos políticos
3. ¿Cuál es la motivación del elector cuando toma partido en elecciones competitivas? ¿Cuáles son los objetivos y significación que le da a esta actitud? ¿Corresponde o no a los objetivos fijados por los gobiernos con respecto a la participación ciudadana?
4. ¿Qué significación reviste el proceso electoral para los candidatos al distinguir las metas perseguidas por los candidatos mismos y los resultados que se desprenden? (92-93)

Las respuestas a estas preguntas deben conformar una orientación básica que sirva de punto de partida para construir un paradigma que de origen a investigaciones sistemáticas sobre la evolución del sistema político mexicano y dé cuenta del avance real en la búsqueda de la democracia. También debe dar origen a hipótesis sobre el sistema de partidos que se está configurando y se configura a partir de la puesta en marcha de las reformas electorales.

No apostamos a la decadencia global de los partidos sino a su fortalecimiento dentro de un ambiente competitivo y al cambio de funciones. Los partidos deberían reinventarse si no existieran. Tampoco son esos "gigantes desconcertados" como a veces se sugiere. (Wildenmann, 1985). La democracia debe tener lugar no tanto en los partidos como en la competencia entre partidos.

La militancia del partido se ha transformado, la idea de "una vida, una convicción de toda la vida, una militancia de toda la vida" se hizo obsoleta. Los ciudadanos interesados en política se limitan a tomar parte de los procesos electorales debido a la constricción a una política de estabilidad y cálculos estratégicos (Streeck, 1972: 43). La labor de agregación de los partidos no será superflua para la democracia en el futuro, incluso aunque algunos segmentos de la articulación de intereses se ejerzan no tanto en los partidos sino frente a los partidos.

El sentimiento de identificación de los electores con sus partidos se redujo disminuyendo la fidelidad electoral y cambiando por completo el mapa electoral de "triunfos seguros" de un partido determinado. Pero al mismo tiempo, el sentimiento de indiferencia conduce a un abstencionismo electoral bastante elevado que amenaza con la representatividad de las autoridades electas.

La democracia de los partidos ha propiciado que nos acerquemos a la independencia de los elegidos y la libertad en la toma de decisiones que todavía no es suficiente frente a las carencias existentes en algunas esferas de la vida pública. La democracia de los partidos con su voto partidista requiere ubicarse como una alta personalización al basarse en un nuevo contrato de confianza entre el elector y el elegido. Nace una nueva alquimia entre los partidos y los hombres donde la forma de designación del candidato determina el grado de libertad del elegido. El patricio designado por sus sujetos vota siguiendo los dictados de su conciencia y guiado sólo por su idiosincrasia. El militante investido por un partido está en política para aplicar el programa del partido y someterse a él.

Así, el candidato es prisionero de la imagen que de sí mismo ha trasmitido a los electores. Es ahora responsabilidad de los partidos el delimitar y conformar el espacio político público, profundizar en la formación política de la sociedad e influir en la conformación democrática de la opinión pública. La función más importante seguirá siendo la de presentar al Estado las propuestas de objetivos para los programas nacionales canalizado a través de sus representantes en los órganos correspondientes.

El acceso a los medios desde una perspectiva comparada

Los medios de comunicación son informadores, formadores de opinión y, a veces también, grupos de interés en la contienda político electoral, por lo que "modelan, en buena medida, las percepciones y opiniones dominantes acerca de la política y sus instituciones más representativas; percepciones y opiniones que, a quererlo o no, terminan expresándose en las actitudes y comportamientos electorales dominantes". (Navarro, 2007).

Es decir, la relación entre medios y elecciones es altamente relevante y, con mayor razón, en los procesos electorales. Los países de la región han interpretado que el acceso a los medios de comunicación por parte de los partidos y candidatos es esencial en una campaña electoral y fundamental en su resultado. Es más, lo consideran como parte del financiamiento público indirecto, cuando el estado otorga a los candidatos, y/o partidos, tiempo en los medios de comunicación.

En la mayor parte de los países latinoamericanos, el acceso a los medios por los partidos políticos se garantiza a través de sus respectivas legislaciones. En países como Brasil, Colombia, México, Panamá y Perú el acceso es permanente y no sólo en época de campaña electoral. Sin embargo, sólo en Brasil y México está prohibida la contratación de espacios de manera particular tanto en los medios públicos como privados.

En cuanto a los países en los que se garantiza el acceso a los medios sólo en época de campaña electoral, en cinco países El Salvador, Guatemala, Nicaragua, República Dominicana y Uruguay se extiende a lo largo de todo el periodo de campaña. En cambio, en Bolivia, Argentina, Chile y Paraguay, sólo por ciertos periodos de la campaña. La situación varía cuando se observa que Argentina, sólo de manera parcial por la falta de reglamentación clara, Chile, Guatemala y Paraguay, el acceso a los medios no es sólo para el caso de los de carácter público, sino también para los privados. Sin embargo, el tema es más complejo pues no sólo se trata de permitir el acceso a los medios de comunicación, sino también si existen limitaciones para la contratación libre de espacios.

Es así como Brasil, Chile y México, que otorgan espacios gratuitos en los medios públicos y privados se prohíbe la contratación libre de espacios en dichos medios con el objetivo de asegurar no sólo condiciones de equidad en la competencia partidista, sino también de control de los gastos. Por otro lado, hay siete países Bolivia, Costa Rica, Guatemala, Nicaragua, Paraguay, Perú y Venezuela donde si bien se permite la contratación libre en medios privados, existen ciertas restricciones.

De lo anterior podemos observar que la legislación latinoamericana es heterogénea en cuanto a la naturaleza, alcance y potencial impacto del acceso a los medios sobre las condiciones de equidad de la contienda. En ese campo, México es el país que más ha desarrollado su legislación con regulaciones muy extensas y complejas.

La reforma electoral del año 2014, en el plano del acceso a los medios de comunicación, tiene dos aspectos centrales. El primero es que ni los partidos políticos (sus precandidatos y candidatos) ni tampoco terceras personas, pueden contratar, en cualquier modalidad, espacios en radio y T.V a favor o en contra de alguno a varios de ellos. El segundo se refiere a la ampliación de las funciones y prerrogativas del NFE en la supervisión del acceso a los medios por parte de los partidos políticos. Esta prerrogativa existe en pocos países (Brasil y Chile) y cobra especial particularidad puesto que la norma señala que los partidos usarán los tiempos asignados gratuitamente para uso público. En otras palabras, las empresas de medios de comunicación dejarán de percibir cuantiosas ganancias.

La consecuencia ha sido un gran malestar por parte de las empresas de medios. Esta medida no es poca cosa, pues se trata de empresas con gran poder económico, como es el caso de Televisa y Televisión Azteca, empresas que antes de la reforma se beneficiaban de contratos de publicidad electoral muy cuantiosos.

Asimismo, para afrontar institucionalmente estas reformas, se ha constituido el Comité de Radio y Televisión del INE, que es el responsable de conocer y aprobar las pautas de transmisión correspondientes a los programas y mensajes de los partidos políticos. Estas pautas son formuladas por la Dirección Ejecutiva de Prerrogativas y Partidos Políticos (DEPyPP). El Comité de Radio y Televisión está integrado por un representante propietario y su suplente, designados por cada partido político nacional; tres consejeros electorales, que integran la Comisión de Prerrogativas y Partidos Políticos y el Director Ejecutivo de Prerrogativas y Partidos Políticos, que actúa como su secretario técnico. Este Comité de Radio y Televisión aprueba las pautas que deben seguir los mensajes de campaña y precampaña de los partidos políticos.

Por su lado, el Consejo General del INE (CG) ordena la realización de un monitoreo exhaustivo de las transmisiones sobre las precampañas y campañas electorales en los programas en radio y T.V. En consecuencia, esta función del INE demanda cambios en su aparato administrativo y, por consiguiente, mayores recursos. Es por eso que la propia norma señala que el INE contará con los recursos presupuestarios, técnicos, humanos y materiales que requiera para el ejercicio directo de sus facultades y atribuciones en materia de radio y T.V. Asimismo, se asegura que disponga de los medios necesarios para verificar el cumplimiento de las pautas de transmisión que apruebe.

El INE se convierte en la autoridad única para la administración del tiempo del Estado en radio y T.V. correspondiente a las autoridades electorales de los estados, además del destinado a prerrogativas partidistas y a sus propios fines. En este marco, el INE debe garantizar a los partidos el uso de sus prerrogativas en radio y T.V., estableciendo pautas para la asignación de los mensajes, atendiendo quejas, denuncias, y determinando las sanciones aplicables. Desde el inicio del periodo de precampañas y hasta el día de la votación, el INE administrará el uso de 48 minutos diarios en medios de comunicación, que distribuirá en dos y hasta tres minutos por cada hora de transmisión en cada estación de radio y canal de T.V.

El horario de programación quedará comprendido entre las seis y las veinticuatro horas. Cuando una estación o canal transmita menos horas de las comprendidas en este horario, se utilizarán tres minutos por cada hora de transmisión. Del tiempo total disponible durante las campañas electorales federales, el INE destinará a los partidos políticos, en conjunto, 41 minutos diarios en cada estación de radio y canal de T.V. Los siete minutos restantes serán utilizados para fines propios del IFE y otras autoridades. En la legislación anterior al 2007, el tiempo total de transmisión para todos los partidos en elecciones de presidente de la república era de 250 horas en radio y 200 en T.V. Cuando sólo se renovaba la Cámara de Diputados, se asignaba el 50 por ciento de este tiempo. En el primer caso, el IFE compraba además hasta 10,000 promocionales en radio y 400 en T.V. con duración de 20 segundos para distribuirlos mensualmente entre los partidos políticos.

En precampañas y campañas electorales federales, el tiempo en radio y T.V. para los partidos políticos, convertido a número de mensajes, se distribuirá así: 30 por ciento del total en forma igualitaria y 70 por ciento en proporción al porcentaje de votos obtenido por cada partido en la elección para diputados federales, inmediata anterior. Para determinar el número de mensajes a distribuir las unidades de medida son: treinta segundos, uno y dos minutos, sin fracciones. En precampañas y campañas en elecciones locales, la base para la distribución del 70 por ciento del tiempo asignado a los partidos políticos será el porcentaje de votación obtenido por cada uno de ellos en la elección para diputados locales inmediata anterior, en la entidad federativa de que se trate.

Los partidos políticos que tienen nuevo registro, tanto nacional como local, participarán solamente en la distribución igualitaria del 30 por ciento del tiempo en radio y T.V. La legislación anterior A 2007 otorgaba a los partidos sin representación en el Congreso un 4 por ciento del total del tiempo de transmisión.

El acceso de los partidos al tiempo en medios de comunicación se usará para la difusión de mensajes que cumplan con los términos y duración que el LGIPE señala. Las pautas de distribución se elaborarán considerando los mensajes totales y su distribución entre los partidos.

Desde el inicio de las precampañas federales y hasta su conclusión, el INE pondrá a disposición de los partidos políticos nacionales, en conjunto, 18 minutos diarios en cada estación de radio y canal de T.V. Cada partido decidirá libremente la asignación de mensajes, por tipo de precampaña federal o local. El tiempo restante quedará a disposición del INE para sus fines o los de las autoridades electorales. Los concesionarios de radio y T.V. se abstendrán de comercializar el tiempo no asignado por el IFE. Antes los partidos políticos comunicaban a la DEPyPP las estaciones, canales y horarios en los que querían contratar tiempos, conforme al primer catálogo que les proporcionaban.

Cuando la jornada comicial local coincida con la federal, el IFE realizará los ajustes necesarios, considerando el tiempo disponible una vez descontado el que se asignará para las campañas locales en las entidades donde corresponda. En los procesos electorales locales, cada partido decidirá la asignación de los mensajes de propaganda en radio y T.V. a que tenga derecho. Cada partido decidirá la asignación de mensajes por tipo de campaña federal, pero cuando se renueven el Poder Ejecutivo Federal y las dos cámaras del Congreso, cada partido deberá destinar, al menos, un 30 por ciento de los mensajes a la campaña de uno de los poderes, considerando las de senadores y diputados como una misma campaña. Asimismo, cada partido político determinará, para cada entidad federativa, la distribución de los mensajes a que tenga derecho entre las campañas federales de diputados y senadores.

En los estados con procesos electorales locales concurrentes con los federales, el INE por conducto de las autoridades electorales administrativas destinará, para campañas locales, 15 minutos diarios en cada estación de radio y canal de T.V. de cobertura en el estado.

Este tiempo será utilizado para la difusión de mensajes de acuerdo a la pauta que apruebe el Comité de Radio y Televisión, a propuesta de la autoridad electoral local competente. Por cobertura de los canales de T.V. y estaciones de radio se entenderá toda área geográfica en donde la señal de dichos medios sea escuchada o vista. El Comité de Radio y Televisión, en colaboración con las autoridades federales en la materia, elaborará el catálogo y mapa de coberturas de todas las estaciones de radio y canales de T.V., así como su alcance efectivo. Deberá también incorporar la información relativa a la población total comprendida por la cobertura correspondiente en cada entidad. Con base en dicho catálogo, el CG hará del conocimiento público las estaciones de radio y canales de T.V. que participarán en la cobertura de las elecciones locales.

Para la asignación del tiempo en radio y T.V., durante el periodo de precampañas locales, en procesos electorales no concurrentes, el INE pondrá a disposición de la autoridad electoral administrativa, en la entidad de que se trate, 12 minutos diarios en cada estación de radio y canal de T.V. Las autoridades antes señaladas asignarán el tiempo entre los partidos políticos conforme con las reglas del LGIPE y los procedimientos que determine la legislación local aplicable. Los mensajes de precampaña de los partidos políticos serán transmitidos de acuerdo a la pauta que apruebe el Comité de Radio y Televisión del INE, a propuesta de la autoridad electoral local competente. Los partidos con registro local vigente, "previo a la elección de que se trate", participarán en la distribución de los tiempos asignados para las campañas locales conforme al siguiente criterio: 30 por ciento del total en forma igualitaria y 70 por ciento en proporción al porcentaje de votos obtenido en la elección para diputados locales inmediata anterior, o en su caso en la más reciente en que hayan participado.

Los partidos políticos nacionales que en la elección para diputados locales inmediata anterior no hubiesen obtenido el dos por ciento de votos para tener derecho a prerrogativas, o los partidos con registro local obtenido para la elección de que se trate, tendrán derecho a la prerrogativa de radio y T.V. para campañas locales solamente en la parte que deba distribuirse en forma igualitaria. Para fines electorales en las entidades federativas con elecciones locales no concurrentes con las federales, el INE administrará los tiempos que correspondan al Estado en las estaciones y canales de cobertura en la entidad de que se trate. Los 48 minutos de que dispondrá el INE se utilizarán desde el inicio de la precampaña local hasta el término de la jornada electoral respectiva. Para el cumplimiento de los fines propios de las autoridades electorales locales, el INE asignará tiempo en radio y T.V. conforme a la disponibilidad con que se cuente. La asignación será determinada por el CG conforme a la solicitud de las autoridades electorales locales. El tiempo no asignado quedará a disposición del INE hasta la conclusión de las respectivas campañas electorales locales. Los concesionarios y permisionarios de radio y T.V. se abstendrán de comercializar el tiempo no asignado por el INE.

El INE no podrá autorizar a los partidos políticos el uso de tiempo o mensajes en radio y T.V. en contravención de las reglas establecidas. Los gastos de producción de los mensajes para radio y T.V. de los partidos políticos serán sufragados con los recursos de los partidos políticos. Fuera de los periodos de precampañas y campañas federales, al INE se le asignará hasta el 12 por ciento del tiempo total de que disponga el Estado en radio y T.V.

Del tiempo asignado, el INE distribuirá a los partidos políticos nacionales un 50 por ciento en forma igualitaria, que éstos utilizarán en un programa mensual de cinco minutos en cada estación de radio y canal de T.V., transmitido en el horario comprendido entre las seis y las veinticuatro horas; el tiempo restante será para la transmisión de mensajes de 20 segundos cada uno. El Comité de Radio y Televisión del INE aprobará semestralmente las pautas respectivas.

Antes los partidos políticos hacían uso de su tiempo mensual de 15 minutos en radio y T.V. en dos programas semanales y la DEPyPP gestionaba el tiempo necesario en los medios para la difusión de las actividades de los partidos.

El tiempo en radio y T.V. que determinen las pautas no es acumulable; tampoco es transferible entre estaciones, canales o entidades federativas. Las pautas determinadas por el Comité de Radio y Televisión establecerán, para cada mensaje, la estación o canal, día y hora de transmisión. El reglamento correspondiente establecerá lo conducente respecto de plazos de entrega, sustitución de materiales y características técnicas. Los concesionarios y permisionarios de radio y T.V. no podrán alterar las pautas ni exigir requisitos técnicos adicionales a los aprobados por el Comité de Radio y Televisión. En elecciones extraordinarias el CG determinará la cobertura territorial y el tiempo que se destinará a los partidos en radio y

T.V. atendiendo a los criterios establecidos. El CG, a propuesta motivada y fundada de la Comisión de Quejas y Denuncias, podrá ordenar la sus pensión inmediata de cualquier propagan da política o electoral en radio o T.V. que sea violatoria a la LGIPE, sin perjuicio de las sanciones adicionales que deban aplicarse a los infractores.

Un artículo establece que el INE coordinará la realización de dos debates entre los candidatos registrados para la elección presidencial. El CG determinará las reglas, día y hora, escuchando la opinión de los partidos políticos. Cada debate tendrá la duración que acuerde el CG. La transmisión será en vivo en radio y T.V, incluidos los canales de señal restringida. El INE dispondrá lo necesario para su producción técnica, difusión y transmisión.

Las señales de radio y T.V. generadas por el INE para este fin podrán ser utilizadas en vivo, en forma gratuita, por los demás concesionarios y permisionarios de radio y T.V.

Las estaciones y canales que decidan transmitir en vivo, quedan autorizadas a suspender, durante el tiempo correspondiente, la transmisión de los mensajes que correspondan a los partidos políticos y a las autoridades electorales. El INE informará sobre la realización de los debates, en el tiempo de radio y T.V. asignado para sus fines. Con anterioridad a la reforma de 2007/2008 solo quedaba establecido de manera general que el INE organizaría debates públicos y apoyaría su difusión.

ADMINISTRACIÓN Y MONITOREO DEL ACCESO A LOS MEDIOS

Las atribuciones del INE en materia de medios son de dos tipos: a) funciones administrativas y b) funciones de monitoreo y control. Para la administración de los tiempos de uso de medios, el INE se ha venido preparando, jurídica y operativamente. El 11 de agosto de 2008 se publicó el Acuerdo del Consejo General del INE por el que se expide el "Reglamento de Acceso a Radio y Televisión en Materia Electoral" que sigue vigente. Para realizar el monitoreo, se reestructura la Dirección Ejecutiva de Prerrogativas y Partidos Políticos (DEPyPP) y se crean centros de monitoreo, lo que a su vez implica abrir oficinas, contratar y capacitar personal, etc. Se trata de monitorear a los medios, para el cumplimiento de las normas, en un país donde existen alrededor de 2,600 concesionarios de radio y televisión a lo largo y ancho del territorio nacional, tal como lo muestra el Catálogo de Medios de Radio y Televisión.

Asignar efectivamente el uso de los tiempos oficiales resulta extremadamente complicado técnica y operativamente, pero es un problema técnico que tiene solución. Mucho más difícil, desde un punto de vista logístico, es vigilar y controlar que las pautas establecidas se cumplan, así como sancionar de manera expedita las faltas que se observen.

Administración de tiempos

En términos organizativos, antes de la reforma, la DEPyPP estaba dividida en cuatro departamentos: Fiscalización, Investigaciones (de denuncias presentadas al DEPPP), Radiodifusión y Registro de Dirigentes por medio del cual certificaban partidos políticos y registraban a todos los candidatos menos a los presidenciales. Con la reforma, las áreas de Fiscalización y de Investigaciones pasan a ser parte del Consejo General. Asimismo, como se ha anotado, se limita el número de consejeros que integra cada comisión. Antes podía haber hasta siete consejeros en cada comisión.

Como las propuestas salían de los comités a ser consideradas en el Consejo General, una vez que eran aprobadas por tantos consejeros y mandadas al Consejo General era prácticamente seguro que pasarían. Ahora, no puede haber más de tres consejeros por comité. También se prohíbe a los consejeros ser parte de más de cierto número de comités. Hay un tiempo límite de un año en el que los consejeros pueden participar en los comités que integran y, al haber solo tres consejeros por comité, el verdadero debate sobre las proposiciones ocurre en el Consejo General, espacio en donde más de tres personas las consideran. De otro lado, los representantes de los partidos políticos ahora solo pueden participar en ciertos comités, no en todos.

Una buena razón por la cual el INE se convierte en la única entidad que puede comprar tiempo en los medios es que se detectaba que los medios electrónicos vendían spots a diferentes precios a los distintos partidos y candidatos. Bien es verdad que este fenómeno ya había sido rectificado con la reforma del 1988 mediante la cual el INE obligaba a los concesionarios a venderle spots a todos los partidos al mismo precio y no sólo a los preferidos por los medios. Este aspecto también fue rectificado a nivel local donde el INE compraba los spots de los partidos políticos utilizando el dinero de ellos para asegurar que todos estuvieran comprando los spots al mismo precio.

Anteriormente, el IFE compraba tiempo a los partidos políticos en los medios de comunicación, 10 mil spots en la radio y tres mil en televisión, con las mismas reglas de distribución. Entonces los partidos seleccionaban los medios en los que querían salir. De la misma manera, los partidos también compraban sus propios promocionales. Con la reforma, el INE no puede comprar tiempo en los medios electrónicos. En consecuencia, como este organismo electoral tiene la responsabilidad del monitoreo a nivel local y federal, pasa a ser en la práctica de una institución federal a una institución nacional.

Un problema que conlleva el convertir al INE en la única entidad que pueda entregar promocionales es la alta concentración de las decisiones. De esta manera, por ejemplo, si un partido quiere cambiar su promocional, éste tiene que ser hecho por el propio INE, lo que crea y complejiza el trabajo del Instituto. Asimismo, en la medida que el INE es el encargado de entregar los promocionales a los medios obliga a que se invierta unos diez días entre la creación del promocional y el momento de emisión. Después de recibido el promocional, el INE tiene que asegurase de que el material cumpla con el tiempo límite de 30 segundos y tenga la calidad exigida por el medio. Los promocionales pueden perder, de esta manera, su valor comunicativo, al no ser instantáneos, en la medida en que diez días pueden representar demasiado tiempo en una campaña electoral.

Antes de la reforma, los partidos tenían acceso a los tiempos del estado en programas de cinco minutos y los debates de 30 minutos. Estos tiempos eran distribuidos durante las 24 horas. A partir de la reforma, tienen que ser distribuidos de las 06 horas hasta las 24 horas. Esto da como resultado 82 promocionales de 30 segundos, en cada canal de televisión y estación de radio durante ese tiempo. Todos los partidos tienen el mismo acceso a horas claves y a los diferentes tipos de programas para sus promocionales.

La situación se vuelve problemática a nivel local, sobre todo porque la programación de Televisa y TV Azteca, a menudo, se difunde con cobertura nacional. Si bien no ha sido un problema cuando se trata de mensajes de la Secretaría de Gobernación o de Educación, sí lo es cuando se trata de mensajes de partidos políticos. Como es obvio, los partidos a nivel local, demandan que sus spots sean vistos en sus respectivas circunscripciones, lo cual hacer que las televisoras tengan que bloquear parte de esa programación nacional, para dar paso a la local. Esto constituye un costo muy alto para las empresas televisivas, por el que no son compensadas.

En cuestión de administración de tiempos, una dificultad, que puede tener un impacto negativo, es que el tiempo para distribuir es muy amplio (se trata de la totalidad de tiempos oficiales, 48 minutos al día), con el resultado que la cantidad de spots promocionales en radio y televisión va a aumentar notablemente durante este proceso electoral, con riesgo de saturación de la opinión pública y el probable resentimiento con el INE y los partidos.

Es difícil acotar el tiempo de los partidos por franja horaria como se hace en la distribución de tiempos oficiales en periodo no electoral, dado el riesgo de que el concesionario actúe de acuerdo a sus propios intereses y preferencias políticas. En consecuencia, la totalidad de los tiempos (48 minutos, distribuidos en "dos y hasta tres minutos por cada hora de transmisión en cada estación de radio y canal de televisión") deben ser distribuidos a lo largo de la franja horaria (de 6:00 a 24:00), lo que genera una dificultad adicional en la distribución de los tiempos entre los partidos, ya que se deben compensar los "buenos" con los "malos" horarios.

Un aspecto interesante del modelo es que los tiempos oficiales se mantienen los mismos, aún cuando haya elecciones concurrentes (federales y estatales al mismo tiempo). En las elecciones del 20159 hay 18 estados de la federación donde habrá elecciones concurrentes el 5 de junio.

Algunos expertos han planteado la posibilidad que, en estos casos, como la parte del "pastel" se divide entre más en el caso de las elecciones concurrentes, los partidos políticos van a presionar para evitar que, en el futuro, las elecciones federales y estatales se lleven a cabo al mismo tiempo. Otros analistas, por el contrario, no creen que el problema de la repartición de los tiempos en casos de elecciones concurrentes sea un problema, toda vez que la Constitución induce a las elecciones concurrentes.

Desde un inicio del proceso electoral podía preverse que las dificultades técnicas en la distribución y administración de los tiempos se complicarían por la fuerte oposición política de varios actores a este aspecto de la reforma, en particular los medios electrónicos. En ese sentido, la oposición más fuerte proviene de las televisoras, en la medida que las radiodifusoras han sido, en general, menos agresivas en su descontento con las nuevas medidas. Esta reacción negativa se explica porque no solo han perdido las televisoras un importante negocio en periodo electoral, sino que además deben transmitir los promocionales en horarios de alta sintonía y de mucho valor comercial. El temor a la reacción de las televisoras se justificó desde el inicio de la precampaña, con el "comportamiento atípico" de situar los promocionales electorales en bloque, en medio de la programación, en lugar de situarlos, como se había hecho siempre, en los espacios comerciales. De esta manera se interrumpieron programas infantiles, películas y partidos de futbol con la transmisión de los promocionales electorales.

Monitoreo de medios.

Sobre monitoreo de medios vale recordar que el INE ya lo venía haciendo con anterioridad como IFE. El personal de la institución cuenta por lo tanto con experiencia en la materia tras unos doce años haciendo monitoreo de forma manual. El trabajo, como resulta obvio, se ha incrementado sustancialmente con la reforma.

El IFE hacía dos tipos de monitoreo. Uno es de contenidos, analizando los programas que difunden propaganda electoral y noticias, calificando el tratamiento dado a partidos políticos y candidatos. Este tipo de monitoreo no está acompañado de una capacidad sancionadora y solo tiene como resultado un reporte que se da a conocer de manera pública. El segundo tipo de monitoreo es el que permite asegurar que los spots hayan sido transmitidos de manera justa, en tiempo y forma (anteriormente también que hubiesen sido pagados de manera justa y el coste reportado). Este segundo tipo de monitoreo puede resultar en sanciones. Con la reforma, los dos tipos de monitoreo continúan, pero el segundo se vuelve mucho más intensivo.

En el tema de contenidos, la Cámara Nacional de la Industria de Radio y Televisión y el IFE ya establecían ciertas normas de conducta para los partidos, candidatos y medios con respeto a las elecciones. Entre ellas está la obligación de emitir mensajes verdaderos y no promover hechos falsos. Esta norma se eleva a nivel constitucional con la reforma del 2007/2008 y se mantiene con la del 2014, cuando se crea el derecho de réplica, el cual estipula que los concesionarios tienen la obligación de presentarle a los candidatos o partidos políticos una copia de cualquier spot o programa que haya sido emitido, para que ellos puedan verificar el contenido. Al momento de nuestra consultoría, existía cierta confusión pues no se sabía bien a qué organismo correspondía garantizar este derecho, si a la Secretaría de Gobernación o al INE.

Las nuevas atribuciones sobre monitoreo han exigido al INE que disponga de un amplio despliegue logístico y que cuente con una importante infraestructura. Inicialmente el INE presentó un presupuesto para establecer 300 centros de monitoreo (uno por distrito electoral), pero el presupuesto fue reducido aproximadamente a la mitad, razón por la cual solo se pudo instalar una red de monitoreo con poco más de 150 centros. El costo es, en todo caso, bastante elevado, con una infraestructura de punta y un impresionante uso de la tecnología.

El Plan Integral del INE expresa claramente la prioridad para la institución de prepararse de la manera más adecuada para asumir las nuevas funciones. Aun así, los desafíos operacionales que enfrenta el INE en esta esfera son descomunales. Aunque no se establece en los textos legales, el INE en su reglamentación ha optado por un modelo de censo para ejercer esa vigilancia, es decir, hacer seguimiento y monitoreo al 100 por ciento de las transmisiones de promocionales en los medios electrónicos.

Existen opiniones de que se trata de un caso de "sobrelectura", de parte del INE, de la normatividad legal. En todo caso es un modelo inédito en el mundo, no únicamente en relación con la acción de las autoridades electorales, sino de cualquier organización con atribuciones de seguimiento a medios. Mucho más frecuente es la práctica de un monitoreo por muestreo, donde se hace seguimiento a una muestra significativa (en el caso de México podría ser las dos televisoras importantes, que concentran una buena parte de la audiencia) y responder a las quejas que se presenten en su momento.

El mecanismo de monitoreo de medios funciona así: los partidos envían al INE estatal sus spots con diez días de antelación a la emisión de los mismos. El INE, a nivel central en ciudad de México, distribuye los spots entre los partidos en proporción de tiempos 30/70 según sean partidos pequeños o grandes y los devuelve al INE en los estados, que a su vez los envía   a las correspondientes emisoras de radio y TV. Los promocionales de los partidos son revisados por el INE una vez que llegan para asegurase que la calidad y el tiempo sea el indicado y después el organismo electoral, se los envía a las televisoras y radiodifusoras con el oficio de la pauta.

Hasta marzo no se había presentado el caso de que un partido se hubiese quejado con el INE por pasar el spot de manera incorrecta.

Seguidamente y de manera sistemática, el INE hace seguimiento de la emisión de los spots en radio y televisión. Al momento de la visita del grupo de asesores (inicios de marzo), sólo existían centros de monitoreo en los estados que abajo se mencionan. En número de centros de monitoreo en cada estado no se decide en base a los distritos electorales, sino por el número de señales que tienen que monitorear y el alcance de ellas. No todas las señales se pueden recibir en un mismo centro. En toda la República se ha planificado instalar 150 centros de seguimiento de los medios entre ahora y el 2012 con un sistema que cubra el 100 por ciento de dicho uso.

En el centro de Nuevo León se puede ver el alto grado de sofisticación técnica del sistema. El hardware es un equipo de fabricación mexicana que consiste en un servidor de tipo estándar. El software es adquirido en Israel y permite un barrido exhaustivo de todos los spots en todas las emisoras de radio y televisión del estado. El esquema de seguimiento y rastreo, sin embargo, se basa en un muestreo de alrededor de un 40 por ciento de los spots publicitados, aunque se almacena memoria del 100 por ciento de los mismos. El personal técnico a cargo del sistema trabaja en tres turnos de seis de la mañana y doce de la noche con un coordinador para cada turno.

El muestreo es rotatorio de forma que cada día los técnicos a cargo del servicio extraen un 45 por ciento de spots que al menos parcialmente son diferentes de los del día anterior. Por otra parte, reconocen que tienen identificadas las emisoras que infringen la norma con mayor frecuencia. Aunque la radio es más cumplidora de las normas que la TV, las emisoras de radio con mayores infracciones son aquellas asociadas a televisoras del duopolio (Televisa y TV Azteca), especialmente Televisa.

Cabe destacar que, pese a la instalación del nuevo sistema, el INE sigue en Nuevo León utilizando simultáneamente el sistema antiguo de monitoreo tradicional. Esto   es comprensible al tratarse de una experiencia nueva donde la inseguridad sobre el funcionamiento eficaz del nuevo sistema es inevitable. Por otra parte, en la mayoría de los estados, se seguirá utilizando sólo el sistema de monitoreo tradicional.

A la vista de la sofisticación de sistema de monitoreo, pero también del objetivo final y de los costos financieros del mismo, parecería existir una fuerte desproporción entre fines y medios, máxime teniendo en cuenta, por ejemplo, que en la precampaña, alrededor del 40 por ciento de todos los spots corresponden a publicidad de la propia autoridad electoral.

Si una salida para descargar al INE de la carga del monitoreo podría haber sido la tercerización del servicio, la reforma estipula que ninguna entidad diferente del INE puede hacerlo. Por otra parte, la prohibición absoluta de contratación de medios por terceros puede originar, ya lo está haciendo, "productos agregados" como son las apariciones de políticos en los noticieros o la colocación, indirecta, de propaganda para un partido o un candidato en una telenovela.

QUEJAS Y SANCIONES

Además de administrar y hacer seguimiento a las pautas establecidas para permitir el acceso de los partidos a los medios, el INE también fue facultado para atender quejas y denuncias sobre el presunto incumplimiento de las normas. De esa manera, el INE tiene la obligación de atender todas las quejas y denuncias al respecto y, de ser el caso, sancionar al culpable (amonestaciones públicas, multas, interrupción de propaganda electoral y la suspensión temporal de la transmisión comercial de los concesionarios).

Cabe resaltar que si los órganos desconcentrados del INE fueron facultados para atender quejas y recursos en general, la excepción a la regla son las quejas referentes al acceso a radio y TV, que deberán siempre ser tramitadas a nivel central.

Además de los problemas meramente logísticos implícitos en el modelo de vigilancia, control y sanciones, existen dificultades asociadas con el tipo de revisión que implica la vigilancia del INE en la propaganda política. Vale la pena resaltar aquí que la redacción en los textos legales de las medidas sobre las campañas negativas contienen elementos de orden subjetivo y, por tanto, difíciles de implementar.

La experiencia muestra (en México y otras partes del mundo) que llegar a consensos sobre lo que puede ser difamatorio o no, denigrante o no, es supremamente difícil. Otro caso es el determinar si la propaganda de partidos en el poder viola las normas establecidas o no. (Caso de la evaluación del PAN, donde el Consejo General decidió que la propaganda del PAN difundiendo los logros del gobierno federal no era ilegal, pero una de cisión del Consejo de Michoacán llegó a la conclusión contraria). Una consecuencia probable de este esquema es la ampliación del número de litigios, exponiendo al INE a presiones y ataques públicos y privados por parte de quienes se sientan agraviados. Puede preverse que muchos de los recursos e impugnaciones terminen en el Tribunal, lo que aumentaría su carga de trabajo, con el agravante de que se exigirán procedimientos expeditos para resolver los litigios. De las entrevistas sostenidas durante el estudio, surgió con frecuencia la preocupación de que los partidos y los medios pudieran utilizar subterfugios para acceder a tiempos en los medios electrónicos, traicionando así la letra y el espíritu de la ley. Un ejemplo frecuentemente mencionado es la práctica de "conseguir" tiempos en los noticieros, promoviendo la imagen de algún político con aspiraciones durante la contienda. El problema es la dificultad para poder probar que esas acciones realmente están siendo legales y la incapacidad de la autoridad electoral para vigilar y sancionar como lo establece el marco legal. En ese sentido también se mencionó el hecho de que los controles están completamente centrados en el acceso a la radio y televisión, sin tomar en cuenta nuevas formas de publicidad política, como el internet; formas que son además muy difíciles de regular y controlar.

A pesar de los retos impresionantes en materia de implementación del modelo de acceso a los medios electrónicos, su seguimiento y su monitoreo, se puede decir que, tal vez, la medida más relevante de la reforma es la prohibición a los partidos de la contratación privada de publicidad electoral.

En esta materia, los modelos dela práctica internacional varían enormemente y cada país suele responder a sus propias tradiciones. En el caso de México está claro que el legislador ha querido poner coto a unas prácticas que hacían muy difícil conseguir un terreno equilibrado para la lid electoral. La práctica dirá en qué medida se podrá ir avanzando en la aplicación efectiva de la reforma, que de partida es muy valiente.

Una reflexión similar cabe hacer acerca de las disposiciones que regulan la comunicación social gubernamental y prohíben la promoción personal de autoridades y la contratación de propaganda político electoral por parte de personas físicas y morales.

ASPECTOS GENERALES RELEVANTES

México ha llevado adelante una valiosa tarea de revisión legal respecto de cuestiones político-electorales que muchos otros Estados, dentro y fuera de la región latinoamericana, no se muestran dispuestos a considerar. Sea por necesidad de enfrentar debilidades del régimen anterior, por vocación de mantenerse a la vanguardia de muchas de esas cuestiones o por ambas razones a la vez, las autoridades y las agrupaciones políticas mexicanas han asumido un gran desafío al definir nuevos estándares de igualdad en la competencia electoral e intentar construir un modelo diferente de comunicación entre la clase política y los ciudadanos.

Entre los objetivos más salientes de la reforma merecen destacarse el intento de fortalecer el sistema de partidos, con las reglas sentadas sobre perfeccionamiento del régimen de financiamiento y control de las cuentas partidarias; la regulación del rol de los medios en las cuestiones electorales; la redefinición institucional de los organismos electorales, tanto ejecutivos como jurisdiccionales. La reforma tiene un aspecto que sobresale de inmediato y es su pretensión extremadamente reguladora. Si ese es en general el caso, lo relativo al acceso de los partidos políticos a los medios de comunicación adquiere ribetes singulares. No es posible encontrar en la región un caso de regulación tan extensa como profunda como es el caso mexicano. Se parte de una constatación extendida entre los mexicanos en el sentido de que los medios jugaron un papel fundamental, en el 2006, para que no se observara una competencia electoral justa y equilibrada. Ante eso, la solución planteada ha sido extender las funciones y prerrogativas del INE en esta materia.

La prohibición de contratación de espacios en los medios de comunicación para partidos y terceros dirigida a influir en las preferencias electorales de los ciudadanos o a expresarse a favor o en contra de cualquier partido o candidato está resultando ser la medida más controversial y sensibles de la reforma. En este ámbito como en otros, si bien los cambios constitucionales y legales han sido desarrollados en un marco de acuerdos y consenso, ello no garantiza el éxito en su implementación. No se trata solamente de entregar mayores facultades y atribuciones al órgano electoral, sino de tener información sobre cómo la implementación es posible y el impacto efectivo que puede tener en el desarrollo de un proceso electoral. En este sentido, no solo se trata de asegurar los criterios racionales de la norma, sino también la credibilidad del órgano que la ha de aplicar, en este caso el órgano electoral.

Las medidas adoptadas pueden no tener efectos positivos en la imagen pública de los organismos electorales, pero ciertamente las fallas y errores de aplicación redundarán en dicha imagen de manera negativa. Ni tampoco una mayor regulación necesariamente implica un efecto directo sobre los partidos y su desempeño. Por el contrario, un exceso de regulación puede entrañar mayores riesgos de falta de control por parte del órgano electoral.

En cuanto al régimen de financiamiento de los partidos, en particular, resalta la preocupación por coordinar el sistema nacional con los regímenes locales, que constituye un punto siempre complejo en los países federales.

Las normas constitucionales que imponen a los estados locales garantizar en sus constituciones y leyes condiciones equitativas de financiamiento público e instituir bases obligatorias para la coordinación entre el INE y las autoridades locales en materia de fiscalización de las finanzas de los partidos pueden considerarse un muy buen punto de partida.

La diferencia mayor entre el caso mexicano y el resto de la región es el aparentemente mucho mayor costo de mantenimiento del sistema de partidos políticos, tanto en lo que hace a los gastos ordinarios como a los gastos de campaña. Ese nivel está claramente vinculado a la magnitud de los aportes públicos, mucho más elevados que en los restantes países. Los responsables de definir esos elevados niveles son los propios partidos, a través de sus representantes, y no hay factores que actúen de contrapeso a esa tendencia. Se ha argumentado que las recientes reformas resultan en una significativa disminución de los aportes del Estado a los partidos políticos. Ello es así si se deja fuera del cálculo a los tiempos en radio y TV correspondientes al Estado y que el INE distribuye ahora entre los partidos políticos. Pero suponer que por el hecho de no implicar un costo no tienen valor es incorrecto. Aunque los tiempos gratuitos no implican erogación directa, son extremadamente valiosos. Aún cuando no se los compute a su valor comercial, al usarlos para las campañas electorales se deja de utilizarlos para otros fines importantes y valiosos para la sociedad, como la promoción de campañas de vacunación y actividades similares. Es probable que si se computa ese costo oculto, el monto total de los costos de campañas haya aumentado significativamente.

Otra diferencia del caso mexicano es la existencia de un desarrollado aparato de control, que ocupa a más de 200 personas, y la no utilización de otros organismos de control del Estado, como es frecuente en la práctica comparada, o como hacen algunos países, el recurrir a auditores privados seleccionados con estrictos criterios definidos por la autoridad electoral.

Cabría también anotar algunas dudas sobre la conveniencia de que el INE continúe auditando a las organizaciones políticas nacionales, ahora que ya no constituyen una etapa previa necesaria para la formación de un partido, ni reciben fondos del erario público. Es un trabajo significativo. Si bien sólo deben auditarse diez partidos políticos, la página del INE menciona la existencia de 119 organizaciones de este tipo. Lo mismo puede decirse respecto a las auditorías realizadas por el INE de los organismos de observación electoral, que ahora ya no reciben fondos del Estado. La tarea bien podría quedar a cargo de otros, ya que no hay razones de peso para continuar haciéndolo.

No puede dejarse al margen un breve comentario sobre las características de la información proporcionada sobre o por los partidos políticos, que hemos tenido oportunidad frecuente de consultar. La información que se proporcionar en informes de un promedio de 800 páginas (o de alrededor de 250 en el caso de las organizaciones políticas nacionales) de muy difícil lectura, es de limitado impacto. Sería necesario que el INE resumiera y sistematizara esa información en modo que sea inteligible para el público en general. Mientras ello no se haga, no se obtendrán todos los beneficios posibles de la transparencia.

Luego de la reforma, el INE termina con un considerable aumento de competencias sensibles y constantes, que en parte el propio INE ha incrementado como es el caso del monitoreo del uso de los medios o el denominado "blindaje" en el uso de los recursos de los partidos. A ello cabe agregar el peligro de la falta de medios para el cumplimiento de los fines propuestos por la norma, situación no poco habitual en los sistemas latinoamericanos.

Por otra parte, el efecto económico de la reducción del gasto electoral en medios de comunicación y la centralización de su ejecución, generan una controversia inevitable entre el órgano electoral y los medios. Los nuevos criterios de integración institucional del INE incorporados por la reforma y la mayor autonomía funcional de algunos órganos internos pueden propiciar un debilitamiento del ejecutivo electoral. Paradójicamente, la reforma ensancha considerablemente las competencias del órgano electoral a la vez que reduce su autonomía institucional.

En efecto, la creación de figuras encargadas de controlar no sólo el gasto institucional sino también con atribuciones para supervisar y sancionar el trabajo de funcionarios y consejeros electorales, debilita la autonomía institucional del INE. La reforma presenta asimismo una cuestión si se quiere contradictoria pues pasa a atribuirse al órgano electoral una función persecutoria, censora y sancionadora, pero reduciendo su autonomía e independencia.

Una reforma tan extrema y novedosa exige, por una parte, del órgano electoral una interpretación mesurada de las normas. Pero también requiere el respaldo de los actores de la reforma, que soslayaron muchas de las propuestas contenidas en los documentos técnicos desarrollados por el INE durante el proceso de negociación y consenso.

Las reformas constitucionales y legales que en su momento mostraron una clase política unida en torno del objetivo central de regular de modo drástico el acceso a os medios de comunicación y el control en el uso de los recursos de los partidos, no gozan hoy de aquel consenso público originario. Pruebas de ello son, entre otras, cómo los medios cuestionan la aplicación de la norma por parte del INE, institución con la que confrontan de modo recurrente poniendo en juego su legitimidad.

Por otra parte, los actores políticos aducen excesos en la reglamentación que dictó el Instituto para la ejecución de la norma y el Tribunal Federal Electoral ha puesto en duda la actuación del instituto a la hora de desestimar las sanciones a los medios de comunicación, exigiéndole una actuación más consistente.

Cabe por tanto deducir que el Instituto enfrenta un contexto hostil a la aplicación de las nuevas normas, a lo que se agregan las acciones aún vivas de cuestionamiento del proceso electoral del 2006 y un poco del 2012.

Puede concluirse que la complejidad del nuevo marco legal, la dificultad del con texto político actual y el modo en el que el instituto encargado de llevar adelante el proceso electoral lo hace, augura serios conflictos de muy difícil composición local, todo ello en un país que no es especialmente permeable al acompañamiento internacional. Por todos estos motivos, la posibilidad que se le ha dado a INES de producir un informe de seguimiento de la última reforma electoral puede resultar particularmente valiosa.

México se inclinó decididamente por dar preponderancia al principio de equidad frente al principio de libertad, que en otros países impera con preeminencia. Es quizás, en este sentido, la culminación de un largo proceso histórico de cambio político, iniciado en 1988 y profundizado con la reforma constitucional de 1996, que parece cerrarse con la última reforma que es objeto del presente estudio. En el mediano y largo plazo podrán valorarse los efectos de estas innovaciones y evaluarse si el modelo diseñado responde a la finalidad pretendida.

Es común decir aquello de que los modelos institucionales no pueden trasladar se entre diferentes Estados sino que de ben responder a las identidades políticas, sociales y culturales de cada uno de ellos.

Pero pocos como el caso mexicano ratifican con elocuencia esa afirmación, pues ha fortalecido un modelo de intervencionismo y fiscalización estricta difícil de justificar en otras latitudes. Queda por ver si el compromiso asumido por los organismos electorales es compartido por las demás autoridades públicas involucradas, por los medios de comunicación y por los partidos políticos, pues será vital para el éxito del proceso de reforma que exista un razonable equilibrio y una relativa cooperación de todos estos actores. También será preciso que la ciudadanía destinataria final de los beneficios buscados con la reforma asuma un interés por el respeto de las reglas establecidas que responda mínimamente a las expectativas que se depositaron en ella.

Las reformas a los procedimientos electorales en el 2014 (resumen)

Se crea el Instituto Nacional de Elecciones (INE), que sustituye al IFE en la organización y vigilancia de las elecciones federales. Se coordinará con los órganos locales para las elecciones estatales. El número de consejeros electorales federales pasa de nueve a 11 con una duración de nueve años en el cargo.

Se elimina la prohibición de hacer campañas negativas (denigración), pero se conserva la proscripción a las expresiones de calumnia a las personas.

Se mandata legislar tres leyes nuevas: de procedimientos electorales, de partidos políticos y de delitos electorales. Asimismo, una ley reglamentaria del artículo 134 constitucional (propaganda gubernamental).

Los institutos electorales locales homologarán su número de consejeros a siete, todos nombrados directamente por el INE para un periodo de siete años sin reelección.

Se establece la nulidad de elecciones cuando un candidato rebase por más de 5 por ciento el tope de gasto de campaña, que reciba o utilice recursos ilícitos o compre cobertura informativa o tiempos en radio y televisión.

La nulidad procederá cuando la violación sea determinante para el resultado y se establece que esto ocurrirá cuando la diferencia entre el primero y segundo lugares sea menor a 5 por ciento de la votación.

Se incrementa de dos a tres por ciento el umbral de votos necesario para que un partido conserve su registro.

Se reduce el tiempo entre la elección presidencial y la toma de protesta del candidato ganador: será ahora el 1° de octubre en lugar del 1° de diciembre.

Se establece paridad absoluta en las candidaturas para el Congreso federal: deberán ser mitad hombres y mitad mujeres (la cuota todavía vigente se fijó en 2007 con 6040, mientras que entre 1996 y 2007 fue de 7030).

Aspectos positivos

Se elimina la prohibición de hacer campañas negativas (denigración) que saturó a las autoridades electorales de quejas y litigios que en ocasiones se usaban como propaganda de campaña y que además restringía la libertad de expresión.

El adelanto de la toma de posesión del presidente electo agilizará la transición entre administraciones.

La homologación del número y duración en el cargo de los consejeros electorales de los órganos estatales puede contribuir a una mayor independencia con respecto a los gobiernos estatales.

Si se diseña correctamente, la ley reglamentaria del artículo 134 puede ayudar a moderar los gastos de comunicación social y a ordenar el mercado de medios de comunicación en México —buena parte del cual vive no de sus lectores o radioescuchas, sino del dinero público.

Los procedimientos especiales sancionadores (PES) serán resueltos ahora por el Tribunal Electoral del Poder Judicial de la Federación, con lo que se reduce la saturación de trabajo del Instituto Nacional Electoral, que sólo tendrá que realizar la investigación de las impugnaciones y dejará su resolución al tribunal.

Se mejora el nombramiento de los consejeros electorales. Ahora participará un comité técnico integrado por siete personas: tres nombrados por la Junta de Coordinación Política de Diputados, dos por la Comisión Nacional de Derechos Humanos y dos por el IFAI.

En segunda instancia interviene la Junta de Coordinación Política, que es la encargada de la negociación política. Sin embargo, en caso de que no se logre un acuerdo se prevé un proceso de insaculación, y si la Cámara incumple el plazo legal se prevé un "castigo": el procedimiento pasa a la Suprema Corte para que ésta insacule a los consejeros.

Aspectos negativos

Las nuevas atribuciones del INE saturarán su capacidad operativa y pueden causar un desempeño deficiente (Principio de Peter).

La facultad de atracción de elecciones locales por parte del Instituto estimulará el conflicto político preelectoral, pues los partidos de oposición en los estados buscarán casi siempre que el Instituto atraiga la elección para evitar que el gobernador del partido en el poder intente influir en favor de su candidato. La dificultad para definir con precisión cuándo el INE deberá asumir la organización de las elecciones locales será un problema mayor y restará objetividad y certeza a los comicios en México. Esto puede provocar que el proceso electoral se comience a viciar antes de su inicio formal.

La facultad de nombramiento de todos los consejeros electorales de los estados plantea dos problemas: por una parte, insuficiencia de información para que el INE designe a los funcionarios más aptos e imparciales; por otra parte, que la negociación política que antes se daba en los estados y que ahora ocurrirá al interior del INE, genere presión y politice aún más a la institución.

Es previsible que los partidos continuarán presionando para influir en el nombramiento de los consejeros electorales locales. La facultad del INE de remover a consejeros de los organismos públicos locales puede estimular presiones constantes sobre el Instituto para que destituya a consejeros selectivamente y nombre a otros. El problema se agrava por la dificultad de definir criterios claros de remoción, lo que incentivará el conflicto al interior del INE.

Las nuevas causales de nulidad de la elección pueden institucionalizar el conflicto postelectoral. Es previsible que cada elección de gobernador, así como la presidencial, serán impugnadas y se solicitará su anulación por rebase del tope de campaña. Anteriormente sólo existían las causales genéricas para anular comicios por hechos ocurridos durante la jornada electoral, así como la causal abstracta, pero la Constitución no incluía la nulidad por irregularidades en los gastos de campaña (salvo casos excepcionales como el Distrito Federal). Como las campañas "exitosas" normalmente rebasan los topes de gasto, pero esta violación es muy difícil de acreditar, el nuevo sistema estimulará el litigio sin que haya un método de comprobación jurídico de las violaciones. Por lo tanto, las impugnaciones no resolverán el problema de la inequidad en las campañas políticas, pero si estimularán el litigio y el conflicto político.

Se mantiene el nombramiento del contralor del Instituto en manos de la Cámara de Diputados, lo cual es en los hechos una forma de amenaza latente que afectará la autonomía del INE. Para agudizar el problema, se permite la reelección del contralor, lo que genera incentivos perversos para que busque cabildear con los partidos en el Congreso.

La paridad de géneros en la nominación de candidatos al Congreso de la Unión parece una medida populista que puede contribuir a deteriorar la calidad de los cuadros legislativos. Apenas en 2007 se había establecido una cuota progresista en términos internacionales de 6040, pero antes de evaluar los resultados de esta medida se pasa a una paridad que nadie reclamaba.

Las reformas al régimen político

Se permite la reelección consecutiva de legisladores federales y locales. En el ámbito federal se permite hasta de 12 años (cuatro periodos para los diputados y dos para senadores), siempre y cuando el legislador sea postulado por el mismo partido. En el nivel local dependerá de lo que legisle cada congreso estatal.

La Procuraduría General de la República (PGR) se convierte en Fiscalía General y tendrá dos fiscalías especializadas: delitos electorales y combate a la corrupción. El titular de la fiscalía será nombrado por nueve años con aprobación de una mayoría calificada del Senado. Podrá ser removido por el Ejecutivo a menos que una mayoría calificada en el Senado lo objete.

Se establece la posibilidad de formar un gobierno de coalición que se regulará por el convenio y programa que sean aprobados por la mayoría de los miembros presentes del Senado. El convenio de coalición establecerá las causas de disolución.

Si hay gobierno de coalición todos los integrantes del gabinete presidencial serán ratificados por el Senado, salvo el secretario de Relaciones Exteriores y los titulares de la Defensa Nacional y Marina.

Si no se da un gobierno de coalición, la Cámara baja deberá ratificar al Secretario de Hacienda y el Senado al de Relaciones Exteriores.

La estrategia de seguridad pública será aprobada por el Senado, mientras el Plan Nacional de Desarrollo por la Cámara de Diputados.

El CONEVAL se convierte en un órgano autónomo que ya no dependerá del Ejecutivo a partir de 2018; los integrantes del Consejo serán avalados por mayoría calificada de la Cámara de Diputados.

Aspectos positivos

La reelección de legisladores federales, locales y alcaldes abre la puerta para el desarrollo de carreras parlamentarias y municipales, lo que en su momento puede promover la profesionalización y especialización, así como una mayor rendición de cuentas. No obstante, los partidos establecieron un candado para evitar el fenómeno de los "chapulines": condicionar la reelección a que el candidato se postule por el mismo partido que lo hizo la vez previa, salvo que haya perdido su militancia antes de la mitad de su mandato.

La autonomía del CONEVAL debe evaluarse con cautela. Muchos celebran su nueva autonomía como si eso significara independencia e imparcialidad. Sin embargo, la integración colegiada puede dar pie al establecimiento de cuotas partidistas al momento de la designación de los consejeros y politizar una institución que ha tenido un desempeño imparcial y profesional. Lo que es necesario es que las evaluaciones del Consejo sean vinculantes para la aprobación del presupuesto, para que así tengan consecuencias y estimulen a que los gobiernos ejecuten bien los programas so pena de perder recursos.

La autonomía de la Fiscalía General de la República puede contribuir a la despolitización de la procuración de justicia en México, aunque ello se logrará sólo si se profesionaliza la labor de los ministerios públicos.

El nombramiento y remoción del Fiscal General establece plazos y sanciones para evitar cuellos de botella que impidan el nombramiento. Se establece una duración de nueve años del cargo, lo cual estimula la independencia respecto al Poder Ejecutivo.

Aspectos negativos

Aunque el CONEVAL será un organismo autónomo, su titular y los consejeros serán nombrados por la Cámara de Diputados, lo que puede politizar a este organismo. El Senado debe aprobar la Estrategia de Seguridad Pública, lo que puede retrasar la implementación de líneas de acción. Esta situación puede resultar riesgosa en situaciones de violencia como las que se han registrado en los últimos años.

La aprobación del Plan Nacional de Desarrollo por la Cámara de Diputados puede convertir a este documento en una pieza retórica, políticamente correcta y reducir su utilidad como eje rector del gobierno.

6 LAS REFORMAS ACTUALES

LA REALIDAD DEMOCRATICA Y LAS NUEVAS REFORMAS

Todo sistema político tiene una estructura y procedimientos compuestos de reglas, principios, rituales, valores y formas. Es natural que en un régimen estable estas últimas adquieran un mayor mérito, no así en los procesos de cambio. La virtud de las formas es su funcionalidad. Por sí mismas poco valen e incluso suelen ser contraproducentes cuando pierden actualidad. Don Jesús Reyes Heroles señalaba que en política la forma es fondo. Sin embargo, es fundamental entender que sus expresiones aludían a un régimen, no a un proceso social y tampoco sus palabras sugerían la inamovilidad de las formas.

El sistema político presidencialista mexicano, con sus características propias derivadas de la Constitución federal de 1917, fue funcional durante la hegemonía del partido político único en el poder; sin embargo, a partir de que se empezaron a llevar a cabo distintas reformas constitucionales con el objetivo de democratizar la renovación total de los Poderes federales Ejecutivo y Legislativo, se dio origen al inicio de la transición político-democrática y pasamos a la era de los gobiernos divididos.

En este tipo de gobiernos, el presidente de la República no cuenta con la mayoría absoluta de los legisladores del partido político que lo llevó al poder, situación que en la práctica complica la construcción de acuerdos entre ambos poderes y se pone en riesgo la gobernabilidad democrática de México al no poder llegar a los acuerdos necesarios sobre políticas públicas o sobre reformas estructurales. Lo que hace impostergable concluir la etapa de la transición

El régimen político ha cambiado profundamente. Como momento de inflexión, algunos se remiten al movimiento estudiantil del 68; otros, a la nacionalización bancaria, algunos más a la crisis de 1994 y, finalmente, a la alternancia del año 2000. Todos, sin duda, momentos relevantes. Particularmente, me uno a quienes destacan lo acontecido a mediados de la última década del siglo pasado, especialmente el homicidio de Luis Donaldo, como el punto de ruptura entre pasado y futuro.

En este contexto, la LVII Legislatura de la H. Cámara de Diputados (1997-2000) tuvo gran relevancia al confirmar en su integración, el pluripartidismo que llegó para quedarse en nuestra incipiente democracia, toda vez que por primera vez el Partido Revolucionario Institucional ya no contaba con la mayoría absoluta y Porfirio Muñoz Ledo pasó a la historia al ser el primer diputado de oposición en presidir esta Cámara el 1 de septiembre de 1997 y en contestar el tercer informe del presidente Ernesto Zedillo.

Para algunos, es un ejercicio inevitable y cautivador: el retorno, vía el voto, del partido que formó la columna vertebral del sistema autocrático mexicano; el mismo que hizo del voto, no un mecanismo para la selección de gobernantes, sino un mecanismo para la contención de opositores, inclusión controlada de actores políticos y la simulación de una legitimidad democrática. ¿Es eso democracia?

Para otros, no es raro este fenómeno, pues no seríamos la primera democracia en regresar por las urnas al partido identificado con la autocracia. En 2008, Taiwán volvió a ser gobernado por el Kuomintang, el partido autocrático que perdió las elecciones en el 2000, y apenas en enero de este año, Ma Ying-jeou, de ese mismo partido, fue reelecto como presidente. Y por cierto, Taiwán sigue siendo una democracia bajo todos los estándares de medición y clasificación internacional.

Todos los eventos aludidos tienen en común el deterioro de la figura presidencial y, consecuentemente, alteran la arquitectura del régimen de poder. De Cárdenas en adelante, el presidente, no el partido dominante como algunos aducen, ha sido el eje de la política y el garante de la unidad y defensa nacionales. El ogro filantrópico de Octavio Paz. Las formas políticas mucho tienen que ver con este largo periodo, formas que llevan implícitos valores, mitos y visiones del poder y de la sociedad.

Lo cierto es que el país cambió de manera radical. Los gobiernos de la primera alternancia no pudieron acreditar una nueva forma de hacer la política. En parte, por las dificultades propias de la transición, pero también por la falta de oficio y sentido de la responsabilidad política y del concepto de Estado. La constante entre 2001 y agosto de 2012 fue la crónica de desencuentros, presiones y chantajes entre Gobierno y oposición. La premisa de la relación fue el quid pro quo: doy para que me des.

Dentro del rejuego democrático, los Sistemas Electorales juegan un papel importante, estos podríamos definirlos como un conjunto de medios por los cuales la voluntad de los que vivimos en una sociedad se transforma en órganos de gobierno o de representación política, es decir, los llamados

Sistemas Electorales recibe votos y genera órganos de gobierno, en este mismo sentido, es una estructura en donde, por medio de ella, nosotros como ciudadanos elegimos a nuestros representantes.

Los partidos tienen su código de valores, sus perspectivas, sus personajes y sus formas, no siempre consecuentes con los de la sociedad a la que debieran representar. Desde hace tiempo, en el PRI existe una tensión entre quienes interiorizan la ortodoxia en las formas y aquellos que tienen una visión más pragmática del poder y del ejercicio de la política.

En el año 2000, vino la alternancia en el ejercicio del Poder Ejecutivo federal al llegar Vicente Fox Quezada quien fue postulado por el Partido Acción Nacional y el Partido Verde Ecologista de México y –al igual que la segunda mitad del sexenio del presidente Zedillo– ejerció el cargo sin contar con la mayoría absoluta de legisladores de su partido, sólo que en esta situación ya se trató en ambas Cámaras del Congreso de la Unión, situación que se confirmó tanto en el año 2006, con el presidente Felipe Calderón Hinojosa como en el año 2012 con Enrique Peña Nieto

En este caso, el mayor valor es la eficacia y ella es asimilada por una sociedad demandante y en proceso de cambio. Son muchas las aristas y todas apuntan a una manera de ejercer el poder que privilegia los resultados. Así, como se ha dicho, un presidente no tiene amigos. Sus colaboradores conforman una maquinaria coordinada, disciplinada y con claridad de objetivos. Al interior del PRI hay inclusión, como lo constatan coordinadores parlamentarios y gobernadores, pero además hay capacidad y voluntad de negociación, según se advierte en las discusiones y en los acuerdos para alcanzar reformas trascendentes y profundas a través del Pacto por México. No son las formas, son los resultados los que finalmente permiten la acreditación de un gobierno.

Nos sentimos obligados a recordarle al lector que no, que la democracia no es un altar que se define a partir de las plegarias que ahí se murmullan o los cirios que ahí se colocan, tampoco la democracia es el templo de los milagros, ningún santo puede operar un triunfo electoral que los candidatos no consigan (Josefina dixit), y por supuesto, tampoco es el sillón de psicoanálisis donde los electores van y se sientan a desahogar su frustración y a buscar un remedio a su masoquismo como lo describía López Obrador. La democracia es, en su concepción central la decisión de elegir un gobernante por la mayoría.

Adam Przeworski sintetiza esto en una palabra: CONTESTABILITY, que en español sería una mezcla exacta entre competencia y competitividad. Esto implica en términos de Przeworski tres cosas: todos tienen una probabilidad de ganar (no hay un ganador cierto antes de que los ciudadanos depositen sus votos); quien gana en votos asume el puesto por el que contendió; los perdedores deben asumir su derrota y el proceso se repite.

Frente a los nuevos tiempos y para las grandes exigencias que impone la realidad, las formas no pueden volverse camisa de fuerza. La pasividad y la indolencia al amparo de las viejas prácticas provocan que los problemas se agraven y se vuelvan inmanejables, pero principalmente impiden aprovechar la energía social que aportan quienes demandan y exigen el cambio.

Son muchos los temas que se han trasladado a la Presidencia de la República y a la Secretaría de Gobernación y esto también debe asumirse como una llamada de atención para que el conjunto del aparato gubernamental opere con mayor eficacia. Incluso, casos como los de Michoacán, Guerrero y Sonora revelan la necesidad de que los gobiernos locales cumplan su tarea con sensibilidad y resultados, especialmente en momentos de crisis.

En la política del pasado, que carecía de instituciones democráticas, la forma era fondo porque ésta sustituía el andamiaje institucional del país; hoy lo que la sociedad demanda es que el fondo sea el resultado. El Presidente, desde hace tiempo, ha adoptado esa manera de ejercer la política, donde el fondo es el resultado.

Sin embargo, el camino no ha sido fácil, principalmente desde los acontecimientos de Ayotzinapa. Las dificultades y resistencias que invariablemente acompañan al cambio no deben hacernos regresar al punto de partida. Es mucho lo que se ha logrado en estos últimos años; sería lamentable retroceder cuando hay mucho por preservar y por avanzar. En realidad, no hay camino de regreso, aunque es posible que en el afán de intentarlo se malogre lo alcanzado y se inhiba la fuerza que acompaña la voluntad de cambio. Lo importante es consolidar lo positivo, modificar lo negativo y corregir las insuficiencias.

Pero los temores difundidos en las campañas son distintos a la posibilidad de un golpe de Estado, piensan en un gobierno que, electo democráticamente, cierre las llaves de la competencia democrática. Ahí también sobran casos a donde voltear, Fujimori en Perú es quizás el más claro y cercano de alguien elegido democráticamente para después convertirse en casi un dictador. El riesgo es que una vez en el poder, quien ganó democráticamente, se haga de ventajas desde el poder para establecer mecanismos que reducen las probabilidades de triunfo de otros como el caso de Hugo Chávez en Venezuela y Evo Morales en Bolivia.

Hemos descrito que la política es conflicto y también una manera de desactivarlo desde dentro. Centralmente, conflicto sobre políticas públicas (qué y cómo hacer), que tienen inevitablemente efectos redistributivos. La democracia es un mecanismo para resolver dichos conflictos, especificando un mecanismo de agregación de preferencias, que da autoridad legítima a quien finalmente es electo para decidir. Bien, entonces hay cuatro momentos clave:

1.   El proceso de formulación de preferencias de política pública por parte de los electores.

2.   La traslación de estas preferencias en voto; es decir, la posibilidad de votar libremente por quien más se acerque a lo que queremos.

3.   El traslado exacto de votos en resultados. Quien gana los votos, gana el conteo de votos (parafraseando aquella infame frase de Somoza en Nicaragua, "Quizá me ganaste en la elecciones, pero yo gané en el conteo de votos).

4.   La continuidad entre preferencias ciudadanas y el ejercicio de gobierno. Aún con todas las distorsiones posibles, en ello radica nuestra concepción de representación política.

Quien desde el gobierno merme la democracia, tiene por fuerza que mermar uno o varios de estos momentos. Para ello tiene que reducir: alternativas; información; transparencia; equidad; y/o rendición de cuentas. Los límites al primero y cuarto momentos vendrían por la imposición de restricciones al acceso a la información de utilidad pública (i.e. transparencia y rendición de cuentas). Los límites al segundo momento vienen por lo que conocemos como "coacción o compra" del voto. Los límites al tercer momento se originarían por un fraude electoral clásico.

Por supuesto, no concuerdo con quien crea que un aplastante triunfo electoral del PRI en el 2018 implicará una "restauración autoritaria" como se ha venido repitiendo hasta el cansancio. En primerísimo lugar, porque el más importante – procedimentalmente – de los momentos descritos antes, el que implica que quien gana los votos gana su conteo, está perfectamente blindado en México. Independientemente de lo que queramos o creamos, el PRI es en la percepción predominante de la sociedad el previsible gran triunfador de las elecciones de 2015 de acuerdo las últimas dos encuestas nacionales. En la percepción de los ciudadanos está la de un partido y gobierno eficaz, y no se olvide que las percepciones, o imágenes, y las circunstancias son materia prima esencial de la política que se convierten en realidad. ¿Por qué triunfará el PRI? Ese triunfo no será obra de la suerte, sino la culminación de un arduo y tenaz proceso de autocrítica y reconstrucción política. Pocos se han dado cuenta que se trata del renacimiento de un PRI nuevo que, sin renunciar a su estirpe revolucionaria, ha sabido sacudirse los lastres del autoritarismo, el corporativismo y la corrupción. Estamos frente a un PRI que desde la oposición supo aprender a hacer política ciudadana y ha hecho de la democracia bandera y práctica eficaz. Pero sin olvidar jamás que para este PRI renacido la democracia es y seguirá siendo siempre, democracia social.

LOS PARTIDOS PERDEDORES FUERZAN UNA NUEVA REFORMA ELECTORAL

La transformación del IFE en INE no representa sólo el cambio de una letra de sus siglas, sino el avance en la vida democrática del país, coincidieron Lorenzo Córdova y José Woldenberg.

Al participar en un diálogo público sobre el impacto y los alcances de la reciente reforma electoral, Córdova Vianello comento que el INE heredó lo mejor del IFE, no sólo su servicio profesional sino una serie de atribuciones que fueron configurando a la autoridad electoral.

La única atribución que no retomó esta institución es la resolución de los procedimientos especiales sancionadores, pues ahora sólo los indaga. Para la resolución de dichos procedimiento, explicó, se creó una sala especial del Tribunal Electoral del Poder Judicial de la Federación (TEPJF), lo que despresuriza al Consejo General del INE.

Aunque el país no está en condiciones de tener conflictos electorales, el gran desafío del INE es hacer que esta reforma funcione, y si eso se logra podría exorcizarse la necesidad de una nueva reforma electoral. El INE es una institución que crece y realiza funciones que no hace ninguna otra autoridad electoral en el mundo, como gestionar el acceso de los partidos a la radio y la televisión, añadió.

El avance que significa la transformación del instituto dependerá mucho de "cómo interpretemos la reforma, pues si lo hacemos en una lógica centralista vamos a tener una merma en el federalismo". Empero, agregó, si se trabaja en fortalecer a los órganos electorales locales y eventualmente se empieza a delegarles como una manera de racionalizar las nuevas atribuciones "podremos seguir diciendo que sí hubo un avance".

Asimismo, expresó que la reforma no representa de ninguna forma un retroceso en la vida democrática sino que, por el contrario, propicia el fortalecimiento de la autoridad electoral frente a su tarea de la organización de los comicios.

Las modificaciones legislativas no son un golpe al federalismo, sino una prueba de fuego que podrá fortalecer la función electoral y la credibilidad en la autoridad, subrayó.

Córdova Vianello dijo que México "no está en condiciones como para volver a tener problemas en lo electoral" y, estaríamos "fritos" en pensar en un plan B luego de la reforma política-electoral aprobada por el Constituyente. En estos momentos lo que se tiene que hacer es ponerse a pensar en "cómo hacemos para que el plan A sea el único plan democrático que funcione".

El ex presidente del extinto Instituto Federal Electoral (IFE), José Woldenberg, señaló en el mismo foro que el acierto en la transformación fue haber mantenido a la institución y convertirla en INE, aunque hay dos temas que preocupan.

La primera es que en el pasado los órganos electorales locales tenían claramente establecidas sus facultades, pero a partir del cambio el Consejo General del INE "podrá" remover a los consejeros y atraer facultades, lo que genera un campo de incertidumbre increíble.

Un segundo tema es, al tener que fiscalizar los gastos de campaña; el Consejo General del INE tendrá que examinar alrededor de 70 mil campañas en 17 estados, cuando antes el IFE fiscalizaba seis mil. Además se estableció que se puede anular una elección por el rebase del tope de gastos de campaña cuando la diferencia entre el primer y segundo lugar no sea mayor del cinco por ciento, lo que "es un acicate para la impugnación electoral". La reforma reconfiguró la naturaleza y atribuciones de las instituciones encargadas de organizar elecciones en México al crear el Instituto Nacional Electoral (INE), al cual le sumó 74 nuevas atribuciones, de las cuales 53 son de alcance nacional.

El nuevo modelo que trajo la reforma constitucional y legal establece cambios sustantivos en los siguientes temas:

1• Organismos Públicos Locales Electorales. En el ámbito local, se definió a las autoridades en la materia como Organismos Públicos Locales Electorales (OPLE), los cuales gozan de autonomía constitucional y están encargados de llevar a cabo todas aquellas funciones que quedaron fuera del ámbito de competencia del INE, que fueron definidas por los Congresos Locales, y cuya competencia es la de aplicar las disposiciones generales, reglas, lineamientos, criterios y formatos que establezca la autoridad nacional en diversas materias.

La Ley establece cómo se integrarán los órganos superiores de dirección de los organismos públicos locales electorales: estarán compuestos por un consejero presidente y seis consejeros electorales, nombrados por el Consejo General del INE. El Consejo General del INE podrá remover a los consejeros de los organismos públicos locales bajo ciertas condiciones.

Eso y el hecho de que el INE pueda asumir, atraer y delegar facultades, no solo erosiona la certeza (las facultades deberían estar clara y definitivamente establecidas) sino que abre una eventual zona de litigios innecesarios. La elección de consejeros locales fue la tarea política inmediata más relevante del nuevo Consejo que se hizo primero para 17 entidades, las que tuvieron comicios en el 2015.

Como parte del nuevo régimen de competencias, la reforma electoral abrió la posibilidad de que el INE asuma en forma integral o parcial la organización de los procesos electorales locales, atraiga a su jurisdicción asuntos de la competencia originaria de los OPLE, y/o delegue alguna de sus funciones en estos organismos.

Para detonar el proceso mediante el cual el INE determinará la procedencia de la asunción, atracción o delegación, es necesaria la petición fundada y motivada de al menos cuatro Consejeros del INE o de la mayoría del Consejo del OPLE en cuestión, por lo que será necesario considerar la pertinencia de normar el proceso para que los OPLE puedan formular estas peticiones.

La Ley General de Instituciones y Procedimientos Electorales (LGIPE) establece que el INE contará con instancias responsables de mantener una estrecha vinculación con los OPLE con el propósito fundamental de establecer una relación interinstitucional coordinada y respetuosa, de manera permanente.

Además de los temas antes señalados debemos puntualizar otros que, de conformidad con lo dispuesto por la reforma constitucional, corresponde a los Congresos locales precisar:
• Declaración de validez y otorgamiento de constancias en las elecciones locales.
• Cómputo de la elección del titular del poder ejecutivo.
• Ejercicio de la función de Oficialía Electoral en los procesos electorales locales.
• Supervisión de las actividades de órganos distritales y municipales de la entidad.
• Las funciones de capacitación, así como la ubicación de casillas y la designación de funcionarios de la mesa directiva cuando se trate de elecciones locales no coincidentes con la federal.

Los Congresos locales y la Asamblea Legislativa del Distrito Federal, debieron adecuar el marco jurídico-electoral, antes del 30 de junio de 2014.. Para muchos, no es la reforma política que necesita el país, sino la que requieren los partidos, estos necesitan esos mecanismos para poder mantener la competencia entre ellos de manera no adecuada, sino de acuerdo a lo que los propios partidos han construido en términos de capacidades de competencia. Parece que no es una reforma en sentido estricto para los ciudadanos, sino que es una reforma que beneficia en una primera instancia a los partidos, es una reforma para los partidos.

La reforma electoral ganó un rápido consenso, decía Córdova: todos los especialistas la rechazan.

La gran contribución de los reformistas fue insertar confusión donde había claridad. Todos estos absurdos de una reforma se derivan de que fue hecha para complacer al partido derrotado en 2012 y para "ganar" su respaldo en otros asuntos legislativos (la reforma energética). Desdeñar a la reforma político-electoral en aras de alcanzar una reforma energética parece un trueque indebido.

Qué bueno que haya reforma energética, pero qué malo que tenga que ser a costa de una reforma electoral que causará muchos problemas y estimulará el conflicto en cada elección.

Como el Congreso no rectificó, podemos ya anunciar no sólo el conflicto de la elección de 2018 sino una nueva reforma electoral en 2019. Es una lástima.

El INE es –como dice Jesús Silva-Herzog Márquez –"síntoma del candor de nuestra fe centralista" que con una pincelada destruye todo lo ganado en materia electoral. Es cierto que el cambio político va en un tren demasiado lento, donde los vagones no avanzan a la misma velocidad que la máquina requiere; en algunos aspectos ni siquiera se dirigen al mismo punto ni tienen el mismo objetivo. La descentralización ha transferido poder a las regiones, y a los estados sin instaurar, en muchos casos, los contrapesos indispensables que hoy, ante su ausencia se utilizan como pretexto para realizar una acción centralista. La participación supuesta de gobernadores y las elites políticas en las elecciones estatales ha dado origen a la visión de que la autocracia se ha mudado a la periferia y ha encontrado ahí, un terreno fértil para su imponer su imperio y pertrecharlo. Dispone de caudales de recursos que pueden utilizar a su antojo sin rendir cuentas; domina la legislatura o compra sus votos; calla a la prensa; intimida a la crítica. Las instancias de la autonomía son, en ese contexto, fácilmente penetradas por el poder en turno. ¿Qué hacer para acompasar la democracia mexicana? ¿Cómo lograr finalmente la sintonía de regímenes? ¿Cómo expandir el pluralismo, los equilibrios y el control del poder a las regiones?

Lo que sorprende es la ingenuidad con la que las oposiciones han empujado y abrazado la causa del centralismo cuando por años su bandera fue un recalcitrante federalismo. Por eso han resuelto que, para tener elecciones auténticas en los estados, debe colocarse a las entidades locales bajo supervisión de un órgano digno de confianza, es decir, un órgano con la pureza de lo nacional.

El régimen electoral local ha quedado bajo la tutela de un órgano central, que podrá, en todo momento, declarar la incapacidad de los aborígenes para organizar sus elecciones. Los nativos no decidirán, por supuesto, quienes integran sus órganos electorales. Su juicio, ya lo sabemos, está congénitamente viciado. Para protegerlos, hay que ignorarlos. Desde el centro, donde el juicio es puro e imparcial, vendrán los nombramientos de los funcionarios electorales. Eso sí, si en el curso del proceso electoral, el órgano designado por los imparciales de la capital es atrapado por los embrujos de la tribu, concluirán de inmediato sus funciones. El Centro se hará cargo directamente de las elecciones locales. Había muchas rutas institucionales para alentar la imparcialidad de los órganos electorales locales. En lugar de explorarlas, los reformistas prefirieron insertar el embudo.

Los reformistas que establecieron el protectorado electoral creen que su medida es una respuesta de realismo ante un ideal burlado. Defender el federalismo es, para ellos, una candidez: taparse los ojos o voltear la cara ante la realidad. No pueden aceptar que había formas respetuosas del federalismo que pudieran alentar la constitución de las autonomías regionales.

El tutelaje devela, por el contrario, la verdadera arrogancia de nuestro tiempo: la creencia de que al Centro debe dársele nuevamente función salvadora.

Si decimos restauración, deberíamos ver justamente esto: esa fe de bien pensantes y cínicos en las virtudes infinitas de la centralización. La democracia local será un regalo del barrio de Tlalpan a la república mexicana. Hablo de ingenuidad además de arrogancia, porque la centralización implica dejarse seducir por los encantos de la concentración y menospreciar la formación de instancias locales. Hemos sido testigos de uno de los golpes más severos al federalismo mexicano en nuestra historia. Que muy pocos lo hayan lamentado es retrato de la resurrección de esa fe centralista.

Resumiendo, la estructura del INE es prácticamente la misma que la del IFE. Los órganos centrales siguen siendo el Consejo General, la Presidencia del Consejo, la Junta General Ejecutiva y la Secretaría Ejecutiva. Solo que ahora en el Consejo hay 10 consejeros y un presidente y antes 8 y 1. Y en las delegaciones lo mismo: Juntas locales y distritales y consejos locales y distritales con la misma composición que en el pasado. En la Junta General estarán presentes no solo el presidente, el secretario ejecutivo y los directores, sino también los titulares de tres unidades: fiscalización, contencioso electoral y vinculación con los organismos públicos locales (las últimas dos son nuevas). Aunado a ello la designación de consejeros locales por parte del INE no garantiza que sea la correcta, ya que el proceso se realiza de manera alejada del entorno donde van a operar, donde nadie puede conocer si en realidad arribaron al cargo los mejores, pero habrá que esperar la forma en la que se lleva a cabo dicho proceso para observar el trabajo que lleva a cabo el INE.

7 LA MAGNITUD DEL PROCESO 2018

Veracruz con tres elecciones al hilo

La Ciudad de México, Jalisco y Veracruz tienen tres de los padrones electorales más grandes del país, solo se ubican abajo del Estado de México que ocupa el primer lugar, por lo que serán clave en los comicios federales, pero también a nivel estatal porque son una codiciada fuente de poder para los partidos políticos.

En Veracruz cumplirán tres años inmersos en procesos electorales, ya que en 2016 votaron por un nuevo gobernador, el ganador fue Miguel Ángel Yunes; en 2017 eligieron a 212 presidentes municipales y en 2018 nuevamente buscarán un mandatario estatal. Cabe recordar que la administración de Miguel Ángel Yunes es una de las denominadas "gubernaturas cortas" que comenzaron en 2016 y terminarán en 2018, con el objetivo de empatar los comicios estatales con los federales. Otra gubernatura corta es la de Antonio Gali en Puebla, quien el próximo año deberá entregar el poder. Además de votar por un nuevo gobernador, los poblanos también lo harán por 41 legisladores locales y 217 alcaldes.

Jalisco y otros estados renovarán el carro completo

En Jalisco, Guanajuato, Chiapas, Yucatán, Tabasco y Morelos votarán por nuevo gobernador, diputados locales y presidentes municipales.

En 2018, los jaliscienses elegirán al sucesor de Aristóteles Sandoval, actual gobernador, 125 alcaldes y 39 diputados locales. Ante esto, algunos funcionarios ya comenzaron a cambiar de partido en busca de una nueva candidatura para participar en los próximos comicios.

Llama la atención el caso de Morelos, donde se aprobó una reforma electoral para reducir de 30 a 20 el número de diputados en el Congreso estatal, también se incluye un apartado que establece una residencia de 12 años ininterrumpida en la entidad para quien aspire a la gubernatura. Por lo pronto la Suprema Corte de Justicia de la Nación (SCJN) aceptó la controversia constitucional que el Partido Encuentro Social (PES) interpuso en contra de dicha reforma.

Sin embargo, en 2018 hay otros estados que no cambiarán de gobernador, pero sí elegirán ediles y diputados locales, en la lista se encuentran:

Michoacán 40 legisladores y 113 ayuntamientos;

Quintana Roo 10 ayuntamientos

San Luis Potosí 37 legisladores y 58 ayuntamientos

Sinaloa 40 diputados y 18 ayuntamientos.

Sonora 34 diputados y 72 ayuntamientos.

Zacatecas 30 legisladores y 58 ayuntamientos.

Las de 2018 serán las elecciones más grandes en la historia democrática del país, pues habrá comicios federales y para renovar alguno de los poderes locales en las 32 entidades.

LOS FRENTES Y SUS DILEMAS

El denominado "Por México al frente" (PAN, PRD y MC) ha hecho ofertas de programas que rayan en lo ridículo por lo inalcanzable de las propuestas, como ejemplo está la renta universal. Por su parte, la coalición Morena-PT-PES no se queda atrás, promete una república feliz, con los delincuentes vueltos al redil, los corruptos sin corrupción, con un alto crecimiento y amorosa en un abrir y cerrar de ojos donde los "ninis" (ni estudia no trabaja) recibirían una beca mensual que implicaría casi 300 mil millones de pesos al año.

Si las cosas siguen así, en el futuro podremos hablar de cómo una excelente idea política se convirtió en un fracaso por la estrechez de miras estratégicas de quienes la tenían que implementar. El ex líder del PAN, Ricardo Anaya, y la ex dirigente perredista, Alejandra Barrales, no supieron cómo procesar la selección de las candidaturas del Frente que formaron PRD, PAN y MC, salvando, al mismo tiempo, las suyas propias. Todo fueron trampas y mentiras. Mientras por un año Anaya negó estar interesado en su "proyecto personal", desde la posición de poder recolectaba firmas de apoyo entre los panistas (200 mil) para presentarlas ¡el día en que dijo que si quiere ser considerado como candidato! Así dejo fuera de la jugada a todos sus contrincantes a excepción de Romero Hicks que intentó conseguir las firmas necesarias para su registro al interior del PAN, pero que igual se bajaría de la contienda "por falta de garantías de neutralidad".

Anaya aduce que es un riesgo hacer elecciones abiertas por la injerencia del PRI y del gobierno en sus procesos internos. Pero, si no puede controlar esos factores, ¿cómo podrá con ellos en las lecciones? La excusa es risible. Se han hecho innumerables procesos de elección abiertos y más allá de que son falibles como cualquier otro método, los resultados suelen coincidir con las estimaciones previas. ¿El gobierno intervino cuando en 2005 el PAN eligió a Felipe Calderón o en 2012 a Josefina Vázquez Mota? Está bien, no se quiere elección abierta, pero ¿por qué tampoco encuestas? ¿Por qué Zavala superaba en todas ellas a Anaya? ¿había un acuerdo de Anaya con el PRD para que no pueda ser candidata Margarita?

Más allá de eso: ¿cuándo fue la hora adecuada para elegir candidato? ¿Cuándo ya nadie se podía registrar como independiente? Es una suma de preguntas sin respuesta que debilitaron día con día esa visión del Frente.

Porque, además, Miguel Ángel Mancera, el más popular de los aspirantes luego de Zavala, también se había decantado por la elección abierta de candidato. Porque Nueva Alianza, que quería sumarse al Frente, sólo de haber una elección abierta. Porque en el PAN, la respuesta de Anaya colocó a Margarita en el predicamento de seguir en la carrera o registrarse como independientes lo cual finalmente hizo.

Ante las diversas irregularidades, se formó un grupo de senadores que se autonombraron "Los rebeldes del PAN". Entre ellos la distancia con Anaya crece día con día y más allá de lo que pueda suceder con Margarita Zavala, algunos ya han dicho que preferirían un voto por Meade que por Ricardo Anaya. Adicionalmente, el nuevo dirigente del PAN y Ricardo Anaya son acusados en Sonora por un desvío de 700 millones de pesos.

Para Anaya es el peor de los mundos: al lograr imponer su candidatura, la ruptura es inevitable en las votaciones de julio, pero tampoco le quedan ya opciones intermedias porque él mismo ya las desechó. Los dos ex presidentes surgidos del PAN están contra él, y Fox abiertamente está con Meade. Algo similar sucede con Barrales en el PRD, pero no de forma tan dramática porque el PRD no es la fuerza hegemónica en el Frente y sabe cuáles son sus límites en esa negociación.

Haber definido con tiempo el método de selección de candidato, primero en el PAN y con base en ello después en el Frente, hubiera modificado por completo este panorama, hubiera dado transparencia y claridad a los acuerdos y estaríamos hablando hoy de las opciones de poder de esa alternativa política, no de las posibilidades de ruptura y de alternativas externas de sus aspirantes, cuadros y militantes. Así es como mueren algunas excelentes ideas políticas.

MARGARITA ZAVALA Y LOS INDEPENDIENTES

La pasión por lo ciudadano y lo independiente viene de tiempo atrás y está relacionada con el desprestigio creciente de los partidos. Tenemos multitud de organismos ciudadanos e independientes que en realidad son entes integrados por personajes con posiciones políticas propias y cercanas a los partidos que los proponen. Lo que no tienen, en algunos casos, es disciplina partidista, pero en todos existen convicciones políticas e ideológicas claras.

Ahora se ha dado un paso más en ese proceso con las candidaturas independientes. Por supuesto que ello es un avance: es una forma, por ejemplo, en el caso de Margarita Zavala, de poder competir más allá de las burocracias partidarias que han acaparado y hasta usurpado buena parte del derecho ciudadano en términos electorales. Pero no es una panacea.

Del término ciudadano se abusa tanto que el Frente conformado por el PAN, el PRD y MC se denomina ciudadano inicialmente, y entre sus impulsores aparecen sólo dirigentes partidarios. Con lo independiente nos topamos casi siempre con alguien que, sencillamente, no tiene un partido o lo acaba de abandonar.

El otro problema es la proliferación de los candidatos independientes, que termina haciéndole perder sentido a su participación. O la contracara de ello: que los independientes, para contrarrestar su debilidad relativa, decidan conjugarse tras una candidatura única conformando, en los hechos, el partido de los independientes.

Para los comicios del 2018 hubo más de 80 aspirantes presidenciales registrados. Algunos muy conocidos, otros ignorados por la opinión pública. Ahí están entre los más destacados Pedro Ferriz de Con, un periodista conocido y popular que irá tras un electorado antigobiernista y relativamente conservador. Lejos en posiciones políticas de Pedro está Armando Ríos Piter, un joven dirigente de izquierda que dejó el PRD para iniciar el camino como independiente. La suya, como la de Pedro, son candidaturas que pueden resultar interesantes para un segmento del mercado electoral, pero se antoja difícil que reúnan las firmas de apoyo requeridas. Ambos tienen un punto en común: son férreos opositores a López Obrador.

Además, se registraron dos personajes antagónicos. Jaime Rodríguez, El Bronco, actual gobernador de Nuevo León quien tiene más oportunidades que todos al contar con el aparato gubernamental de Nuevo León para la recolección de firmas, y la indígena María de Jesús Patricio Martínez, candidata, en los hechos, del Frente Zapatista de Liberación Nacional, que buscaría intervenir, así, por primera vez en forma abierta, en una elección presidencial. El Bronco fue la gran apuesta independiente, pero el gobierno de Nuevo León se le fue de las manos: la coalición que lo llevó a la casa de gobierno en Monterrey se ha ido desdibujando y rompiendo. Y hoy, mercadológicamente, El Bronco ya no genera las expectativas del pasado, a pesar de que ir a una elección con el respaldo de un gobierno como el de Nuevo León le da un peso especial.

Marichuy, como le dicen a la candidata del FZLN, no es una improvisada. Es una mujer preparada, indígena que representará fielmente las posiciones radicales de esa organización. Su agenda es netamente anticapitalista y será testimonial, pero arrastrará, pocos o muchos, buena parte del voto muy radical, asumiendo, por otra parte, que ese sector no suele votar.

El que se bajó de la contienda, siendo uno de los primeros que se había sumado a ella, es Emilio Álvarez Icaza. Su explicación no es muy convincente: no se registrará, dice, porque no quiere ser parte de la estrategia de fragmentar el voto y beneficiar al Partido Revolucionario Institucional. Pero nada ha cambiado desde que Emilio anunció la creación de candidatura, con el grupo denominado ¡Ahora!, respecto a hoy. La razón es que se dio cuenta del nulo respaldo popular que concita.

Se afirma que la fragmentación del voto es de beneficio para el PRI, quizá no sea así. No cabe duda de que todos estos presuntos o reales candidatos independientes son antipriistas, pero salvo la candidata zapatista no se ve que muchos de ellos le quiten votos, por ejemplo, a López Obrador. No se puede imaginar que alguien que sea partidario de Andrés Manuel vaya a ser convencido por la candidatura de Pedro Ferriz.

Al final cumplieron con los requisitos 40 independientes de los que sólo 4 tienen posibilidades reales de estar en la boleta electoral el 2018: Margarita Zavala, El bronco y Ríos Píter.

Lo que hay es una fragmentación del voto que permitirá a cualquiera, al no haber segunda vuelta, ganar con apenas un 30 por ciento (si no es que, incluso, con menos) lo que debilitará la gobernabilidad del país, salvo que realmente se puedan construir auténticos gobiernos de coalición. Y me imagino que muchos de los que aspiran a ser candidatos independientes esperan que, en ese momento, sus votos, muchos o pocos, cuenten algo como para ser parte de esos esquemas de cogobierno.

LOS RIESGOS AL INTERIOR DEL PAN

La pugna en el PAN es el producto más acabado de la advertencia de Castillo Peraza sobre el peligro de ganar el gobierno y perder al partido que, sin embargo, no evitó que en su ascenso hacia el poder se desdibujara como oposición y adoptara prácticas políticas del viejo autoritarismo y el pragmatismo neoliberal. La presidencia de Anaya fue obsecuente con el actual gobierno en sus primeros años del Pacto por México mientras gozó de su apoyo, hasta que le declaró la guerra al PRI en la sucesión. Entonces, en un cambio de interlocutores, el PRI apoyó el encumbramiento del grupo calderonista en la presidencia del Senado en una muestra pública clara de los vasos comunicantes del núcleo duro del calderonismo con la dirigencia priista.

La ruptura pone al descubierto debilidades del Frente y de Anaya, quien ante la embestida entrará en franca ruta de colisión con el PRI y con Morena. Más allá de la coyuntura, la fragmentación interna refleja el problema de fondo del PAN que jamás logró catalizar un proceso de transformación al llegar al poder y optó por poner su liderazgo al servicio de mantenerse en el gobierno, aunque no pudiera gobernar. Conforme creció en influencias en el ámbito del poder, elevó destrezas para tejer alianzas, pero perdió fuerza moral y dejó de representar algo que lo diferenciaba del PRI: referente ético. Así, la ruptura que dio origen a la salida de Margarita ha sido, antes que nada, una pérdida de carácter ético que hoy termina por devorar las viejas lealtades con el pragmatismo de la búsqueda del poder.

LOS DILEMAS DEL PRI

Es común que se afirme que, por casi siete décadas, México fue el reino inverosímil de la Presidencia Imperial. Sin usar sino por excepción la coerción física o ideológica, comprando obediencia o buena voluntad con puestos y dineros públicos, el "sistema" (como también se le conocía) dio al país cierta estabilidad, orden y crecimiento a costa de su madurez política. México era un país tutelado por el PRI, que funcionaba como una bien aceitada maquinaria de movilidad social y control electoral. Las esperanzas de que México avanzara hacia una democracia "sin adjetivos" poco a poco van perdiéndose ante el discurso de los partidos y las acciones de los legisladores que se han convertido en defensores de los intereses partidarios sin importar lo que ocurra al país. Así lo demostraron con la estúpida guerra declarada por "la guera" Ricardo Anaya al Gobierno federal y al PRI. Sus legisladores se comportaron como viles testaferros paralizando el Congreso y olvidando las leyes y los nombramientos pendientes.

Lo grave, por más que se niegue, fue iniciar el proceso electoral de 2018 donde la legalidad y credibilidad se vio menguada, que ya de suyo se esperaba muy complejo, estuvo en serio riesgo de que dirigentes de partidos políticos y los candidatos a cargos de elección que postulen, violen flagrantemente la ley y disposiciones en la materia y hasta la Constitución, sin autoridad que se los impida y sancione.

Raúl Cervantes renunció a la PGR para que los partidos avanzaran en la construcción de leyes secundarias y definiciones primarias en el Congreso; para que México haga realidad lo que una veleidosa (sujeta a caprichos coyunturales) legislatura promete. Un fiscal nacional y otro anticorrupción, para empezar.

Cervantes Andrade hubo de irse no por ser mal abogado. No, a Raúl Cervantes lo mataron, políticamente hablando la desinformación y la estúpida guerra contra el PRI y el gobierno federal iniciada públicamente por Ricardo (la guera) Anaya.

No fue sólo Ricardo Anaya, el jefe del Frente inmobiliario Anaya-Barrales, quien etiquetó en redes #FiscalCarnal, pero pocos como él hicieron bandera a partir de una premisa falsa, el pase automático de Cervantes de procurador a fiscal transexenal, tal como legisladores, incluidos azules, aprobaron hace tres años.

Punto que el presidente Peña Nieto corrigió con otra iniciativa que sin embargo la procesan los legisladores cuando les redituó ventaja electoral y no cuando era necesaria, para muchos es un hecho, Anaya y compañía lucraron. Lucran y lo seguirán haciendo, con legisladores que han prostituido la política, y más que representar a sus electores, siguen las consignas del ya llamado "dictadorzuelo azul".

Raúl Cervantes se fue para liberar la senda que hoy sigue bloqueada y no habrá fiscal porque el PAN se beneficia electoralmente victimizándose y acusando al gobierno de buscar un fiscal a modo. Y es que antes de buscar fiscal general, será postelectoral, y consecuentemente fiscal Anticorrupción (como si no urgiera), se cruzó el caso del impresentable Santiago Nieto, convertido de la noche a la mañana en paladín de la democracia mexicana por los frentistas pastoreados por su jefe Anaya.

Los dedazos

José Antonio Meade puede ganar o perder las elecciones del próximo primero de julio. Pero de lo que no cabe duda es que se trata de un candidato competitivo. La mejor demostración de ello la han dado sus adversarios en el 2018. No deja de llamar profundamente la atención que López Obrador y Ricardo Anaya descalifiquen a Meade por haber sido designado, como dicen, por "dedazo", cuando el primero hasta se ahorró la designación, simplemente creó su propio partido para cobijar su candidatura. Eso de que en Morena harán una encuesta para ver si López Obrador será el abanderado de su propio partido es una mala broma.

Que Anaya denuncie el dedazo cuando se ha autodesignado candidato desde la presidencia del PAN ha, prácticamente, corrido a Margarita Zavala del partido y está llevando al límite al Frente PAN-PRD-MC.

Lo cierto es que Meade es competitivo. Lo es porque (aunque le pese, y con razón, a muchos priistas que por primera vez en la historia del partido tricolor el candidato no sea un militante) lo cierto es que lo que hace atractivo a Meade como candidato, entre otras razones, es que no es militante. Lo que permite que pueda amalgamar, más allá del priismo, a otros sectores y personajes es que no es militante priista. Y ello no funciona solamente para la candidatura, sino, incluso, en caso de que gane, para un futuro gobierno de coalición.

Es competitivo porque es un hombre honrado y que a lo largo de décadas de carrera siempre ha vivido de su trabajo y no tiene ni él ni su familia ni sus más cercanos colaboradores, una sola denuncia de manejos oscuros. La mayoría de sus adversarios no pueden decir lo mismo. Y pocas cosas serán en esta campaña más importantes que esa percepción de honestidad.

También es competitivo porque profesionalmente ha dado buenos resultados en todos los espacios que ocupó en la administración pública, en el pasado sexenio y en éste. Se puede estar de acuerdo o no con sus políticas, con su forma de entender la gobernabilidad del país, pero no con sus resultados. En Energía, en Hacienda, antes y ahora, en la Cancillería, en Sedesol, Meade ha dado buenos resultados. ¿Qué experiencia de gobierno tienen sus adversarios? La verdad es que la de ninguno, ni remotamente, se acerca a la de Meade.

Hace algunas semanas los principales líderes del país respondían en la encuesta del Banco de México que la certidumbre es la mayor preocupación que tenían respecto al futuro inmediato. Y Meade lo que otorga es, precisamente, certidumbre: no promete un salto al vacío, no inventa en su plataforma programática objetivos imposibles de lograr, en términos presupuestales, no inventa el hilo negro. Da certidumbre y seguridad política, económica y jurídica, y de eso se trata. Insisto: se puede optar por otros aspirantes y partidos, por otras vías políticas, pero la mayoría de ellas no han tenido el mínimo cuidado de plantear cómo lograrán sus objetivos, cómo lo harán para que se concreten sus propuestas (¿por qué cancelar un aeropuerto a medio construir y en el que se han invertido ya 20 mil millones de pesos? ¿Cómo harán para ahorrar sólo con buena voluntad y sin aumentar la recaudación, nada menos que 400 mil millones de pesos anuales? ¿Cómo implementar una renta universal, un sueldo para cada habitante mayor de edad, trabaje o no, cuando eso costaría, por lo menos, 10 puntos del PIB? ¿Por qué echar para atrás la Reforma Energética con todas las inversiones que ya ha generado?). Muchos prefieren apostar por las esperanzas, aunque no se diga cómo se las convertirá en realidades. Otros preferirán optar por las certezas y por un rumbo de crecimiento sustantivo.

Más allá de eso, el gran desafío de Meade es amalgamar sus aspiraciones y sus capacidades con un partido en el que no ha militado. Meade se debe acercar al PRI y el PRI se debe acercar a Meade. Pero el partido debe mantener en ese acercamiento su identidad y su capacidad de operación política, al tiempo de que Meade debe asumir compromisos partidarios mientras que conserva lo que es su oferta política: su perfil ciudadano.

8 CONCLUSIONES

En las últimas seis elecciones federales, los ciudadanos han emitido su voto tendiente a que el presidente de la República no cuente con una mayoría de legisladores de su partido político y sus aliados en el Congreso y con ello, que su gobierno tenga dificultades para poder cumplir los objetivos planteados en sus campañas electorales, situación que se traduce en la continuidad de vivir en la época de gobiernos divididos o sin mayoría –como refiere María Amparo Casar– "hacen referencia a una situación en la que la rama ejecutiva y la totalidad o parte de la legislativa están en manos de partidos diferentes" y que en términos de nuestra realidad política, eso se traduce en una parálisis legislativa ante la falta de mecanismos institucionales que permitan la construcción de acuerdos entre ambos poderes federales. Las elecciones intermedias de 2015 le dan al presidente, por primera vez en 20 años, la mayoría en la cámara de diputados con los aliados el PVEM y Nueva Alianza.

Los gobiernos divididos son una suerte de consecuencia inevitable del desarrollo de la democracia, de la política de partidos y del escrupuloso apego a las características que le han dado especificidad a los sistemas presidenciales, el quid del asunto no es como evitarlos sino cómo "enfrentarlos exitosamente". Sin embargo, creo que a simple vista resulta más recomendable tratar de evitarlos que enfrentarlos, en una justa de la que se puede salir derrotado si no se cuenta con todos los dispositivos de diseño legal e institucional para poder salir airoso del trance.

Es evidente que los actuales diseños institucionales que tenemos no nos permiten afrontar adecuadamente los inconvenientes de los gobiernos divididos y pareciera ser que lo único que nos queda a los ciudadanos es esperar a que tanto el presidente de la República como los legisladores federales se pongan de acuerdo para sacar adelante las reformas que México necesita. Sin embargo, en vista de las elecciones presidenciales del 2018, es obvio que en el tramo final los obstáculos de la oposición serán mayores y se irán con todo en contra del gobierno para intentar sacar "raja" electoral. La reforma impositiva y monetaria de Trump, además de la posible salida del TLCAN, la corrupción y la inseguridad configuran la tormenta perfecta para julio de este año.

Sin embargo, ya antes salimos avantes de situaciones similares. En las elecciones presidenciales del 2006 se incubó la tormenta perfecta gestada por una diferencia estrechísima entre los candidatos punteros López Obrador y Felipe Calderón, por un entorno político enrarecido por la imprudencia verbal del presidente de la República Vicente Fox, por la retórica incendiaria y el desconocimiento de las instituciones del candidato de la izquierda, por una legislación electoral insuficiente para lidiar con una elección tan cerrada y conflictiva, por autoridades electorales que enfrentaban la desconfianza de un segmento de los partidos de izquierda y por el alegato de un fraude que a 12 años de distancia sigue sin probarse. México pudo atravesar la tormenta y cruzar el río revuelto de una crisis política.

Como siempre, los partidos políticos desaprovecharon la crisis. En vez de atacar los problemas de fondo, aprobaron una reforma electoral que sobrerregula la competencia electoral, construyeron un oneroso aparato burocrático para organizar elecciones y promovieron la judicialización de los conflictos electorales.

El resultado ha dejado a todos insatisfechos pues la credibilidad de las instituciones electorales se ha disminuido, la negación de la derrota es una práctica común entre los perdedores sin que haya sanción o mecanismos para erradicarla y los costos de nuestro sistema democrático se han incrementado. ¿Por qué a pesar de dos reformas electorales, 12 años después, todo parece seguir igual?

De acuerdo con Dieter Nohlen el término Sistemas Electorales se refiere "al principio de representación que subyace al procedimiento técnico de elección, y al procedimiento mismo por medio del cual los electores expresan su voluntad política en votos que a su vez se convierten en escaños o poder público".

Los sistemas electorales son producto de la evolución histórica, por lo que sus efectos políticos han dependido siempre de la estructura social, de las instituciones existentes y del comportamiento político de los electores, en consecuencia, de las condiciones prevalecientes en cada país.

Bajo una definición procedimental o minimalista, podemos decir que México es una democracia electoral: celebra elecciones de manera periódica con reglas formales que garantizan condiciones mínimas de equidad para competir, así como voto universal (la cobertura del padrón electoral mexicano es de las más altas del mundo: 97.6% en junio de 2016). A pesar de los problemas de inseguridad y violencia los comicios se realizan en un entorno pacífico.

A través del tiempo, la sociedad ha ido conociendo el sufragio, es de esa manera como la democracia adquiere el nombre de: democracia representativa; se dice que es el más apto de los sistemas de gobierno que ha inventado el Hombre.

Podemos mencionar elementos y actores que han tenido mucho que ver en el ámbito Electoral como lo son los electores, los candidatos, los partidos, los medios de comunicación, las mismas autoridades que organizan el proceso, así como también los procedimientos para llevar acabo las elecciones, la realización de las campañas de difusión, la selección de los lugares en donde se llevará acabo el sufragio y finalmente, la resolución de los posibles problemas que pueda traer consigo la jornada electoral.

Lo curioso es que existen quienes ven a la democracia sólo como sinónimo de la materia electoral, es decir, que si hay elecciones confiables ya tenemos democracia y justo aquí es pertinente señalar lo que acertadamente se establece en el artículo 3° constitucional, en el sentido de que a la democracia no hay que considerarla solamente como una estructura jurídica y un régimen político, sino como un sistema de vida fundado en el constante mejoramiento económico, social y cultural del pueblo.

Siendo así, las reformas electorales son sólo una parte del sistema político que queremos fortalecer y consolidar, empero, necesitamos avanzar en estos tres años últimos del sexenio hacia la construcción del sistema de gobierno que privilegie la construcción de acuerdos entre los poderes federales que se renuevan por elección popular, de lo contrario los ciudadanos seremos testigos del profundo desinterés o una "falta de acuerdos" en donde se anteponga el interés particular o de grupos, al interés general, al de la ciudadanía, para llevar a cabo una auténtica Reforma del Estado en México, misma que, como dice Ignacio Burgoa, "debe referirse a esta estructura que obviamente involucra al poder público y al gobierno en cuanto a sus funciones legislativa, administrativa y judicial y a las declaraciones bajo las cuales estas funciones deben desplegarse. Esta referencia, por tanto, debe ser exhaustiva y, para serlo, se requiere revisar y, en su caso, modificar la Constitución. Sin esta ineludible tarea no sería posible la multicitada Reforma."

Aunque las condiciones reales de la competencia son deficientes, prevalece una sana competitividad. En las elecciones locales de 2016, por ejemplo, hubo una enorme competencia entre partidos que generó alternancia en ocho gobiernos estatales y en cientos de municipios. Pero más competencia electoral no ha significado mejores gobiernos. México es hoy un país más corrupto, con mayor inseguridad y con gobiernos más endeudados que hace una década. Ciertamente, también es un país con avances en materia social, de cobertura educativa y de electrificación, con una clase media amplificada y cuyos niveles de felicidad son mayores que antes.

Más competencia tampoco ha significado más satisfacción con la democracia. Según Latinobarómetro, ésta disminuyó de 41% en 2006 a 19% en 2015 de mexicanos que se sentían satisfechos con su funcionamiento. Lo mismo ha sucedido con la confianza en las instituciones políticas. Entre 2006 y 2015 los partidos políticos disminuyeron la confianza de 30% a 16%; la policía de 31% a 24%; la del gobierno aumentó hasta 2006, cuando alcanzó un máximo de 47% de confianza para después desplomarse a 21% en 2015.

Democracia y elecciones no significan lo mismo. La primera, como concepto e ideal, va mucho más allá, pero implica, necesariamente, elecciones justas. Durante un largo periodo de nuestra historia, la democracia electoral fue más aspiración que realidad. Es hasta el final del siglo pasado cuando el país ingresa plenamente a un estándar aceptable de democracia que se consolida con expresiones regulares como la competencia, escrutinio político y social al poder, y las expresiones de alternancia, particularmente en la Presidencia de la República.

Ningún régimen electoral o de representación es perfecto; lo que importa es su funcionalidad. Por ello, considero que el régimen presidencial y el sistema mixto de integración de los órganos legislativos son acordes con las necesidades del país. Son muchas las reformas políticas y de gobierno que se han introducido; algunas ya en marcha, otras de vigencia futura como las referentes al gobierno de coalición y a la reelección consecutiva de legisladores. En el orden electoral, el país estrena normatividad: las elecciones de ahora representan una nueva realidad política e institucional.

En aras de su funcionalidad, lo fundamental de un régimen electoral es que favorezca la competencia civilizada por el poder y pueda construir autoridades legítimas. Lo primero se ha cumplido satisfactoriamente y corresponde al objetivo primario de la reforma política planteada por Jesús Reyes Heroles: "propiciar la inclusión electoral y parlamentaria de las fuerzas políticas históricas, especialmente el Partido Comunista y la Liga Sinarquista y, en tal proceso, atraerlas a las prácticas y valores de la democracia liberal". La legitimidad ha tenido un trayecto y un destino más accidentados; y ha resultado más complicada cuando quienes no son favorecidos por el voto ciudadano se resisten a reconocer el triunfo del adversario.

Así, los Sistemas Electorales tienen efectos directos en la votación pues pueden motivar al elector a que calcule su voto (voto estratégico), y predeterminar el grado de proporcionalidad en que los votos se convierten en escaños. También tienen efectos indirectos dado que influyen en el número y características de cada uno de los partidos.

Para Nohlen los Sistemas Electorales influyen en la polarización del electorado y de los partidos; en la estructura interna de los partidos y en su relación con el electorado; en cómo se representan los intereses de los diferentes segmentos de la sociedad; en el tipo de competencia política que se establece; en el comportamiento político del electorado; en las características de las campañas; y en la legitimidad del sistema político y en su capacidad para generar bienestar para la población.

En la mayoría de las democracias los sistemas electorales se han vuelto extremadamente costosos y alientan distintos grados de deshonestidad y corrupción. Por eso, es importante realizar un esfuerzo constante de vigilancia, evaluación y perfeccionamiento, a través de una propuesta condensada y seria de reforma electoral integral en los diferentes niveles de gobierno.

Como lo hemos descrito, en la última década se realizaron dos reformas electorales para mejorar el funcionamiento de la democracia electoral y abaratar su costo, pero los resultados son otros. No mejoró la calidad del debate público y las llamadas campañas de propuesta, aunque mayor en número, son secundarias frente a las negativas en redes sociales cuyo tono violento y calumnioso llaman más la atención. No disminuyó el costo de la democracia y se ha incrementado el financiamiento ilegal de las campañas. Se ha mantenido la costumbre de autoproclamarse ganador aun sin contar con resultados oficiales. En las elecciones de gobernador de 2016, la noche de la jornada hubo 22 candidatos que se proclamaron ganadores, aunque sólo había 12 cargos en contienda.

Asimismo, en los últimos 10 años se ha invertido más en infraestructura democrática (financiamiento estatal de partidos, salas especializadas del Tribunal Electoral, más burocracia para llevar a cabo las nuevas atribuciones del INE) pero la confianza en las autoridades electorales se ha minado. Entre 2007 y 2015 la confianza en el IFE -INE se redujo de 7.1 a 6.1, en una escala del 0 al 10 (Consulta Mitofsky).

Pero la razón más importante de que la democracia no haya dado buenos frutos es la falta de Estado de derecho: la llamada transición mexicana privilegió el pluralismo sin construir un piso de legalidad que lo transformara virtuosamente en gobiernos incluyentes, pero también responsables, supervisados y honestos. Ante la falta de controles se estableció una fiesta de derroche. Muchos opositores del antiguo régimen, por ejemplo, el Partido Acción Nacional (PAN) y el Partido de la Revolución Democrática (PRD) se convirtieron en cómplices del sistema.

Al contrario de que ocurrió en otras democracias maduras, la secuencia fue a la inversa. Primero construyeron pisos firmes de legalidad —las monarquías constitucionales— y luego expandieron gradualmente la participación. Para Luis Carlos Ugalde, "en México abrimos la puerta de la plaza sin tener una señalización de las reglas de convivencia y de los castigos para quien las violara. Resultado: hemos avanzado mucho en pluralismo, alternancias y estridencia retórica, pero hemos retrocedido en integridad, eficacia gubernamental y calidad de los cuadros dirigentes, sobre todo en el ámbito local. Hemos construido una democracia clientelista, no una democracia liberal" (Nexos agosto 2016).

El conflicto poselectoral de 2006 no era obra solamente de López Obrador. El presidente de la República había sido imprudente, incluso torpe. Aunque nunca se le acusó de actos ilegales ni de inyectar recursos públicos a la campaña de Felipe Calderón, con quien tenía un distanciamiento evidente, su retórica había enrarecido el ambiente. Por ejemplo, decía que "no había que cambiar de jinete en medio del río" o que "vomitaba el populismo". A diferencia del presidente Ernesto Zedillo (1994-2000), quien había sido cuidadoso durante el proceso electoral de 2000 (algo que su partido le recriminaría posteriormente), Fox se entrometió y ello, junto con la retórica incendiaria de López Obrador, generaron un coctel explosivo y polarizante.

El IFE que había organizado la elección de 2000 fue vilipendiado. Aunque su cuerpo directivo había cambiado en 2003 con una buena dosis de controversia, las reglas del juego eran las mismas. Más aún, los funcionarios que organizaron la elección eran los mismos —servidores públicos de carrera con una amplia experiencia—. No obstante, el triunfo del candidato del partido en el poder por un margen muy estrecho, en medio de un clima político polarizado, condujo a la depresión democrática. Para algunos, la transición se había abortado; para otros, la "mafia del poder" se había robado la elección; para otros, las instituciones habían pasado la prueba de fuego. La realidad: México seguía padeciendo una dosis de incredulidad de la población y de oportunismo de sus dirigentes políticos. No era el primer conflicto poselectoral del México independiente, tampoco sería el último.

Como el cántico central del conflicto poselectoral había sido "voto por voto, casilla por casilla", entonces se estableció el recuento de los votos a nivel distrital si la diferencia entre el primero y el segundo lugares era menor a un punto porcentual o si los votos nulos superaban la diferencia entre los punteros a nivel casilla. En 2012 se recontaron 78 mil 469 casillas de poco más de 143 mil instaladas (54.8%), y en 2015 la cifra aumentó a 92 mil 98, equivalentes a 62% del total, lo que ha implicado jornadas ininterrumpidas de 24 horas por varios días.

Como Vicente Fox había iniciado su precampaña a la presidencia desde 1997, siendo gobernador del estado de Guanajuato, y otros políticos habían seguido la misma estrategia en los años subsecuentes, se regularon las precampañas y se prohibieron los actos anticipados de precampaña y campaña (un galimatías semántico que ha sido imposible de regular en la práctica).

Asimismo, se redujo a la mitad el financiamiento público de campañas. Se argumentó que de esa forma se reducía el costo de la democracia, algo que parecía razonable pero que resultó falso a la postre. Entre 2006 y 2012, por ejemplo, el costo presupuestario —en términos reales— de la democracia electoral mexicana pasó de 26 mil 831 a 31 mil 691 millones de pesos (precios constantes de 2016, incluye el financiamiento de partidos y autoridades electorales en los ámbitos federal y estatal). En 2015 alcanzó la cifra de 35 mil millones, también en términos reales.3 Sin embargo, el fenómeno más dañino ha sido el aumento del financiamiento paralelo o no reportado de campañas. Aunque reciben mucho dinero público, los candidatos recurren a fuentes ingentes de fondos ilegales que han agudizado la corrupción gubernamental.

También se prohibió la propaganda personalizada de servidores públicos cuyo efecto ha sido parcial por la falta de reglamentación del Congreso. Aunque se trata de una de las pocas medidas positivas de aquella reforma, se viola diariamente en la prensa: decenas de gacetillas con las fotos de gobernadores aparecen por doquier. Buena parte de los diarios nacionales y locales ejercen el periodismo declarativo: retratan los dichos de los políticos (quienes pagan) y los chismes entre miembros de la clase política. Un segmento de la TV vende cobertura informativa y promueve la imagen de algunos gobernadores quienes aparecen noche tras noche inaugurando obras o pronunciando discursos irrelevantes.

Finalmente, como López Obrador había acusado fraude, los presuntos perpetradores de tal infamia debían irse. Se modificó la Constitución para remover de forma anticipada a seis de los nueve consejeros del IFE cuyo plazo concluía en 2010. Se vulneró así la independencia del Instituto: si los partidos podían remover a los consejeros por razones políticas (de confianza, se decía), entonces la señal era clara: más vale no pelearse con ellos. En los siguientes años se acusó que muchos gobernadores replicaron el modelo en la conformación de los institutos electorales de sus entidades para contar con autoridades "a modo", al extremo de que en 2013 el PAN propuso la centralización de elecciones para evitar su intromisión en la organización de los comicios.

Aunque ya se había aplicado en la elección intermedia de 2009, la verdadera prueba de fuego de la reforma electoral de 2007 era la elección presidencial de 2012. Si los reformadores tenían razón cuando argumentaron que las nuevas medidas aumentarían la legitimidad de las elecciones y la confianza en los resultados, luego entonces la elección de 2012 debía ser ejemplar, con un alto debate de ideas, baja conflictividad y acatamiento de los resultados. Pero no. El candidato perdedor acusó, nuevamente, aunque con argumentos diferentes, que la elección había sido fraudulenta y que carecía de legitimidad y legalidad. En su recurso para solicitar anularla adjuntó como pruebas del "fraude" objetos que habrían sido obsequiados para comprar el voto como bicicletas, chamarras, electrodomésticos e incluso pollos, gallinas, puercos, un chivo y dos patos, mismos que presentó públicamente en un evento en el Zócalo al que llamó "Expo Fraude". En los años siguientes descalificaría constantemente al presidente, a quien llamaría en ocasiones "Peñita".

¿Qué clase de reforma es aquella cuyos propósitos eran "menos dinero, más sociedad" pero que es incapaz de fomentar el acatamiento de los resultados, la prueba máxima de la legitimidad política de una elección? ¿O será que al margen de la ley —buena, mala o regular— hay un código genético en los políticos mexicanos que los conduce inexorablemente a desconocer los resultados adversos?

En abril de 2013 Gustavo Madero, presidente del PAN, amenazó romper con el Pacto por México, un esquema de negociación muy exitoso que había permitido negociar diversas reformas estructurales en los dos primeros años del gobierno de Enrique Peña Nieto (2012-2018). La razón: había elecciones locales en Veracruz y un audio filtrado mostraba que el delegado federal de la Secretaría de Desarrollo Social (Sedesol) en esa entidad utilizaba programas de la dependencia para coaccionar el voto a favor del PRI. "Voy a convocar a la Comisión Política del Partido Acción Nacional para definir la posición de mi partido y su relación con el gobierno [...] por mientras, no voy a acompañar y no voy a asistir a ningún evento del Pacto por México".

Madero argumentó que los gobernadores del PRI se inmiscuían en los procesos electorales y que era necesario cortarles las manos para garantizar la legalidad y equidad de las elecciones. Dijo entonces que había que desparecer a los institutos electorales estatales —según él cooptados por los gobernadores del PRI— y centralizar la organización de las elecciones en el IFE.

Desde ese momento la centralización electoral se convirtió en el tema medular de una nueva reforma electoral que ocurriría un año después. Madero acertaba en el diagnóstico, pero no en la solución. Efectivamente, muchos gobernadores, incluidos algunos de su partido, influían indebidamente en las elecciones: desviaban recursos públicos para pagar campañas, sesgaban la cobertura de los medios locales para beneficiar a los candidatos de su partido y buscaban controlar a las autoridades electorales. Pero la medicina era un engaño o una ingenuidad. Si la solución a lo que funciona mal en los estados consiste en centralizar, entonces habría que hacerlo también con los Congresos locales, los poderes judiciales y hasta con los medios de comunicación. Si los gobernadores cooptaban autoridades electorales era porque lo hacían a través de los Congresos, responsables de su nombramiento. De tal forma que centralizar la organización de los comicios sin resolver el problema de fondo de la democracia local —básicamente la falta de pesos y contrapesos— era una medida irrelevante.

Una de las principales medidas fue el nombramiento de los consejeros electorales estatales por parte del INE. La tarea ha sido titánica porque significa convocar a cientos de aspirantes en cada entidad, realizar exámenes escritos y luego entrevistas con los consejeros nacionales, quienes toman la última decisión. No obstante, un año después de aprobada la reforma "para cortarle las manos a los gobernadores", el PAN acusó una "elección de Estado" en Chiapas, gobernada por el Partido Verde, donde se renovaron ayuntamientos y diputados locales. En 2016 Agustín Basave, presidente del

PRD, dijo que la reforma de 2014 había sido un fracaso, pues "el Instituto Nacional Electoral está rebasado por los gobernadores, que siguen comprando y coaccionando el voto".

Es esquizofrénico. Haces una reforma para atarles las manos a los gobernadores y un año después dices que siguen actuando como mapaches electorales. O son pésimos reguladores y teniendo buenas intenciones no supieron cómo plasmar sus deseos en buenas normas, o los gobernadores son tan listos que son capaces de evadir cualquier grillete que busque limitarlos.

¿Acaso puede tener el INE los ojos y el cerebro para revisar decenas de miles de informes de gastos, realizar auditorías, llevar a cabo visitas de campo, cotejar facturas, hacer sumas y restas, dar derecho de audiencia y tener listos los dictámenes en un término de 37 días después de la jornada electoral, como marca la norma? En 2015 el presidente del INE dijo que "nunca en la historia, una autoridad electoral en el mundo había realizado una fiscalización tan grande y en tan poco tiempo [...] Estamos ante las elecciones más fiscalizadas por una autoridad electoral en cualquier sistema democrático".

Pero que haya muchas revisiones contables a miles de informes no significa que se revise y detecte todos los gastos que realmente ocurren. Al basarse primordial, aunque no únicamente, en los informes que entregan los partidos, la fiscalización de campañas parte de un sesgo inicial difícil de corregir. El INE monitorea espectaculares, inserciones pagadas en prensa, redes sociales y en algunos casos realiza visitas a eventos de campaña, pero se trata de un monitoreo parcial de algunas de las actividades que generan gastos. Fuera queda todo el gasto de movilización electoral, compra del voto, pago de cobertura informativa, entre otros. No es culpa del INE sino de un modelo de fiscalización rebasado por la realidad.

Pero acaso el mayor problema de la reforma de 2014 es que dejó las cosas a mitad del camino: ni avanzó en la centralización completa, esto es, que el INE fuera la única autoridad responsable de organizar todas las elecciones del país, ni se mantuvo el modelo original de inspiración federalista: un instituto federal y 32 estatales. Que se haya optado por un modelo híbrido fue resultado de la negociación posible: el PAN quería la enchilada completa y el PRI mantener el statu quo. El resultado ha sido insatisfactorio: el INE ha elevado los estándares de organización electoral de elecciones locales pero los institutos locales siguen a cargo de actividades que causan controversia: son los reguladores de las campañas y algunos de ellos son acusados de incompetencia o de parcialidad.

En 2016, de la mano del Tribunal Electoral, el INE removió a todos los consejeros de Chiapas por violar la paridad de género y por acciones fraudulentas en el voto desde el extranjero ocurrido en la elección del año previo. También la destitución de la secretaria ejecutiva del instituto de

Durango por incumplir sus funciones y desacatar instrucciones del TEPJF. También la destitución del secretario ejecutivo de Veracruz por incumplir el requisito de "gozar de buena reputación" para ocupar el cargo.

En materia electoral hemos seguido una ruta equivocada para paliar los problemas de la democracia local. En lugar de forzar el funcionamiento imparcial y profesional de las autoridades estatales, se opta por centralizarlas como un parche temporal que no ataca el problema de fondo que es la falta de mecanismos de pesos y contrapesos que garanticen el desempeño eficaz de las autoridades locales. Mismo sendero se ha tomado en materia de transparencia, de combate a la corrupción, de fiscalización superior y de disciplina financiera. Ciertamente, se contiene el daño momentáneo del mal desempeño, pero no se resuelven las causas que lo motivan.

Las reformas de 2007 y 2014 han "forzado el motor" o la capacidad institucional al grado de que las autoridades electorales pueden empezar a desempeñar ineficazmente algunas funciones que han hecho con éxito, por ejemplo, la capacitación e integración de mesas directivas de casilla. A partir de 2014 el INE es responsable de la capacitación de los funcionarios de elecciones federales y locales, pero el Instituto enfrenta mayor resistencia de los sorteados para aceptar la responsabilidad. Por diversas razones el modelo está llegando a su límite y requiere ajustes de fondo; de lo contrario, el INE enfrenta el riesgo de incumplir con su mandato. (Se menciona que una causa del creciente rechazo para ser funcionario de casilla son los recuentos durante los cómputos distritales. Si todo se cuenta nuevamente, aducen los insaculados, para qué ser funcionario de casilla si su trabajo será repetido. Lo mismo ocurre con las acusaciones falsas de fraude que desmotivan una función que antes se aceptaba con enorme orgullo ciudadano.)

En la reforma de 2014 el INE adquirió 74 nuevas atribuciones: fiscalización de campañas locales, incluidos candidatos independientes, nombramiento y remoción de los consejeros estatales, organización de comicios locales, distribución y monitoreo de millones de spots, instrucción de los procedimientos especiales sancionadores, organización, a petición de parte, de las elecciones internas de los partidos políticos para renovar a sus dirigencias, entre muchas otras.

Asimismo, las reformas de 2007 y 2014 sumaron más prohibiciones a partidos, candidatos e incluso personas físicas: denigración, calumnia, actos anticipados de precampaña y campaña, rebase de topes de campaña, adquirir spots, propaganda personalizada, por mencionar algunas. Más prohibiciones en ley significa más probabilidad de que mi adversario la viole; y si no la viola, yo puedo argumentar que lo hizo. Por ello se detonó la industria de la queja. Como resultado, en 2012 el consejo general del IFE sesionó 76 veces, en buena parte para desahogar quejas de partidos. En 2006, la elección presidencial previa, el número de sesiones fue de sólo 32.

¿Cuánto tiempo valioso destinan los consejeros a resolver pleitos entre partidos que al final carecen de relevancia?

Como el Instituto le da la razón a uno en detrimento de otro, el que pierde casi siempre acude al Tribunal Electoral para impugnar la resolución. También lo hacen los militantes de partidos que sienten vulnerados sus derechos. En 2006 el TEPJF recibió tres mil 549 asuntos de todo tipo; en 2015 la cifra llegó a 22 mil 206, un aumento de 526%.

Acaso como resultado de tanta litigiosidad y de una legislación electoral abultada, en los últimos años se han dado crecientes divergencias entre el INE y el Tribunal Electoral que han sembrado preocupación e incertidumbre.

México es parte de una crisis global de confianza en la política y los políticos. Movimientos populistas —xenofobia, racismo, aislacionismo— recorren Europa, Estados Unidos y América Latina. También somos parte de un problema global de corrupción y abuso del poder, como ha sido el caso de Brasil, Argentina, Venezuela, Nicaragua y España, entre otros.

Aunque hemos invertido tiempo y dinero en combatir la desconfianza electoral, las reformas no han dado resultados. Aunque hay más participación ciudadana y más pluralismo en los cargos públicos, la desconfianza aumenta: quejas de partidos, peticiones de nulidad, autoproclamaciones (el llamado madruguete) y la señalización popular de que "todos son iguales". Cuando la esperanza en las instituciones políticas para tutelar el bien común se evapora, surgen apuestas populistas, algunas de ellas antisistema.

Con todas sus deficiencias, la democracia electoral es un ancla de civilidad de la política mexicana. Si la perdemos, aun sea porque se impide la celebración de comicios en una porción del territorio nacional, la democracia se pone en riesgo. Este desafío es de otra magnitud. Los pleitos entre partidos, el desacato de los resultados, la compra del voto o el uso ilegal de dinero para financiar campañas, son peccata minuta frente al desafío al régimen democrático. Cuando se dice que participar en las elecciones es perpetuar un Estado perverso y que la revolución es la única alternativa posible, se siembra el germen para derruir el orden democrático. Con todas estas limitaciones, es necesario navegar 2018 con prudencia, responsabilidad y preservar nuestra democracia electoral con todas sus imperfecciones. El año 2019 será, quizá, la próxima ocasión en que los partidos se sienten con seriedad a pegar lo roto con una visión de largo aliento, sin mirarse el ombligo como fue el caso en 2007 y 2014.

Han pasado 15 años desde la alternancia en el Poder Ejecutivo federal en México y ya es impostergable empezar a diseñar las reformas institucionales que nos permitan concluir la transición política y democrática, creando un nuevo conjunto de mecanismos que ponga al día al Estado con la sociedad y facilite la maduración democrática de su relación. En ese tenor, Miguel Carbonell indica que "no se trata, sin embargo, de perseguir como objetivo único la eficiencia global del sistema jurídico-político mexicano, sino también –y sobre todo– de aprovechar una buena oportunidad para realizar los cambios que permitan una profundización del diseño democrático que existe en la Constitución; eficacia y democraticidad son dos perspectivas que no deben perderse de vista a la hora de formular propuestas de reformas constitucionales.

Dentro del perfeccionamiento democrático, el pluripartidismo es benéfico, sin embargo en estas elecciones por el deterioro de los tres grandes partidos, los pequeños tienen, además de la presión de alcanzar el umbral que les permita mantener el registro, la oportunidad para dar curso a expresiones políticas y ciudadanas al margen de estas tres fuerzas políticas; proceso que ya se presentó en Jalisco, en 2012, con el candidato de Movimiento Ciudadano, Enrique Alfaro, quien estuvo muy próximo a ganar la gubernatura frente a los candidatos de los principales partidos.

La democracia va más allá de los procesos electorales, consolidarla requiere de ciertos requisitos: ciudadanos participativos con un alto grado de cultura política, así como una sociedad atenta y vigilante, con una competencia cívica donde el ciudadano sea activo y capaz de organizarse. Los avances en materia electoral son imprescindibles para entender la apertura del sistema político mexicano, no se pretende dejar de soslayar los avances de lo –electoral- en efecto han aportado para la construcción del proceso democrático en México, pero desafortunadamente no son los únicos para su consolidación. Jesús Silva-Herzog Márquez, dice que fue "creer que la alfombra electoral puede extenderse en una casa sin piso: desenrollar el tapete de las elecciones sobre el vacío del Estado, la burla de la ley y el paño roto de la comunidad". La democracia no posee sólo un valor instrumental, y de ahí que -lo electoral- sea relevante. Sin embargo, los supuestos valores no siempre están presentes, pese a la realización de elecciones competitivas.

La consecuencia es que las señas de la política mexicana de hoy son su propio engendro: "pluralismo sin ley, competencia sin contrapesos, arbitrariedad descentralizada, poderes sin responsabilidad, plutocracia alternante. ¿Qué nombre describe el régimen que padecemos?".

El INE ha exhibido toda su fragilidad frente a los partidos políticos, que lo han capturado para su propio beneficio. Historia antigua. Sí, otra vez la misma historia no sólo de ansia, sino de gran capacidad de control y de una democracia hecha y operada a modo de sus principales beneficiarios y esta vez con una tendencia de favorecer a la izquierda.

El debate y la confrontación de propuestas son expresiones propias de la democracia, y también es comprensible que los partidos sean articuladores y reflejo de la diversidad social y política del país. Sin embargo, la lucha por los votos los vuelve maquinarias pragmáticas concebidas para ganar el favor ciudadano incluso a costa de su identidad política y de sus principios. En los comicios de junio concurren diez partidos y la mayoría de las opciones, incluyendo las de los pequeños, se ha corrido hacia el centro. Su agenda, su oferta y sus candidatos se orientan a ganar la decisión del elector aún por encima de su propio proyecto. Como sucede en muchas democracias, sumar votos se ha vuelto un fin y ha dejado de ser un medio para avanzar en el proyecto político de origen. Las amenazas de los partidos que obstaculizan a su antojo el trabajo en el instituto es una muestra de la debilidad en la que está sumido ese órgano. Lo que se ha creado es una enorme burocracia electoral. La manera en que el Partido Verde ha expuesto a los consejeros del INE al incumplir las normas de la propaganda es más que una anécdota o una insubordinación. Es una expresión de la amplitud del relajamiento existente.

Efectivamente, el país tiene una democracia electoral que, pese a sus insuficiencias, es funcional. El problema mayor no son las reglas, sino la inmadurez de los partidos para encarar democráticamente el desafío que supone el proceso. Descalificar al órgano electoral se ha convertido en práctica recurrente, tanto para expresar inconformidad como para abonar al calculado propósito de debilitarlo con miras a eludir el cumplimiento de la ley. En esta circunstancia no debe sorprender el daño en la imagen del INE y, por consiguiente, en la confianza ciudadana. Nuevamente se anticipa que el resultado adverso en el juego llevará a la descalificación del árbitro y de los competidores. Participar y competir haciendo del deterioro de las instituciones curso normal para la disputa por los votos es una apuesta perversa y autodestructiva.

Con esos agentes y actores será posible responder a las demandas de más cambios en el sistema electoral del futuro inmediato del país, y prepararnos para afrontar los desafíos de las próximas elecciones del 2018 en un clima de legitimidad y certidumbre. Esto significa que es dable compartir las propuestas que partidos, grupos parlamentarios, académicos y otros actores destacados de la vida pública hacen para afrontar el devenir de nuestras instituciones electorales.

Todo lo anterior demuestra que no basta con tener "muchos partidos" para que la sociedad se vuelva más plural. Por ello es importante una depuración de la llamada "clase política". No es posible que con motivo del inicio de las actuales campañas electorales haya quienes afirmen que ahora sí "el país va a caminar" porque durante los últimos 12 años "estuvo estancado". Ni paraísos terrenales ni tampoco "infiernos electorales". Simplemente que los políticos se dediquen a hacer bien su trabajo.

Los casos de críticas al financiamiento a los independientes es muestra de la insatisfacción y de las "reglas" que impiden la entrada de externos, aunque la Constitución los acoja. Ello propicia la propuesta de la anulación del voto como castigo a los partidos ante la falta de opciones, para romper las inercias de la propaganda. Ésta podría recordarse como la última oportunidad para el modelo de las últimas reformas electorales.

Las campañas reflejan hasta dónde se debilita el consenso sobre las reglas electorales y su capacidad para asegurar comicios confiables, además, ha dejado de ser funcional para preservar la confianza en el INE, por lo que sirve para que el llamado a las urnas inhiba la violencia política y convenza de que el voto es el instrumento para sancionar a malos políticos, dejando en claro que las urnas son el único camino para renovar el poder.

Por lo pronto, algunos temas de la reforma que vendrá después de las elecciones:

A)   El modelo de financiamiento público está desgastado porque no ha cumplido con reducir los recursos a los partidos y ahora por la inequidad con los independientes. El fallo del TEPJF en NL abrió la puerta a la revisión del principio de preponderancia del financiamiento público sobre el privado. Al aceptar que los independientes reciban aportaciones de particulares hasta el tope de campaña de sus contrincantes de partidos. Sólo para documentarla, un candidato a la alcaldía de San Pedro (NL) tiene 922 mil pesos para gastos de campaña, mientras un independiente sólo 22 mil pesos.

B)   Los OPLES son el corazón de la reforma de 2013, pero el INE opta por no meterse en procesos locales, pese a los "focos rojos", por ejemplo el PREP, que a menos de un mes de la elección no han terminado la auditoría del sistema. La justificación de la reforma de 2013 fue sacar la elección de la intervención de los gobernadores, pero las capacidades institucionales del INE son limitadas para asuntos locales. La coordinación es ineficiente, pero habrá que ver la jornada, como han pedido los consejeros del INE, antes de calificar de "fracaso" la reforma.

C)   La fiscalización, la otra gran promesa de la reforma contra los viejos vicios, también ha caminado con accidentes y de ella depende determinar el rebase de gastos de campaña, motivo para anular una elección.

Y como siempre, los partidos harán otra reforma que proteja sus intereses y se alejarán más aún del electorado.

Además del financiamiento privado legal, un estudio de Integralia y el Centro de Estudios Espinosa Yglesias, refiere que la mayor parte de los fondos privados que fluyen a las campañas no se reportan y pueden significar hasta 70% u 80% de los gastos totales. En ocasiones esos fondos no pasan por las tesorerías de las campañas sino que se "ejercen" desde algún gobierno o desde alguna empresa o simplemente se erogan por un particular que paga al proveedor para que ésta dé algún servicio a cierta campaña o candidato. Según un artículo mío publicado en nexos de febrero de 2015, "¿Por qué más democracia significa más corrupción?", una campaña de gobernador en México tiene un tope legal de gasto que en promedio se ubica entre 40 y 50 millones de pesos, pero en la realidad puede costar entre 400 y 700 millones. El diferencial entre lo legal y lo real se cubre con aportaciones no reportadas (líquidas o en especie).

Respecto al objetivo principal —independencia del dinero privado o ilegal— el modelo de financiamiento público ha fracasado. Las campañas se fondean con recursos públicos que ministran los institutos electorales pero cada vez más mediante donaciones ilegales de particulares, desvío de recursos públicos e incluso —en algunos casos— mediante contribuciones del crimen organizado. Por cada peso que reportan los partidos en sus informes de gastos de campaña podría haber hasta tres más que fluyen por debajo de la mesa. Por ello muchos candidatos llevan sistemas dobles de contabilidad: uno para entregar a la autoridad, en el cual se ajustan los montos para no rebasar los topes legales; y otro donde se asientan los gastos reales (en ocasiones algunos gastos se ejercen desde gobiernos, empresas o mediante pagos que realizan particulares de forma directa a los proveedores).

Por las razones antes expuestas sobre el financiamiento, sobre la judicialización de los procesos electorales y porque no alcanzó los objetivos propuestos, la última reforma electoral debe considerarse un fracaso. Las elecciones se desarrollarán con un marco regulatorio complejo e ineficiente. Si los perdedores no acatan el resultado México puede arder con un conflicto post electoral. Por ahora lo único real es transitar la elección presidencial con una aplicación impecable e imparcial de la ley —a pesar de sus deficiencias— y exigir que el debate binario de la mafia contra el pueblo, o de los rojos contra los azules, o de los políticos contra los independientes, se transforme en una de las alternativas reales para que el país siga avanzando.

Si el combate a la corrupción será uno de los clivajes de la elección de 2018, el otro debe ser la defensa del sistema democrático.

Sin ello, una buena noticia —la enorme competencia electoral que habrá en 2018— puede convertirse en una pesadilla política.

ABOUT THE AUTHOR

Nació en Guanajuato, México. Realizó estudios de licenciatura y dos maestrías en la Universidad de Guanajuato. Obtuvo la maestría en Ciencias Sociales por la Southern Oregon University, de OR, USA. Estudió el Doctorado en Psicología Organizacional en España y obtuvo el PHD en Canterbury University, UK. Ha sido conferenciante en 35 países. Ha escrito más de 500 artículos de fondo y más de 25 libros.

8 BIBLIOGRAFÍA

A

ADORNO, T.W.: Televisión y cultura de masas. Córdoba/Argentina, EUDECOR, 1966.

AGUILAR Camín, H. (1988), Después del milagro, México: Cal y Arena.

ALARCÓN Zamacona, Lucía. "Se confirma la boda", Revista Caras. Edición septiembre del 2010.

ALCÁNTARA, M., y Martínez, A., comps. (1992), México frente al umbral del siglo xxi, Madrid: Centro de Investigaciones Sociológicas.

ALTHEIDE, David L. Media Power. Sage Press, 1985.

ARANDA Vollmer, Rafael. Poliarquías urbanas: competencia electoral en las ciudades y zonas metropolitanas de México. México, Edit. Instituto Federal Electoral y la Cámara de Diputados, 2004.

ARANGUREN, J.L. LOPEZ: Crítica cultural y sociedad. Barcelona, Ariel, 1967.

ARENDT, Hannah, ¿Qué es la política?, Barcelona, Edit. Paidós, 1997.

ARISTÓTELES, Acerca del alma. 6ª. Edición, Madrid, España, Edit. Gredos, 1978.

ARISTÓTELES, La Política, Trad. Manuel García Valdés, Madrid, España, Edit. Gredos, 1994.

ARORA, S.K.; LASWELL, H.D.: Political communication. New York, Holt, Rinehart & Winston, 1969.

ARREDONDO, Pablo y Enrique Sánchez. Comunicación social, poder y democracia en México, Guadalajara, Universidad de Guadalajara, 1986.

B

BACHRACH, P. The Theory of Democratic Elitism. London U.P. 1978.

BADIE, Bertrand y Guy Hermet. Política comparada. Fondo de Cultura Económica, 1993.

BAENA Paz, Guillermina, Credibilidad política y Marketing Mix. México, Edit. Mc Graw-Hill, 1998.

BARBER, J.D. (ed.): Race for the presidency: The media and the nominating process. Englewood Cliffs, Prentice Hall, 1978.

BARBU, Zevedei. Democracy and dictatorship. New York, 1989. Grove Press.

BARRANCO, F. J. Técnicas de marketing político, Madrid, España, Edit. Pirámide, 1982.

BARRY, Bryan. La teoría liberal de la justicia. Fondo de Cultura Económica, 1993.

BECERRA, Ricardo; Pedro Salazar y José Woldenberg. La mecánica del cambio político en México: elecciones, partidos y reformas. México. Edit. Cal y Arena. 2000

BERELSON, B.; LAZARSFELD, P.; MCPHEE, W.: Voting: A study of Opinion formation in a presidential campaign. Chicago, Chicago University Press, 1954.

BERELSON, B.; STEINER, G.: Human behavior: An inventory of scientific finding. New York, Harcourt, Brace & Co., 1964.

BERIAIN, Josetxo. La integración en las sociedades modernas. España, 1996, Anthropos

BERKELEY, G. The principles of Human Knowledge (1970). Bari, Edit. Laterza, 1991.

BEYNE, Klaus von. La clase política en el Estado de partidos. Alianza Universidad. Madrid, 1995.

BISHOP, G.F.; MEADOW, R.G.; JACKSON-BEECK, M. (eds.): The presidential debates: Media electoral and policy perspectives. New York, Praeger, 1978.

BLONDEL, J. Comparative Goverment, an introduction. Londres: Philip Allan. 1990.

BLUMLER, J.G.; KATZ, E. (eds.): The uses of mass communication: perspectives on gratifications research. Beverly Hills, Sage, 1974.

BLUMLER, J.G.; MCQUAIL, D.: Television in politics: Its uses and influence. Chicago, Chicago University Press, 1969.

BOBBIO, Norberto. El futuro de la democracia. México, Fondo de Cultura Económico, 1996.

BOBBIO, Norberto. Derecha e Izquierda. Razones y significados de una distinción política, Madrid, Edit. Taurus, 1995.

BOBBIO, Norberto. Igualdad y libertad. Pensamiento contemporáneo, Paidós, 1993.

BRUHN, K. (1996), Taking on Goliath: the emergence of a new left party and the struggle for democracy in Mexico, University Park: Penn State University Press.

BUCIO, Marcos y Jaime Gutiérrez. Dos visones para el Triunfo.

Diferencias estratégicas en dos campañas electorales Vicente Fox y Francisco Labastida. México, Edit. Porrúa, 2005.

BUENDÍA Laredo, Jorge. "El cambio electoral en México, 1997-2003" en Valenzuela, Arturo et al. El cambio político en México. México, edit. IEDF, 2004.

BUENDÍA, J. (1997), "Incertidumbre y comportamiento electoral en la transición democrática: la elección mexicana de 1988", Política y Gobierno 4: 347-375.

BURNHEIM, John. Is Democracy Possible?. University of California Press, 1985,

C

CALETTI, Sergio. "¿Quién dijo República? Notas para un análisis de la escena pública contemporánea." Revista Versión, n°10, México 2000, pp.:15-58

CAMOU, Antonio. "Gobernabilidad y Democracia", en Cuadernos de Divulgación de la Cultura Democrática, núm. 6. Edit. Instituto Federal Electoral. México, 1995.

CAMP, Roderic A. Los empresarios y la política en México. Una visión contemporánea. Fondo de cultura económica, 1990.

CAMP, Roderic A. Los intelectuales y el Estado en el México del Siglo XX. México, Fondo de Cultura Económico. 1995.

CAMPBELL, A.; CONVERSE, P.; MILLER, W.E.; STOKES, D.: Elections and the political order. New York, J. Wiley, 1966.

CAMPBELL, A.; CONVERSE, P.; MILLER, W.E.; STOKES, D.: The American voter. New York, J. Wiley, 1960.

CAMPBELL, A.; GURIN, G.; MILLER, W.E.: The voter decides. New York, Harper & Row, 1954.

CANEL, José María, Comunicación Política, Técnicas y estrategias para la sociedad de la información, España, Edit. Tecnos, 1999.

CANSINO, César, "La ciudadanización del IFE: realidades y quimeras" en Cansino, César. Después del PRI las elecciones de 1997 y los escenarios de la transición en México, México, ed. Centro de estudios de Política Comparada.

CAPDEVILA Gómez, Arantxa. El discurso persuasivo. La estructura retórica de los spots electorales en televisión. España. Edición Universidad Autónoma de Barcelona, 2004.

CÁRDENAS, Jaime. Partidos políticos y democracia. Cuaderno #8 [versión Electrónica]. Cuadernos de divulgación de la cultura democrática. Instituto Federal Electoral (IFE). Disponible en: http:/www.ife.org.mx.

CASAR, M.A. (1996), "Las bases político-institucionales del poder presidencial en México", Política y Gobierno 3: 61-92.

CASAR, M.A. (1999), "Las relaciones entre el poder ejecutivo y el legislativo: el caso de México", Política y Gobierno 6: 83-128.

CASTAÑEDA, J.G. (1999), La herencia: arqueología de la sucesión presidencial mexicana, México: Alfaguara.

CAYROL, Roland "La televisión y las elecciones", en Moragas, Miquel (editor), Sociología de la comunicación de Masas. Barcelona, edit. Gustavo Gili. 1985.

CAZENEUVE, J.: COHEN, B.C.: The press. The public and Foreign policy. Princeton, Princeton University Press, 1963.

CAZENEUVE, J.: Sociología de la radio-televisión. Buenos Aires, Paid6s, 1967.

CERRONI, Umberto. Reglas y valores en la democracia. . México, Alianza editorial y Conaculta, 1991.

CHAO Ebergenyi, Felipe, "La nueva lucha por el poder" en Pardo, Romeo (coord.),
Comunicación Política y Transición a la Democracia, 1ª. Edición, México. UAM-X, 1999.

CHATELET, Francois y E. Pisier-Kouchner. Las concepciones políticas del siglo XX. Espasa Universidad, España 1986

CHOMSKI, Noam. El miedo a la democracia. Crítica, 2007.

COLOM González, Francisco. Las caras del Leviatán. España, 1992, Anthropos.

CÓRDOBA, Arnaldo. El Estado y los Partidos Políticos en México. ERA. México, 1980.

CÓRDOBA, Arnaldo. La formación del Poder Político en México. Era. México, 1987.

COTARELO, Ramón. Crítica de la teoría de sistemas. Madrid. Centro de investigaciones sociológicas. 1979.

CRESPO, José Antonio. Elecciones y Democracia (Cuaderno #5, versión electrónica). Cuadernos de divulgación de la Cultura Democrática. Instituto Federal Electoral (IFE). Disponible en: http://www.ife.org.mx.

CRONIN, Thomas E. Direct Democracy. Harvard University Press, 1999.

CROZIER, Michel. Cómo reformar al Estado. México. Fondo de Cultura Económico. 1995.

CRUZ, Francisco y Jorge Toribio Montiel. Negocios de familia. Biografía no autorizada de Enrique Peña Nieto y el Grupo Atlacomulco. Edit. Planeta Mexicana. Primera Edición, México, junio del 2009.
D
DAGNINO, Evelina, Alberto Olvera y Aldo Panfichi (coord.), La disputa por la construcción democrática en América Latina. México, Fondo de Cultura Económica, 2006.

DAHL, Robert A. Los dilemas del pluralismo democrático. México, Alianza editorial y Conaculta, 1991.

DAHL, Robert, La poliarquía. Participación y oposición, España, Editorial Tecnos, 1989.

DEL REY Morato, Javier, Democracia y posmodernidad. Teoría general de la Información y Comunicación Política. Madrid, España, Ed. Complutense, 1996.

DEUTSCH, K.: Los nervios del gobierno. The nerves of government. New Yok, Free Press, 1963

DEUTSCH, K.: Nationalism and social communication. Cambridge, MIT Press, 1953.

DIAMOND, Larry. The Global Resurgence of Democracy. Johns Hopkins University Press, 1995.

DOMENACH, Jean Marie, La propaganda política. Argentina, Editorial Universitaria de Buenos Aires, 1986.

DOMÍNGUEZ, J.I., y Poire, A., comps. (1999), Toward Mexico's democratization: parties, campaigns, elections, and public opinion, Nueva York: Routledge.

DUVERGER, Maurice. Los partidos políticos. México. FCE. 1951.

E

EASTON, D., The political system. New York, Knopf, 1953.

EASTON, D.: A framework for political analysis. Englewood Cliffs, Prentice Hall, 1965.

EASTON, D.: A systems analysis of political life. New York, J. Wiley, 1965.

EASTON, David. Esquema para el análisis político. Buenos Aires, Amorrortu Editores, 1992.

ELIZONDO, C., y Heredia, B. (2000), "La instrumentación política de la reforma económica: México, 1985-1999", Zona Abierta 90-91: 51-90.

ELLUL, J.: Propaganda . New York, Knopf, 1965.

ELSTER, Jon (compilador). La Democracia deliberativa. Barcelona. Edit. Gedisa. 2001

ESTEINOU Madrid, Francisco Javier, Los medios de comunicación y la construcción de la Hegemonía, México, edit. Nueva Imagen, 1983.

EULAU, H.; ELDERSVELD, S.J.; JANOWITZ, M. (eds.): Political behavior. New York, Free Press, 1956. FAGEN, R.R.: Politics and communication. Boston, Little Brown, 1966.

F

FERNÁNDEZ Christlieb, Fátima, Los medios de difusión masiva en México, México, edit. Pablos, 1982.

FERNÁNDEZ Santillán, José F. Locke y Kant. Ensayos de filosofía política. Fondo de Cultura Económico, 1996.

FERRER, Eulalio. De la lucha de clases a la lucha de frases. De la propaganda a la publicidad. Madrid, España. Edit. Aguilar, 1992.

FORESTIER, Francois. Marilyn y JFK. 1ª edición [traducción en español], México, Edit. Aguilar, 2010.

FRIEDMAN, George. La filosofía política de la escuela de Frankfurt. México, Fondo de Cultura Económico, 1986.

G

GAGNON, Alain G. Multinational Democracies. Cambridge University Press, 2001.

GALINDO Quiñones, Heriberto. Ideas e ideales de Enrique Peña Nieto. Fontamara, 2012.

GARCÍA Sánchez, Sergio "Desarrollo del marketing electoral en México" en Ciencias sociales y Humanidades 3, Jóvenes investigadores, Universidad autónoma Metropolitana, Consejo nacional de ciencia y tecnología (CONACyT) México, 2009.

GARCÍA Sánchez, Sergio, Democracia, elecciones y televisión. Análisis de las elecciones para Jefe de Gobierno del Distrito Federal en 1997. Tesis para obtener el Título de Licenciado en Ciencias de la Comunicación, Facultad de Ciencias Políticas y Sociales, UNAM, 2004.

GARCÍA Sánchez, Sergio. Mediatización de la política. Tesis para obtener el Título de maestría. Universidad Autónoma de México [UAM-X], 2008.

GARCÍA Sánchez, Ester. "El concepto de actor. Reflexiones y propuestas para la Ciencia Política." En revista Andamios, Volumen 3, nª6, junio, 2007, pp.:199-216. Edit. la Universidad Autónoma de la Ciudad de México.

GARCÍA Santesmases, Antonio. Repensar la izquierda. España, Anthropos, 1993.

GENEYRO, Juan Carlos. La democracia inquieta. España, 1991, Anthropos

GOFFMAN, Erving. "Symbols of status", Journal of Sociology II. British, UK. 1951.

GONZÁLEZ Casanova, Pablo. La Democracia en México. ERA, México, 1986.

GOSNEL, H.F.: Getting out the vote. Chicago, Chicago University Press, 1927.

GONZÁLEZ de Cosio, Antonio. "Seducción: arma de mujer." Revista Infashion México. Año 5 N°4. 26 de abril del 2010. Editorial Televisa S.A de C.V.

GONZÁLEZ, José M. Y Fernando Quezada. Teorías de la democracia. España, 1988, Anthropos

GOODIN, R.: Manipulatory politics. New Haven, Yale University Press, 1980.

GOODWIN, Barbara. El uso de las ideas políticas. Ediciones Península. Barcelona, 1993.

GRABER, D.A.: Mass Media and American Politics. Washington, DC, Congressional Quarterly Press, 1980.

GRABER, Doris A. El poder de los medios en política. Grupo Editor latinoamericano, 1984.

GRANADOS Chapa, Miguel Ángel, Examen de la comunicación en México, México, ed. Caballito, 1981.

GRANDI, Roberto. "El sistema de los medios y sistema político". En Escudero Chaudel, Lucrecia. (Directora). La comunicación política. Transformaciones del espacio público. Revista DESIGNIS 2. Edit. Gedisa, Abril del 2002.

GRINGAS, Anne-Marie, "El impacto de las comunicaciones en las prácticas políticas", en Gilles Gauthier, Andre Gosselin y Jean Mouchon. Comunicación y política. Colección el mamífero parlante, España, Edit. Gedisa, 1998.

H

HABERMAS, Jürgen, Facticidad y validez. Madrid, Edit. Trotta 1998.

HABERMAS, Jürgen. Teoría de la acción comunicativa. Madrid, España. Edit. Taurus.1987-1988.

HEMET Guy, Alain Rouquié y Juan José Linz. ¿Para qué sirven las elecciones?, México, FCE.1982.

HERAS, María de las, Uso y abuso de las encuestas. Elección 2000: los escenarios. México, Edit. Océano, 1999.

HERMET, Guy et al. ¿Para que sirven las elecciones? México. Fondo de Cultura Económico. 1992

HIGGOTT, Richard A. Political Development Theory. Routledge Press, 1989.

HUNTINGTON, Samuel P. El orden político en las sociedades en cambio. Editorial Paidós. Barcelona, 1996.

HUNTINGTON, Samuel P. The Third Wave. University of Oklahoma Press. 1991.

HUNTINGTON, Samuel, La tercera ola. La democratización a finales del Siglo XX. Buenos Aires, Edit. Paidós. 1994.

K

KAID, L.L.; SANDERS, K.R.; HIRSCH, R.O.: Political campaign communication: A bibliography and guide to the literature. Metuchen, Scarecrow Press, 1974.

KAMERMAN, Sheila. La privatización del Estado benefactor. Fondo de Cultura Económica,1993.

KATZ, E.; CARTWRIGHT, D.; ELDERSVELD, S.; MCCLUNG LEE, A. (eds.): Public opinion and propaganda: A Book of reading. New York, Holt, 1954.

KATZ, E.; LAZARSFELD, P.F.: Personal Influence. New York, Free Press, 1955. KEY, V.O.: Southern politics in state and nation. New York, Knopf, 1949.

KIRCHHEIMER, 0.: "The transformation of Western European Party Systems" in LAPALOMBARA-WEINER: Political Parties and Political Development. Princeton, 1966, p. 177-200.

KIRCHHEIMER, Otto, "El camino hacia el partido de todo el mundo", en Lenk, Kurt y Franz Neumann (eds.), Teoría y sociología críticas de los partidos políticos, Barcelona, España, Edit. Anagrama. 1980.

KRAUS, S.; DAVIS, F.: The effects of mass communication on political behavior. University Park, Pennsylvania State University Press, 1976.

KLAPPER, J.T.: The effects of mass communication. New York, Free Press, 1960

KRAUZE, E. (1997), La presidencia imperial: ascenso y caída del sistema político mexicano (1940-1996), Barcelona: Tusquets.

L

LANG, K.; LANG, G.E.: The mass media and voting. Glencoe, Free Press, 1959.

LANG, K.; LANG, G.E.: Politics and television. Chicago, Quadrangle, 1968.

LANG, K.; LANG, G.E.: Voting and novoting. Waltham, Blaisdell Pub., 1968.

LARA, A. "La telegenia o la capacidad para ser captado por la cámara de forma favorable". En Huertas, F. (coord.) Televisión y política. Madrid, Edit. Complutense, 1994.

LASWELL, H.D.: Propaganda technique in the world war. New York, P. Smith, 1927.

LASWELL, H.D.; LEITES, N.: Language of politics: Studies in quantitative semantics. Cambridge, MIT Press, 1949.

LAZARSFELD, P.F.; BERELSON, B.; GAUDET, H.: The people's choice. New York, Duell, Sloan & Pearce, 1944.

LECHNER, Norbert. Los patios interiores de la democracia. Fondo de cultura económica, 1995.

LERNER, Bertha. Democracia política o dictadura de las burocracias. México, Fondo de Cultura Económico. 1993.

LINZ, Juan J. La quiebra de las democracias. Alianza editorial mexicana y Conaculta, 1991.

LINZ, Juan J. problems of democratic Transition and consolidation. Johns Hopkins University Press, 2006.

LIPSET, Seymour M y Stein Rokkan (comps.) Party systems and voter alignments. New York, Free Press, 1967)

LIZARAZO, Diego. "Encantamiento de la imagen." En Echeverría, Bolivar, Pablo Lazo y Diego Lizarazo. Sociedades icónicas. Primera edición, edit. Diseño y comunicación. Siglo XXI, 2007.

LOAEZA Tovar, María Soledad, "El Partido Acción Nacional: de la oposición leal a la impaciencia electoral", en Loaeza Soledad y Rafael Segovia (comp.), La Vida política mexicana en la crisis, México, edit. COLMEX, 1987.

LOAEZA, S. (1999), El Partido Acción Nacional: la larga marcha, 1939-1994, México: Fondo de Cultura Económica.

LOAEZA, S. (2000), "El tripartidismo mexicano", Leviatán 79: 35-52.

LÓPEZ-Dóriga, Joaquín. "Mónica". Milenio Diario, México, 12 de enero del 2007.

Los 300 líderes más influyentes de México. Año17 Tomo136. Julio 2008. Editado por Instituto Verificador de Medios.

Los editores. "A estos políticos las mujeres los siguen como si fueran rockstars." En Revista Quien. Año 9 N°170. Grupo Editorial expansión. Publicado el 25/07/2008.

LOUDEN, A. "Voter rationality and media excess. Image in the 1992 Presidential campaign en the 1992 Presidential Campaign". En Dentor, Jr. (ed) A Communications perspective de R. E, Westport, Edit. Praeger. 1994.

LOZANO, Jaime. "Simmel: La moda, el atractivo formal del límite." En Escudero Chauvel, Lucrecia (Directora). La moda. Representaciones e identidad. Revista Designis 1. Barcelona, España, Editorial Gedisa. Octubre 2001.

LUJAMBIO, Alonso. El Poder Compartido: Un Ensayo sobre la Democratización Mexicana, México, Edit. Océano, 2000.

LUQUE, Teodoro, Marketing político. Un análisis del intercambio político. Barcelona, España, Edit. Ariel, 1996.

M

MAAREK, Philippe J. Vote, Marketing político y comunicación. Claves para una buena información política. España, Edit. Países Comunicación, 1997.

MACRIDIS, R. C. Political parties. Contemporary trends and ideas. New York, Harper Torchbooks, 1967.

MACRIDIS, Roy C. Y Bernard E Brown. (Edtit) Comparative Politics. The Dorsey Press. Illinois. 1988.

MALAMUD, Andrés. "Partidos Políticos." Publicado en Pinto, Julio (Compilador) Introducción a la Ciencia Política. 4ª. Edición, Buenos Aires, Argentina, Edit. Eudeba, 2003.

MARTÍN Salgado, Lourdes, Marketing Político. Arte y ciencia de la persuasión en democracia. 5ª.Edición. España, Editorial Paidós.2002.

MARTIN SERRANO, M.: "Presentación de la Teoría Social de la Comunicación", REIS, n° 33, Madrid, 1986.

MARTIN SERRANO, M.: La producción social de comunicación. Madrid, Alianza, 1986.

MARTÍNEZ Silva, Mario y Roberto Salcedo Aquino, Manual de Campaña, México, Colegio Nacional de Ciencias políticas y Administración Pública. 1997.

MARÚN SERRANO, M. (ed.): "El cambio social y la transformación de la comunicación" REIS, n° 57. Madrid,1992.

MARX, Karl, El 18 Brumario de Luis Bonaparte. Barcelona, Ed. Cast Planeta-De Agostini,

1986.

McCOMBS, Maxwell E; Issa Luna Pla, [editores]. Agenda-setting de los medios de comunicación. México, D.F. Edit. Universidad iberoamericana. 2003.

MCLUHAN, M.H.: Understanding Media. New York, McGraw-Hill, 1965.

MEADOW, R.B.: Politics as communication. Norwood, ABLEX Pub., 1980.

MEDINA Peña, Luis. Hacia el Nuevo Estado. México, 1920-1994. Fondo de Cultura Económico, 1995.

MEEHAN, E.: The theory and method of political analysis. Homewood, Dorsey Press, 1965.

MENDELSOHN, H.; O'KEEFE, G.: The people choose a president. New York, Praeger, 1976.

MENDELSON, H.; CRESPI, J.: Polls, television and the new politics. Scranton, Chandler Pub., 1970.

MERQUIOR, José Guilherme. Liberalismo viejo y nuevo. México, Fondo de Cultura Económico. 1993.

MERRIAM, C.E.; GOSNELL, H.F.: Non-voting. Chicago, Chicago University Press, 1924.

MERTON, R.K.: Social theory and social structure. New York, Free Press, 1968.

MEYENBERG, Y., comp. El Dos de Julio: reflexiones posteriores, México: Instituto de Investigaciones Sociales, UNAM. 2001.

MICHELS, Robert. Los partidos políticos. Buenos Aires, Amorrortu Editores, 1991. Dos tomos.

MIER, Raymundo, "Apuntes para una reflexión sobre comunicación y política", Versión, n°10, México 2000.

MILL, J. S.. Considerations on Representative Government. Oxford U.P. 1962.

MILL, John Stuart. There Essays. Oxford University Press.

MINC, Alain. La borrachera democrática. España. Ediciones Temas de Hoy. 1995

MONTERO, J.R.: "Partidos y participación política: algunas notas sobre afiliación política en la etapa inicial de la transición española", REP, n° 23, Madrid, 1981, p. 33-72.

MONZÓN, Cándido, Opinión Pública, Comunicación y Política: la formación del espacio público, Madrid, España Edit, Tecnos, 1996.

MOORE, Peter. "El campeón". Men's health en español. Editorial Televisa. Diciembre del 2008.

MORAGAS, M. de (ed.): Sociología de la comunicación de masas, Barcelona, Gili, 1979.

MORENO, Alejandro y Roberto Gutiérrez, "Encuesta /impulsa destape a López Obrador." Periódico Reforma. México, D.F. 29 de agosto del 2010.

MOUCHON, Jean. Política y Medios. Los poderes bajo inÀuencia. 1ª. Edición, Barcelona, España, edit. Gedisa.

MUELLER, C.: The politics of communication. New York, Oxford University Press, 1973.

MUIR, J. K. y Benítes, L. M. "Redefining the role of the ¿rst Lady: the rhetorical style of Hillary Clinton", en Dentor, R.E. y Holloway, R. L. (comps.), The Clinton presidency: images, issues, and communication strategies, Westport, Edit, Praeger, 1996.

N

NIMMO, D.: Political communication and public opinion in America. Santa Monica, Goodyear, 1978.

NIMMO, D.: The political persuaders Englewood Cliffs, Prentice Hall, 1970.

NIMMO, D.; MANSFIELD, M. (eds.): Government and the news media: Cross-national perspectives. Waco, Baylor University Press, 1981.

NIMMO, D.; SANDERS, K.R. (eds.): Handbook of Political Communication. Beverly Hills, Sage, 1981.

NIMMO, D.; SWANSON, D.L.: New Direction in Political Communication. London, Sage, 1990. PALETZ, D.: Political Communication Research. Norwood, Ablex, 1987. MONTESQUIEU, Barón de, Del espíritu de las leyes. México, Edit. Porrúa, 1971.

NIXON, Richard, Six crises, Garden city, Doubleday, (1962). [Traducido a castellano por Seis crisis], Barcelona, edit. Plaza & Janés, 1967.

Nohlen, Dieter. El Presidencialismo renovado. Instituciones y cambio político en América Latina. Nueva Sociedad. Caracas, 1998.

O

OFFE, Claus. Partidos políticos y nuevos movimientos sociales. Madrid, Sistema, 1989.

ORTIZ Cabeza, F, Guía de Marketing político. Cómo actuar para llegar y mantenerse líder. Madrid, España, Edit. Esic.1983.

OSBORNE, David. Laboratories of Democracy. Harvard Business Scholl Press. Massachusetts, 1990

P

PACHECO Méndez, Guadalupe, "Democratización, pluralización y cambio en el sistema de partidos en México, 1991-2000", en Revista mexicana de sociología, año 65, n°3, Julio septiembre del 2003.

PACHECO Méndez, Guadalupe, "Elecciones y transición democrática en México", El Cotidiano, año/vol. 19, n°124, Marzo-abril, Universidad Autónoma Metropolitana-Azcapotzalco.

PANEBIANCO, A.: *Comunicación política" in BOBBIO-MATEUCCI: Diccionario de política. Madrid, Siglo XXI, 1982.

PANEBIANCO, Angelo, Modelos de partido. Madrid, España, Alianza Universidad, 1995.

PARSONS, T.: The social system. New York, Free Press, 195 1.

PATTERSON, T.E.; MCCLURE, R.D.: The unseeing eye: The myth of television power in national elections. New York, Putnam, 1976.

PATTERSON, T.E.: The mass media election. New York, Praeger, 1980.

PEDERSEN Mogens, N. "The dynamics of European Parties Systems: Changing patterns of electoral Volatility" en European Journal of Political Research, vol. 7, n°1, Marzo 1979.

PEREYRA, Carlos. "La tarea mexicana de los años setenta", en Sobre la democracia, pp.132, editorial Cal y Arena, México, 1990.

PÉREZ Fernández del Castillo, Germán. "Corporativismo, democracia y poder en México", en la revista Estudios Políticos, No. 1 vol. III, 1985.

PERIAÑEZ, Cañadillas, "Marketing político", en Aguirre Garía, M. S. (coord.) Marketing en sectores específicos. Madrid, España, Edit Pirámide, 2000.

PERONA, Angeles J.. Entre el liberalismo y la socialdemocracia. España, 1993, Anthropos 1991.

PERUZOTTI, Enrique y C. S. Controlando la política. SRL, 2002.

PESCHARD Mariscal, Jacqueline, "Los retos de los partidos políticos en la postransición" en Reveles, Francisco (coord.) Los partidos políticos en México ¿Crisis, adaptación o transformación? México Ediciones Garnika, 2005.

PÍA Lara, María. La democracia como proyecto de identidad ética. Barcelona. Anthropos, 1992

PLAMENATZ, J.P.. Consent. Freedom and Political Obligation. Oxford University Press, 1988.

Poder Ejecutivo Federal, Plan Nacional de Desarrollo 1995-2000, México, edit. Secretaria de Hacienda y Crédito Público, 1995.

POGGI, Gianfranco. The Development of the Modern State. London, Hutchinson University Library, 1998.

POIRÉ, Alejandro. "Un modelo sofisticado de decisión electoral racional: el voto estratégico en México, 1997", Revista Política y Gobierno n°2, Julio-Diciembre del 2000.

POPPER Karl, "Licencia para hacer Televisión", Nexos, N° 220, abril de 1996.México.

PRZEWORSKI, Adam. Democracia sustentable. Paidós, 1998.

Q

QUALTER, H. T. Publicidad y democracia en la sociedad de las masas. Barcelona, España, editorial Paidós. 1994.

R

RAMONET, Ignacio, La tiranía de la comunicación, Madrid, Temas de Debate, 1998.

RAZGADO Flores, Luis. La comunicación Política en México: propuestas para su análisis, Guadalajara, Instituto Tecnológico y de Estudios

Superiores de Occidente [ITESO].

REES, L., Selling Politics, London, BBC Books, 1992.

REINMANN, V.: Goebbels: The man who created Hitler. Garcen City, Doubleday, 1976. RICE, S.: Quantitative methods in politics. New York, Knopf, 1928.

REYES, Martín. "Los rostros del líder." Revista 'Los 300 líderes mexicanos. Año 17, tomo 136. Julio del 2008.

RICHARDS, Vernon. Malatesta, life and ideas. Freedom Press, 1993.

RODERIC Ai Camp (cord.), Encuestas y democracia, México, edit. Siglo veintiuno editores, 1997.

ROIZ, M. La sociedad persuasora: Control cultural y comunicación de masas. Barcelona, España. Edit. Paidós, 2002.

ROKKAN, S. (ed): Citizens. Elections. Parties. Oslo, University Press, 1970.

ROSENBLOOM, D.I.: The election man. New York, Quadrangle, 1973.

RUBIN, B.: Political television. Belmont, Wadsworth Pub., 1967.

S

SALAZAR, L., comp. 1997: elecciones y transición a la democracia en México, México: Cal y Arena, 1999.

SALAZAR, L., comp. México 2000: alternancia y transición a la democracia, México: Cal y Arena, 2001.

SALAZAR, Luis y José Woldenberg. Principios y valores de la democracia [Cuaderno #1 versión Electrónica]. Cuadernos de divulgación de la cultura democrática. Instituto Federal Electoral (IFE). Disponible en: http:/www.ife.org.mx.

SÁNCHEZ Alonso, Óscar, El servicio postventa de la política, España, Publicaciones Universidad Pontificia de Salamanca, 2005.

SÁNCHEZ, Enrique, Medios de difusión y sociedad. Notas críticas y metodológicas, Guadalajara, Universidad de Guadalajara. 1992.

SANZ de la Tajada, L. A. Fundamentos del marketing político. Edit. Publifilia. 2000.

SAPERAS, Eric. "Efectos cognitivos de la comunicación", en Jennigs Bryant y Dolf Zillman (comp.), Los efectos de los Medios de Comunicación. Investigaciones y Teorías. España, Edit. Paidós, 1996.

SARTORI, G.: Elementos de Teoría Política. Madrid, Aliann, 1992.

SARTORI, Giovanni, Partidos y sistemas de partidos, Madrid, Alianza Editorial, 1980.

SARTORI, Giovanni. Ingeniería constitucional comparada. Fondo de Cultura Económico. 1996

SARTORI, Giovanni. Homo Videns. Taurus, 2002.

SCHRAMM, Wilbur. Hombre, mensaje y Medios, Madrid, Ediciones forja, 1982.

SERRANO Gómez, Enrique. Consenso y conflicto. México, Grupo Edit. Interlínea 1996.

SERRANO, M., comp. (1997), Mexico: assessing neo-liberal reform, Londres: Institute of Latin   American Studies, University of London.

SERRANO, M., comp. (1998), Governing Mexico: political parties and elections, Londres: Institute of Latin American Studies.

SIMMEL, G. Die Mode, (1985) Trad. It. La moda. Roma, Edit. Ruiniti, 1992.

SIRVENT, Carlos (coord.) Partidos políticos y procesos electorales en México, México, edit. Miguel Ángel Porrúa. FCPyS, UNAM. 2002.

STEIMBER, Óscar. "Moda y estilo a partir de una frase de Walter Benjamín" en Escudero Chauvel, Lucrecia (Directora). La moda. Representaciones e identidad. Designis 1. Barcelona, España, Edit. Gedisa. Octubre 2001.

SZNAJDER, Mario et al. Los riesgos de la democracia. Editorial Pablo Iglesias. Madrid, 1997.

T

TAVIRA Álvarez, Alberto. "Los 11 políticos más galanes de México". Revista Quien. Año 9 Núm170. Grupo Editorial Expansión. 25/07/2008.

TOURAINE, Alan. ¿Qué es la democracia?. Fondo de Cultura Económica1999.,

TOURAINE, Alan. América latina Política y sociedad. Espasa. Madrid, 1989.

TREJO Delarbre, Raúl. Mediocracia sin mediaciones. Prensa, televisión y elecciones. México, Edit. Cal y Arena, 2001.

TROY, G., See how the ran: The changing role of the presidential candidate, Cambridge, edit. Harvard University Press, 1996.

V

VALDÉS, Zepeda Andrés, "Evolución de la mercadotecnia" en www.fundaciónbuendia.com. mx basándose, en Flores Caballero, Romeo R., Administración Pública en la Historia de México, México, FCE-INAP, 1988.

VÁZQUEZ Robles, Gabino, "Comunicación y Marketing Político. Notas sobre su asimilación en el contexto mexicano", en Baena Paz, Guillermina, Antología de Comunicación Política y discurso político, UNAM, 2001.

VILLAMIL Jenaro y Jesusa Cervantes, "Nuevas Trampas" en Revista Proceso, nª1549, 9 de julio, 2006.

VILLAMIL, Jenaro, "Hacía el spotgate" en Revista Proceso, Nª1594, 20 de mayo del 2007. VILLAMIL, Jenaro. Si yo fuera presidente. El reality show de Peña Nieto. Primera edición. México. Ed. Grijalbo, Junio 2009.

VOLLI, Ugo. "¿Semiótica de la moda, semiótica del vestuario?", en En Escudero Chauvel, Lucrecia (Directora). La moda. Representaciones e identidad. Revista Designis 1. Barcelona, España, Editorial Gedisa. Octubre

2001.

W

WALZER, Michael. Las esferas de la justicia. México, Fondo de Cultura Económico. 1993.

WHITEHEAD, L. "Una transición difícil de alcanzar: la lenta desaparición del gobierno de partido dominante en México", Política y Gobierno 3: 31-59. 1996.

WOLDENBERG, J. "La transición a la democracia", Nexos 261: 65-73, septiembre, 1999.

WOLDENBERG, José, Pedro Salazar y Ricardo Becerra, Mecánica del cambio político en México. Elecciones, partidos y reformas. México, edit. Cal y Arena, 2000.

WOLIN, Sheldon S. Política y perspectiva. Amorrortu editores. Argentina. 1993.WEBER, Max. Economía y sociedad. Esbozo de sociología comprensiva. México, Edit. FCE.

WOLTON, Dominique, "Las contradicciones de la comunicación política" en Gilles Gauthier, et al. Comunicación y Política, Barcelona, Edit. Gedisa, 1998.

WOLTON, Dominique, El nuevo espacio público, España, Edit. Gedisa, 1989.

Z

ZOVATTO, Daniel, "Valores, percepciones y actitudes hacia la democracia. Una visión

comparada Latinoamericana, 1996-2002", en Reconstruyendo la ciudadanía. Avances y

retos en el desarrollo de la cultura democrática en México. México, SEGOB-Porrúa, 2002.

Fuentes electrónicas: Leyes, reglamentos, Constitución y legislación vinculada a la Reforma Político Electoral.

Las conclusiones están basadas totalmente en información de Integralia de Luis Carlos Ugalde

www.ingramcontent.com/pod-product-compliance
Lightning Source LLC
Chambersburg PA
CBHW030431290526
45786CB00001B/232